本文为国家社会科学基金一般项目
"马克思主义国际问题基本理论的学术研究"
的阶段性研究成果

构建人类命运共同体的理论研究

孙伟◎著

天津出版传媒集团

天津人民出版社

图书在版编目（CIP）数据

构建人类命运共同体的理论研究 / 孙伟著. -- 天津 ：
天津人民出版社，2025. 4. -- ISBN 978-7-201-21009-4

Ⅰ．D80

中国国家版本馆 CIP 数据核字第 2025PD7321 号

构建人类命运共同体的理论研究
GOUJIAN RENLEI MINGYUN GONGTONGTI DE LILUN YANJIU

出　　版	天津人民出版社
出 版 人	刘锦泉
地　　址	天津市和平区西康路 35 号康岳大厦
邮政编码	300051
邮购电话	(022)23332469
电子信箱	reader@tjrmcbs.com

策划编辑	郑　玥
责任编辑	佐　拉
装帧设计	卢炀炀

印　　刷	天津新华印务有限公司
经　　销	新华书店
开　　本	710 毫米×1000 毫米　1/16
印　　张	16.75
插　　页	2
字　　数	260 千字
版次印次	2025 年 4 月第 1 版　2025 年 4 月第 1 次印刷
定　　价	98.00 元

目　录

第一编

第二编

第三编

绪　论

构建人类命运共同体是习近平新时代中国特色社会主义思想的重要组成部分,是中国在统筹"两个大局"基础上提出的重大战略,是中国面向世界发出的一项重大倡议。构建人类命运共同体的理念和原则受到很多国家认同,相应的实践也在推进。但构建人类命运共同体在传播和实践方面也遭遇一些挑战。正视这些挑战,从理论层面进行反思,是构建人类命运共同体理论研究的重要任务。

一、构建人类命运共同体的提出

(一)提出的过程

构建人类命运共同体倡议是中国在2013年明确提出的。此前在党的十八大报告中有"人类命运共同体意识"的提法。党的十八大报告指出:"我们主张,在国际关系中弘扬平等互信、包容互鉴、合作共赢的精神,共同维护国际公平正义。平等互信,就是要遵循联合国宪章宗旨和原则,坚持国家不分大小、强弱、贫富一律平等,推动国际关系民主化,尊重主权,共享安全,维护世界和平稳定。包容互鉴,就是要尊重世界文明多样性、发展道路多样化,尊重和维护各国人民自主选择社会制度和发展道路的权利,相互借鉴,取长补短,推动人类文明进步。合作共赢,就是要倡导人类命运共同体意识,在追求本国利益时兼顾他国合理关切,在谋求本国发展中促进各国共同发展,建立更加平等均衡的新型全球发展伙伴关系,同舟共济,权责共担,增进人类共同利益。"①

2013年3月23日,习近平在莫斯科国际关系学院发表演讲时,进一步阐发了"人类命运共同体意识"。习近平指出:"这个世界,各国相互联系、相互依存的程度空前加深,人类生活在同一个地球村里,生活在历史和现实交汇的同一个时空里,越来越成为你中有我、我中有你的命运共同体。"②同年10月,习近平在周边外交工作座谈会上提出:"让命运共同体意识在周边国家落地生根。"③之后,中国在与巴基斯坦、老挝、柬埔寨等周边国家开展的外交活动中,明确提出"打造命运共同体""推进命运共同体建设";在与非洲国家、拉丁美洲国家、阿拉伯国家等开展的外交活动中,明确提出"携手建设区域命运共同体""双边利益共同体与命运共同体";在多边平台上,倡导"树立命运共同体意识",打造各层级的命运共同体。

2015年9月,在纪念联合国成立70周年的系列峰会上,习近平全面阐述了"打造人类命运共同体"的主要内涵和总路径:"建立平等相待、互商互谅的伙伴关系""营造公道正义、共建共享的安全格局""谋求开放创新、包容互惠的发展前景""促进和而不同、兼收并蓄的文明交流""构筑尊崇自然、绿色发展的生态体系"。④2017年1月18日,习近平在联合国日内瓦总部发表《共同构建人类命运共同体》的演讲,系统阐述了构建人类命运共同体的理念、

---

① 《胡锦涛文选》(第三卷),人民出版社,2016年,第651页。
② 《习近平谈治国理政》(第一卷),外文出版社,2018年,第272页。
③ 《习近平在周边外交工作座谈会上发表重要讲话强调 为我国发展争取良好周边环境》,《人民日报》,2013年10月26日。
④ 习近平:《携手构建合作共赢新伙伴 同心打造人类命运共同体——在第七十届联合国大会一般性辩论时的讲话》,《人民日报》,2015年9月29日。

内容、原则等，并明确向全世界发出"构建人类命运共同体"的倡议。习近平在演讲中指出："让和平的薪火代代相传，让发展的动力源源不断，让文明的光芒熠熠生辉，是各国人民的期待，也是我们这一代政治家应有的担当。中国方案是：构建人类命运共同体，实现共赢共享。""构建人类命运共同体，关键在行动。……坚持对话协商，建设一个持久和平的世界；坚持共建共享，建设一个普遍安全的世界；坚持合作共赢，建设一个共同繁荣的世界；坚持交流互鉴，建设一个开放包容的世界；坚持绿色低碳，建设一个清洁美丽的世界。"[①]至此，构建人类命运共同体内容框架初步形成。

(二)提出的背景

国际背景主要有两大方面：一是世界面临诸多危机和挑战，构建人类命运共同体具有紧迫性；二是世界面临难得的历史机遇，构建人类命运共同体具有客观基础和现实可行性。党的十八大报告指出："当今世界正在发生深刻复杂变化，和平与发展仍然是时代主题。世界多极化、经济全球化深入发展，文化多样化、社会信息化持续推进，科技革命孕育新突破，全球合作向多层次全方位拓展，新兴市场国家和发展中国家整体实力增强，国际力量对比朝着有利于维护世界和平方向发展，保持国际形势总体稳定具备更多有利条件。同时，世界仍然很不安宁。国际金融危机影响深远，世界经济增长不稳定不确定因素增多，全球发展不平衡加剧，霸权主义、强权政治和新干涉主义有所上升，局部动荡频繁发生，粮食安全、能源资源安全、网络安全等全球性问题更加突出。"[②]当今世界面临的巨大挑战与巨大机遇都是前所未有的，尤其是"互联网、大数据、云计算、量子卫星、人工智能迅猛发展，人类生

---

① 《习近平谈治国理政》(第二卷)，外文出版社，2017年，第541~544页。

② 《胡锦涛文选》(第三卷)，人民出版社，2016年，第650~651页。

活的关联前所未有,同时人类面临的全球性问题数量之多、规模之大、程度之深也前所未有"①。当今世界和平、发展、合作的时代潮流为人类共同命运的构建提供了现实基础;同时,当今世界挑战、风险、危机等持续蔓延,向人类命运共同体的构建提出了迫切要求。

面对这种形势,人类有两种选择:"一种是,人们为了争权夺利恶性竞争甚至兵戎相见,这很可能带来灾难性危机。另一种是,人们顺应时代发展潮流,齐心协力应对挑战,开展全球性协作,这就将为构建人类命运共同体创造有利条件。我们要抓住历史机遇,作出正确选择,共同开创人类更加光明的未来。"②构建人类命运共同体,是在正视挑战与危机、顺应时代潮流与机遇的基础上提出的一种选择。"我们生活的世界充满希望,也充满挑战。我们不能因现实复杂而放弃梦想,不能因理想遥远而放弃追求……世界命运握在各国人民手中,人类前途系于各国人民的抉择。中国人民愿同各国人民一道,推动人类命运共同体建设,共同创造人类的美好未来!"③

国内背景主要有三个。

第一,中国特色社会主义进入新时代,这个新时代是我国日益走近世界舞台中央、不断为人类作出更大贡献的时代。"中国特色社会主义进入新时代,在中华人民共和国发展史上、中华民族发展史上具有重大意义,在世界社会主义发展史上、人类社会发展史上也具有重大意义。"④"中国特色社会主义进入新时代,意味着近代以来久经磨难的中华民族迎来了从站起来、富起来到强起来的伟大飞跃,迎来了实现中华民族伟大复兴的光明前景;意味

---

① 习近平:《携手建设更加美好的世界——在中国共产党与世界政党高层对话会上的主旨讲话》,人民出版社,2017年,第2页。

② 习近平:《携手建设更加美好的世界——在中国共产党与世界政党高层对话会上的主旨讲话》,人民出版社,2017年,第2~3页。

③《习近平谈治国理政》(第三卷),外文出版社,2020年,第46~47页。

④《习近平谈治国理政》(第三卷),外文出版社,2020年,第10页。

着科学社会主义在二十一世纪的中国焕发出强大生机活力,在世界上高高举起了中国特色社会主义伟大旗帜;意味着中国特色社会主义道路、理论、制度、文化不断发展,拓展了发展中国家走向现代化的途径,给世界上那些既希望加快发展又希望保持自身独立性的国家和民族提供了全新选择,为解决人类问题贡献了中国智慧和中国方案。"①构建人类命运共同体就是中国特色社会主义在新时代对建设美好世界提出的方案。"我们呼吁,各国人民同心协力,构建人类命运共同体,建设持久和平、普遍安全、共同繁荣、开放包容、清洁美丽的世界。……中国将继续发挥负责任大国作用,积极参与全球治理体系改革和建设,不断贡献中国智慧和力量。"②同时,构建人类命运共同体也让中国特色社会主义展现更强的生命力,推动中国日益走近世界舞台中央,推动中国不断为人类作出更大贡献,进而推动中国特色社会主义的历史进程。

第二,中国外交进入新时代中国特色大国外交新阶段。中国特色大国外交的主要内容就是推动构建新型国际关系,推动构建人类命运共同体;同时坚持推动构建人类命运共同体是新时代坚持和发展中国特色社会主义的基本方略之一。习近平在中央外事工作会议上指出:"我国对外工作要坚持以新时代中国特色社会主义外交思想为指导,统筹国内国际两个大局,牢牢把握服务民族复兴、促进人类进步这条主线,推动构建人类命运共同体,坚定维护国家主权、安全、发展利益,积极参与引领全球治理体系改革,打造更加完善的全球伙伴关系网络,努力开创中国特色大国外交新局面,为全面建成小康社会、进而全面建设社会主义现代化强国创造有利条件、作出应有贡献。"③推动构建人类命运共同体是新时代中国特色大国外交的内容;或者

---

①　《习近平谈治国理政》(第三卷),外文出版社,2020年,第8~9页。

②　《习近平谈治国理政》(第三卷),外文出版社,2020年,第46~47页。

③　《习近平谈治国理政》(第三卷),外文出版社,2020年,第426页。

说,推动构建人类命运共同体也是中国外交走向大国外交的重要体现,是中国外交走向新的发展阶段的重要体现。

第三,新时代中国与世界的关系发生了变化。中国与世界的关系是不断发展变化的。中国"在强调依靠自身力量和改革创新实现发展的同时,坚持对外开放,学习借鉴别国长处;顺应经济全球化发展潮流,寻求与各国互利共赢和共同发展"①。在这个过程中,中国既通过维护世界和平发展自己,又通过自身发展维护世界和平。"中国用几十年时间走完了发达国家几百年走过的发展历程,经济总量跃居世界第二,近14亿人民摆脱了物质短缺,总体达到小康水平,享有前所未有的尊严和权利。这不仅是中国的巨大变化,也是人类社会的巨大进步,更是中国对世界和平与发展的巨大贡献……中国对世界的影响,从未像今天这样全面、深刻、长远;世界对中国的关注,也从未像今天这样广泛、深切、聚焦。"②在这种背景下,世界必然关切"中国从哪里来、向哪里去"的问题;中国也必然要回应"发展起来的中国如何与世界相处,应该推动建设什么样的世界"的问题。"构建人类命运共同体"正是中国回应这些关切的答案之一。

(三)提出的初心

中国提出构建人类命运共同体的倡议,主要有以下三大初心。

第一,作为世界文明大家庭的一员、作为联合国成员国、作为人类命运与共的一分子,中国有义务提出构建人类命运共同体的倡议。构建人类命运共同体是全人类的事业,需要全世界所有力量共同推进。各国的命运与世界的发展是联系在一起的,中国的发展也与世界发展是联系在一起的。

---

① 《中国的和平发展》,人民出版社,2011年,第3页。

② 中华人民共和国国务院新闻办公室:《新时代的中国与世界》,人民出版社,2019年,前言第1~2页。

各国应该有以天下为己任的担当精神,做积极行动派、不做观望者,共同努力把人类前途命运掌握在自己手中。中国作为世界文明大家庭的一员、作为联合国成员国、作为人类命运与共的一分子,有义务主动提出这一倡议,并有义务与世界人民共同努力,推动构建人类命运共同体的实践。

第二,中国充分发挥负责任大国的作用,为世界发展分担责任,为世界发展贡献中国智慧和力量。习近平在中国共产党与世界政党高层对话会上的讲话中指出:"我说过,大就要有大的样子。中国共产党所做的一切,就是为中国人民谋幸福、为中华民族谋复兴、为人类谋和平与发展。"[①]作为负责任的大国,理应志存高远、敢于担当,不仅着眼于本国发展,也要着眼于世界和平与发展;不仅着眼于眼前利益,也要着眼于长远发展和世界全局发展。中国坚持把中国人民利益同各国人民共同利益结合起来,积极参与国际事务,发挥负责任大国作用,共同应对全球性挑战。"构建人类命运共同体"正是中国面向世界提出的为人类谋和平促发展的方案。

第三,中国希望自身发展成果惠及世界。中国始终认为,世界好,中国才能好;中国好,世界才更好。"我们要把自己的事情做好,这本身就是对构建人类命运共同体的贡献。我们也要通过推动中国发展给世界创造更多机遇,通过深化自身实践探索人类社会发展规律并同世界各国分享。"[②]中国通过自身发展为世界经济增长提供主要稳定器和动力源,中国通过全方位对外开放为各国分享"中国红利";中国为国际社会提供更多公共产品,中国为其他发展中国家提供经验和借鉴。中国提出建设持久和平、普遍安全、共同繁荣、开放包容、清洁美丽的世界,倡议人类风雨同舟,荣辱与共,努力把我

---

①　习近平:《携手建设更加美好的世界——在中国共产党与世界政党高层对话会上的主旨讲话》,人民出版社,2017年,第8页。

②　习近平:《携手建设更加美好的世界——在中国共产党与世界政党高层对话会上的主旨讲话》,人民出版社,2017年,第8页。

们这个星球建成一个和睦的大家庭,把世界各国人民对美好生活的向往变成现实。

二、构建人类命运共同体的内容

"构建人类命运共同体"第一次被系统阐述是在2017年1月习近平在联合国日内瓦总部的演讲中。习近平概要性地提出了构建人类命运共同体的五大领域:在和平与安全领域,坚持对话协商和共建共享,建设一个持久和平的世界、一个普遍安全的世界;在世界经济和发展方面,坚持合作共赢,建设一个共同繁荣的世界;在文化与文明交流方面,坚持交流互鉴,建设一个开放包容的世界;在全球生态建设方面,坚持绿色低碳,建设一个清洁美丽的世界。这五大领域涉及了国际社会生活的主要方面。

在概要性提出五大领域建设内容之后,2017年12月1日在中国共产党与世界政党高层对话会上,习近平全面阐述了五大领域建设内容。

第一,建设一个远离恐惧、普遍安全的世界。这一部分是把"和平与安全"两方面内容合并在一起了。习近平指出:尽管千百年来人类一直期盼永久和平,但战争从未远离,人类始终面临着战火的威胁。面对日益复杂化、综合化的安全威胁,应该坚持共同、综合、合作、可持续的新安全观,营造公平正义、共建共享的安全格局,共同消除引发战争的根源。

第二,建设一个远离贫困、共同繁荣的世界。当今世界,发展不平衡不充分问题仍然普遍存在,南北发展差距依然巨大,贫困和饥饿依然严重,新的数字鸿沟正在形成,世界上还有很多国家的民众生活在困境之中。应该推进开放、包容、普惠、平衡、共赢的经济全球化,创造全人类共同发展的良好条件,共同推动世界各国发展繁荣,共同消除许多国家民众依然面临的贫穷落后,让发展成果惠及世界各国,让人人享有富足安康。

第三，建设一个远离封闭、开放包容的世界。应该坚持世界是丰富多彩的、文明是多样的理念，共同消除现实生活中的文化壁垒，共同抵制妨碍人类心灵互动的观念纰缪，共同打破阻碍人类交往的精神隔阂，让各种文明和谐共存，让人人享有文化滋养。

第四，建设一个山清水秀、清洁美丽的世界。应该坚持人与自然共生共存的理念，共同保护不可替代的地球家园，共同医治生态环境的累累伤痕，共同营造和谐宜居的人类家园，让自然生态休养生息，让人人都享有绿水青山。①

构建人类命运共同体除了五大领域的建设内容之外，还包括其他领域的建设内容，如人类卫生健康共同体、网络空间命运共同体、核安全命运共同体、太空命运共同体、海洋命运共同体的构建等。除了领域共同体建设内容之外，构建人类命运共同体还包括不同层次的区域共同体构建，如构建周边命运共同体、亚洲命运共同体、亚太命运共同体、中国-东盟命运共同体、上合组织命运共同体、中非命运共同体、中阿命运共同体、中拉命运共同体、中国同太平洋岛国命运共同体等。

构建人类命运共同体的内容还体现在"一带一路"建设内容之中。关于"一带一路"建设与构建人类命运共同体的关系，习近平多次指出"一带一路"建设是人类命运共同体理念的实践。在2017年中国共产党与世界政党高层对话会上的主旨讲话中，习近平明确指出："我提出'一带一路'倡议，就是要实践人类命运共同体理念。"②通过推动"一带一路"建设，就是在推动构建人类命运共同体。习近平指出：在"'一带一路'建设国际合作框架内，各

---

① 参见习近平：《携手建设更加美好的世界——在中国共产党与世界政党高层对话会上的主旨讲话》，人民出版社，2017年，第4~6页。

② 习近平：《携手建设更加美好的世界——在中国共产党与世界政党高层对话会上的主旨讲话》，人民出版社，2017年，第4页。

方秉持共商、共建、共享原则,携手应对世界经济面临的挑战,开创发展新机遇,谋求发展新动力,拓展发展新空间,实现优势互补、互利共赢,不断朝着人类命运共同体方向迈进。"①国家发展改革委、外交部、商务部联合发布的《推动共建丝绸之路经济带和21世纪海上丝绸之路的愿景与行动》指出:"'一带一路'是促进共同发展、实现共同繁荣的合作共赢之路,是增进理解信任、加强全方位交流的和平友谊之路。中国政府倡议,秉持和平合作、开放包容、互学互鉴、互利共赢的理念,全方位推进务实合作,打造政治互信、经济融合、文化包容的利益共同体、命运共同体和责任共同体。"②总之,"一带一路"建设内容涵盖于构建人类命运共同体内容体系之中,构建人类命运共同体的目标落实在"一带一路"建设的进程之中。

随着国际国内形势的发展变化,构建人类命运共同体内容也在不断发展和丰富中。近年来国际社会的变化主要表现为:一是人类经历了第二次世界大战结束以来最严重的全球公共卫生突发事件。二是一些国家内部出现政治动荡、各种社会问题频发,一些地区冲突不断升级,深刻影响世界和平形势。三是世界经济一直处于低迷发展,一些国家为维护自己利益采取阻断"经济全球化"的行为。

在这种新的背景下,构建人类命运共同体内容有新发展。

第一,突出强调共同佑护各国人民的生命和健康。人民生命安全和身体健康是人类发展进步的前提。中国始终秉持构建人类命运共同体理念,既对本国人民生命安全和身体健康负责,也对全球公共卫生事业尽责。"团结合作是战胜疫情最有力的武器。这是国际社会抗击艾滋病、埃博拉、禽流

---

① 郑庆东主编:《习近平经济思想研究文集(2022)》,人民出版社,2023年,第402页。

② 《推动共建丝绸之路经济带和21世纪海上丝绸之路的愿景与行动》,人民出版社,2015年,第5~6页。

感、甲型H1N1流感等重大疫情取得的重要经验,是各国人民合作抗疫的人间正道。"①在这种认识基础上,中国提出推进构建人类卫生健康共同体,提出各国要相互支持,加强防疫措施协调,完善全球公共卫生治理,加快建设人类卫生健康共同体,弥合国际"免疫鸿沟",把生命健康守护好、把人民生活保障好。为此,中国也采取了积极行动,推进构建人类卫生健康共同体的实践。

第二,突出强调共同促进世界经济稳定复苏和平衡发展。当前,世界经济陷入低迷,经济全球化遭遇逆向力量的阻隔,单边主义、保护主义抬头,公平和效率、增长和分配、技术和就业等矛盾更加突出,不平衡发展、贫富差距仍普遍存在。面对这种形势,2021年9月21日,习近平在联合国首次提出全球发展倡议,为推进全球发展事业指明了方向。习近平在博鳌亚洲论坛2022年年会上面向亚太也是面向世界提出:"我们要坚持建设开放型世界经济,把握经济全球化发展大势,加强宏观政策协调,运用科技增强动能,维护全球产业链供应链稳定,防止一些国家政策调整产生严重负面外溢效应,促进全球平衡、协调、包容发展。"②可以说,越是在危机的情况下,越需要世界各国形成强大合力,共同克服危机。"在全球性危机的惊涛骇浪里,各国不是乘坐在190多条小船上,而是乘坐在一条命运与共的大船上。小船经不起风浪,巨舰才能顶住惊涛骇浪。"③2023年11月,习近平在亚太经合组织第三十次领导人非正式会议上重申了中国的发展建议:坚持创新驱动,坚持开放导

---

① 习近平:《在第73届世界卫生大会视频会议开幕式上的致辞》,《人民日报》,2020年5月19日。

② 习近平:《携手迎接挑战,合作开创未来——在博鳌亚洲论坛2022年年会开幕式上的主旨演讲》,https://www.gov.cn/。

③ 习近平:《坚定信心 勇毅前行 共创后疫情时代美好世界——在2022年世界经济论坛视频会议的演讲》,《人民日报》,2022年1月18日。

向,坚持绿色发展,坚持普惠共享。①

第三,突出强调共同维护世界和平与安宁。世界进入新的动荡变革期。在新的时期,如果依然继续持有冷战思维,只会破坏全球和平框架;如果继续推行霸权主义和强权政治,只会危害世界和平;如果推行集团对抗,只会加剧21世纪安全挑战。和平与发展的时代主题没有改变,世界多极化和经济全球化的时代潮流也不可能逆转。我们要为人民福祉着想,秉持人类命运共同体理念,用实际行动为建设美好世界作出应有贡献。为此,中国提出全球安全倡议:

> 我们要坚持共同、综合、合作、可持续的安全观,共同维护世界和平和安全;坚持尊重各国主权、领土完整,不干涉别国内政,尊重各国人民自主选择的发展道路和社会制度;坚持遵守联合国宪章宗旨和原则,摒弃冷战思维,反对单边主义,不搞集团政治和阵营对抗;坚持重视各国合理安全关切,秉持安全不可分割原则,构建均衡、有效、可持续的安全架构,反对把本国安全建立在他国不安全的基础之上;坚持通过对话协商以和平方式解决国家间的分歧和争端,支持一切有利于和平解决危机的努力,不能搞双重标准,反对滥用单边制裁和"长臂管辖";坚持统筹维护传统领域和非传统领域安全,共同应对地区争端和恐怖主义、气候变化、网络安全、生物安全等全球性问题。②

近年来,中国陆续提出全球发展倡议、全球安全倡议、全球文明倡议三

---

① 参见习近平:《坚守初心 团结合作 携手共促亚太高质量增长——在亚太经合组织第三十次领导人非正式会议上的讲话》,https://www.gov.cn/。

② 习近平:《携手迎接挑战,合作开创未来——在博鳌亚洲论坛2022年年会开幕式上的主旨演讲》,https://www.gov.cn/。

大倡议。构建人类命运共同体内容体系在实践中不断丰富和发展。

三、构建人类命运共同体的困境

(一)实践困境

当今世界的不和平、不安全形势不同程度地阻碍了一些国际合作的进程,使构建人类命运共同体实践受到一定影响。如一些地区发生冲突与战争,给当事方带来严重损害,也给整个世界经济循环、国际交流合作带来巨大影响。"国际贸易和投资急剧萎缩,人员、货物流动严重受阻,不稳定不确定因素层出不穷。"① 和平与安全是构建人类命运共同体的基础,如果没有这个基础,人类的共同发展和共同繁荣就会失去基本的保障。同时,世界各国只有致力于构建人类命运共同体的实践,遵循和平方式解决国家间的分歧和争端,致力于世界的合作发展,兼顾自己国家安全和世界人民共同安全,才能从根本上解决和平与安全问题。

世界范围的"逆全球化"使构建人类命运共同体进程受到一定程度阻碍。世界范围"逆全球化"的出现来自两方面原因,或者说来自两类不同的力量。一是由于经济全球化的普惠性不够,一国内部出现贫富分化现象。尤其在推行西方"新自由主义"政策之下,一些国家贫富两极分化现象更为严重。其中,收入低、受教育程度低的中下层民众从经济全球化中获益较少,于是这部分群体成为推动"逆向全球化"的力量,这方面"逆全球化"是以反全球化或反本国精英化的形式呈现的。二是全球化进程中出现了全球化赢家与输家之间的地位变换,由此在全球化中失利或减利的国家成为"逆全

---

① 习近平:《守望相助共克疫情 携手同心推进合作——在金砖国家领导人第十二次会晤上的讲话》,人民出版社,2020年,第2页。

球化"的力量。比如美国为了维持自己的霸权地位,推行贸易保守主义政策,实际推动了"逆全球化"的加剧。

综上,人类命运共同体的构建实践受到一定阻碍。

(二)认同困境、舆论困境

关于构建人类命运共同体的认识偏差,总体上来自两种情况:一是由对经济全球化利弊的片面化认识,引来对包括构建人类命运共同体在内的所有国际合作议题,产生认识偏差和抵触态度。对于这方面认知,我们可以概括为客观性认知。二是有些西方国家恶意对中国发展进行遏制、围堵或封锁,对中国提出的构建人类命运共同体理念和实践等进行质疑。这方面认知来自对中国的偏见和意识形态因素,我们可以将其概括为主观性认知。

第一种认知的产生,即对经济全球化利弊的认识,一方面源于对经济全球化利弊的客观认识。经济全球化是一柄"双刃剑",会带来增长和分配、资本和劳动、效率和公平等方面的矛盾,尤其是当世界经济处于下行期的时候。这时候的反全球化呼声,反映了经济全球化进程的不足,值得我们重视和深思。另一方面认识源于"新自由主义"主导的片面全球化。"新自由主义"主导的片面全球化导致一些国家和地区的矛盾和问题以集中、极端的形式爆发,从而使人们对于经济全球化、国际合作等认识出现偏差。

第二种认知主要围绕"中国"产生。如美国为了维持自己的霸权地位,推行贸易保守主义,针对中国等进行"贸易战"。这种"逆全球化"行径带来一些西方国家共同对中国进行遏制、围堵或封锁。这种主观偏见和意识形态因素必然影响包括构建人类命运共同体在内的中国所有对外战略的推进。除了政府层面之外,一些西方学者对构建人类命运共同体的认识和解读,有时也带有偏见。如有些学者以西方结盟式共同体与"零和博弈"等理念来解读人类命运共同体理念,并在中国国际战略、"一带一路"建设等研究中刻意关注中国的软实力输出角度。①这种关注视角选取的目的在于恶意揣测中国战略的意图。更有学者直接从霸权主义、集团政治、阵营对抗等"冷战思维"角度对构建人类命运共同体进行诋毁。一些西方媒体附和这种偏颇性认识进行片面化宣传，这些因素导致构建人类命运共同体面临来自西方"旋涡式"舆论困境。

(三)学理困境

这里指人类命运共同体"构建"的学理困境，并不是指人类命运共同体"构建内容"的学理困境。人类命运共同体内容反映了不同民族和文明的共同愿望，符合世界各国人民的根本利益，不存在所谓学理困境。这里主要指"构建过程"的学理困境。

首先，构建人类命运共同体提出后，学界率先开启的是对人类命运共同的提出背景、时代价值与重要意义研究。主要有两个视角：一是联系国际国内形势、中国外交战略发展阶段和任务、全球治理的中国方案等视角，揭示这一战略和倡议的时代价值与重大意义；二是联系中国外交思想、中国共产党对外战略思想、中国道路拓展等历史纵向视角，阐发"构建人类命运共同体"对以上思想的继承和发展关系，进而揭示其时代价值与重大意义。在此基础上形成了构建人类命运共同体的理论内涵、思想渊源、核心要义、具体内容等体系化成果。接续下来，学界对于构建人类命运共同体研究开始聚焦于这一理念的"生成"研究上：一是从中国思想资源视角出发，阐述构建人类命运共同体思想是在继承和发展中国外交思想、中国传统文化、马克思主义或科学社会主义基础之上生成的，或者阐述三者共同孕育了这一个理念

---

① 罗圣荣、兰丽：《国内外学界对人类命运共同体研究的比较及启示》，《世界民族》，2020年第6期。

的生成;二是从全球思想资源视角出发,阐述构建人类命运共同体理念体现了全球化发展的正义逻辑,是对传统世界格局逻辑的超越,是对全球空间的伦理重塑等;三是从综合视角出发,阐述人类命运共同体生成的多重逻辑基础。

以上可以概括为是关于构建人类命运共同体理念的生成研究,主要侧重对构建人类命运共同体思想渊源的挖掘,但这种生成研究最终落脚于人类命运共同体理念对以往思想资源的超越,并没有从"生成"视角生发出"构建"所需的思想起点、方法或路径等。由此,关于人类命运共同体研究专门开启了"构建研究"视角。

关于构建的理论研究视角主要有以下三方面。

一是关于人类命运共同体"构建理论路径"的研究。如,通过"共同体—命运共同体—人类命运共同体"和"中华民族共同体—区域命运共同体—人类命运共同体"这一路线图,概括出人类命运共同体理论的体系图,描绘出人类命运共同体的"构建路径"的线路图。①这是从共同体的空间维度出发推展关于构建的理论路径,但"共同体—命运共同体—人类命运共同体"这一空间维度的各环节之间是否具有逻辑贯通性是需要进一步论证的,即这个逻辑路径本身还需要论证的。再如,有学者指出"人类命运共同体"从世界福利社会建设方案角度构成资本否定逻辑中的一个发展环节,是人类通过世界福利社会走向自由人联合体的一条道路。②这一思路重点阐释的是"人类命运共同体"作为资本否定逻辑中的发展环节有利于人类走向自由人联合体,这一思路为人类命运共同体的构建提供了"世界福利社会"这一角

---

① 吴庆军、王振中:《人类命运共同体理念的逻辑演进及其系统化过程》,《山东社会科学》,2021年第10期。

② 沈斐:《人类命运共同体:世界福利社会的一个建设方案——基于资本逻辑的辩证考察》,《毛泽东邓小平理论研究》,2020年第1期。

度启示,但并没有论述如何进行构建问题。

二是关于人类命运共同体"构建思维方法"的研究。如有学者阐述了"块茎思维"在建构人类命运共同体思想中的作用,相对于传统"树状思维"而言,"块茎思维"可以实现异质性连接关系,块茎中任意两点在空间上皆可相互连接;树状思维规定了其自身存在状态的秩序,形成在自身结构中的二元分化和对立的关系,但是块茎的连接关系是通过共同体内部事物的多向性、多样性建立的。①这一思维方法对于"构建研究"具有一定启示意义,但是关于构建的思维基础,并不是关于构建理论本身或对构建方法的研究。这方面还有辩证思维、空间思维等研究。

三是关于人类命运共同体构建的"认同"研究。这方面研究比较多,但严格来说"认同研究"只是"构建研究"的前提。如有学者指出构建人类命运共同体的重要前提在于塑造"共同体思维"。"共同体思维"是指"如何看待世界和建设什么样的世界"的国际新思维,其实质是践行相互尊重、协商合作,实现共赢共享价值目标的实践理性思维,是对冷战思维与零和博弈思维的批判与超越,是对霸权主义、强权政治摒弃的健全合理的实践理性思维。"共同体思维"的普遍性生成逻辑与内生机制决定于它在认识上的科学性、利益分配上的合理性、道德上的正义性、认同上的广泛性。"共同体思维"的塑造形成与推动构建人类命运共同体实践是辩证统一、互相强化的过程,在推动构建人类命运共同体的持续而又广泛深入的实践中必然被内在化为国际社会普遍认同的国际新思维。②

还有学者认为"人类命运共同体"的建构面临着由文化差异引发的异质文化"拒斥性"与"敏感性"、由文化歧视引发的歪曲中国价值理念及由文化

---

① 潘于旭:《基于"块茎思维"的人类命运共同体实践逻辑探析》,《理论与评论》,2018年第3期。

② 贾中海、程睿:《塑造人类命运共同体的思维方式》,《理论探讨》,2021年第2期。

霸权引发的迟滞中国话语体系建构等文化互通困境，为此必须坚持差异共生，促进文化有效沟通，解蔽主观"他者"，推动"文化-文明"对话，消解文化霸权，提升中国话语权，以增进新时代"人类命运共同体"理念的文化互通。①

还有学者从"认同"视角出发，论证了"人类命运共同体"的认同意义。如，西方启蒙现代性主导的旧全球化实践主张一种同质化的排他性意识形态，由此造成了"合法性认同"与"抗拒性认同"持续紧张、冲突和对抗的全球结构性认同危机；人类命运共同体为有效化解旧全球化复杂的认同危机，实现文明互鉴、包容差异、尊重他者、互惠共生的"认同型全球化"，重构了价值原则和实践规范。②再如，构建人类命运共同体思想具有主体承认、制度承认、价值承认和目标承认的四重"承认意蕴"，以利益承认、法权承认、文明承认、生态承认四个维度的"承认路径"，突破了承认陷阱及承认逻辑异化的"困境"，具有独具一格的"承认逻辑"，突破和超越了现代资本主义理论及其实践的"虚假承认"，由此逐步勾勒出由社会主义到全人类的内在逻辑和承认图景。③以上研究事实上落脚了人类命运共同体对于"认同"的意义，而非通过认同推进人类命运共同体的构建研究。

关于人类命运共同体"构建过程"的学理研究体现在对构建逻辑起点的探求上。目前学术界关于人类命运共同体构建逻辑起点的探求，主要有如下视角：

---

① 杨章文：《文化互通：新时代"人类命运共同体"的实践逻辑》，《理论月刊》，2018年第11期。

② 马瑞科、袁祖社：《优良制度理性与人类命运共同体——"认同型全球化"的制度性证成逻辑》，《内蒙古社会科学》，2021年第4期。

③ 符妹、李振：《构建人类命运共同体思想的"承认逻辑"：意蕴、困境及路径》，《中共中央党校学报》，2018年第6期。

1.以一般意义的共同体概念作为逻辑起点

一般意义的共同体属于社会学领域的概念,意为在个体构成部分基础上、从内部生长的具有实体意义的有机联合体,如国家共同体、民族共同体等。但"人类命运共同体"作为"超国家政治共同体"①,事实上并不是建立在分子、原子等个体构成部分基础上,而是建立在独立的众多民族国家等国际行为体基础上的,并由外部汇聚而成的一种结构松散的联合体。二者在生成基础、构建内容和结构关系等方面均有不同之处。而且,二者存在的环境也不同,前者存在于具有有机结构的社会系统之中,后者处于权力体系构成的无政府状态的国际场域之下。如"共同体—命运共同体—人类命运共同体"和"区域命运共同体—人类命运共同体",这些"共同体"是有不同内涵和不同层级的,各共同体之间是否具有前后相继性和逻辑连贯性是需要进一步论证的。总之,社会学意义的共同体的一般性构建内容、过程、模式、路径、方法等,无法推演出人类命运共同体的构建内容、过程、模式、路径、方法等。

2.以"大同世界""乌托邦"等概念作为逻辑起点

"乌有之乡""太阳岛""大同世界"等是一种构想出来的城邦、国域等,它们也有内容、有结构、有模式等,甚至还可以有运行、交流、转移等状态,但与共同体"实体"概念的内涵不同,它不具有某种实体的结构及实体的功能等要素。它虽然也有A大同世界、B大同世界、C大同世界之分,但与共同体"实体"概念对应的外延不同,这些大同世界之间并没有形成类别意义上的差别。所以,"大同世界""乌托邦"等概念所对应的一切都是"构想的现实",无法成为具有实体意义的"人类命运共同体"的逻辑起点,正如共产主义的逻辑起点不能建立在空想社会主义之上一样。当然,虽然乌托邦是虚幻的,但

---

① 陈曙光:《人类命运与超国家政治共同体》,《政治学研究》,2016年第6期。

在人类历史进程中人们对于未来世界的主观构想延绵不绝。乌托邦精神与对未来世界的希望本身对于主体人的构建行动或行为选择具有激励和动力机制意义,但对于人类命运共同体的构建主体"国家"或其他行为体却并不能起到这样的作用。

总之,从"共同体"到"人类命运共同体"的构建推演存在逻辑环节的断裂,从"乌托邦"到"人类命运共同体"的构建推演存在非实体概念的障碍,它们都不构成人类命运共同体构建的逻辑起点。

3.以"类哲学"等作为逻辑起点

关于人类命运共同体构建逻辑起点的探求,还有从自由人联合体、"类哲学"、世界历史思想、过程建构、世界主义等出发进行研究的,这些都属于原理范畴。

"类哲学"的说法具有原理意义。如有研究者指出:马克思"类"概念为理解"人类命运共同体"奠定了重要的思想基础;[1]但同时也有研究者指出,马克思"类哲学"构成科学发展观的理论基础。[2]也就是说,从同一原理出发可以推演出两个甚至多个不同的理论,这说明这个原理与具体某个理论之间并没有形成唯一对应关系,那么这一原理就不能构成这一理论的逻辑起点。同样,世界历史思想、世界主义等也可以推演出人类命运共同体的构建逻辑,但它们也可以推演出其他国际关系理论及雅克·德里达所说的抽象的"新国际"[3]理念。由此,原理本身不能构成理论的逻辑起点,原理需要再深入挖掘到下一个层次,到达具有内涵差异的、最小单位的概念,依托这个最小单位概念确定逻辑起点,这样逻辑起点和理论之间形成唯一对应关系。

---

① 贺来:《马克思哲学的"类"概念与人类命运共同体》,《哲学研究》,2016年第8期。

② 白刚:《马克思"类哲学"——科学发展观的理论基础》,《社会科学家》,2018年第11期。

③ 莫伟民:《德里达的"新国际"思想》,《哲学研究》,2013年第9期。

如果说上文提到的"共同体""大同世界"等概念不宜作为逻辑起点,是由那些概念的内容决定的,不是由概念本身的形式特征决定的;那么,"类哲学"等原理不宜作为逻辑起点,则是由原理本身的形式特征决定的,而不是由某个原理自身的内容决定的。类似地,"建构主义""过程哲学""文化符号"等对于"构建人类命运共同体"也不必然起着构建的逻辑起点的作用,需要进一步剖析才能得到逻辑起点。

这方面还有以"自由人联合体""联合体"等为逻辑起点的研究。与前面类同,"自由人联合体"不是最小的概念单位。同时,"自由人联合体"对于人类命运共同体具有目标指导意义,而非逻辑推导意义,二者并不具有逻辑推导的唯一对应关系。虽然人类命运共同体与"自由人联合体"的最终历史走向是完全一致的,①但同向的人类命运共同体与"自由人联合体"形成叙事的非同质性:人类命运共同体与自由人联合体二者之间基本内涵的差异构成二者理论张力的存在根据;人类命运共同体对自由人联合体关怀人类命运核心议题、"问题意识"与改变世界的思维逻辑,以现实利益为基础通达路径的承继,成为彼此理论张力的基本呈现;而人类命运共同体的过渡型共同体本质、包容性时代内涵、相对具体的实践方略则构成二者理论张力的突出表现。②正如"自由人联合体"对于中国特色社会主义的意义一样:它对于中国特色社会主义具有目标指导意义,指向的是行动逻辑,而不是推导逻辑。如学者概括指出,人类命运共同体是以"人的本质是人的真正的共同体"为逻辑起点,以"人的自由而全面发展的本质力量"为实质内容,以"自由人联合体"为价值诉求;基于对资本主义现代性的批判立场,厘清"个体与共同体"

---

① 石云霞:《关于人类命运共同体与"自由人联合体"的关系问题》,《马克思主义与现实》,2020年第2期。

② 桑建泉、陈锡喜:《人类命运共同体与自由人联合体理论关系新论》,《青海社会学》,2017年第6期。

的关系，提出人类文明的新阶段的中国方案，这是对人类命运未来走向认识的深化与指引，这势必展现出中国模式的世界历史意义和时代价值。[①]也就是说，"自由人联合体"与人类命运共同体二者关系研究，属于价值研究、意义研究或目标研究，而非逻辑推导研究。

4.从单一学科出发探求整个共同体构建的逻辑起点

有学者从国际关系学科出发探求整个人类命运共同体构建的逻辑起点。首先，以国际关系理论为主要支撑的国际关系学科无法支撑起涵盖国际关系、生态治理、多元文明内容在内的整个人类命运共同体内容体系的构建，而且构建人类命运共同体是一种不同于西方的国际关系理念，从以西方国际关系理论为主要构成的国际关系学科出发解释和探求人类命运共同体的逻辑进路，事实上会出现把人类命运共同体局限在国际关系的西方理念之中的情况。还有学者从国际社会学视角出发，围绕"国际共同体""国际团结"等展开逻辑起点探求，这方面存在的问题是：虽然"国际共同体""国际团结"很契合"人类命运共同体"的内涵，但"国际共同体""国际团结"与"人类命运共同体"属于同一个层次的规定，也不是最小单位概念。还有学者从国际法角度出发，将"构建人类命运共同体"视为国际法社会基础理论的当代发展。[②]国际法的确需要社会基础理论的支撑，"人类命运共同体"也可以作为这种支撑理论；但同时，"人类命运共同体"的形成本身也需要国际法的支撑和保障。所以，二者的关系如同"鸡生蛋、蛋生鸡"的关系，也如尤尔根·哈

---

① 李腾飞：《"人类命运共同体"的内涵逻辑及其价值诉求》，《太原理工大学学报》，2021年第1期。当然，文中指出的"人的本质是人的真正的共同体"的逻辑起点，与"类本质"的逻辑起点类似，与理论之间不具有唯一对应性关系。

② 张辉：《人类命运共同体：国际法社会基础理论的当代发展》，《中国社会科学》，2018年第5期。

贝马斯所说的"无世界政府的世界内政"①的境地,即一方面把地球人的关系由外部关系提升为世界内政的内部关系;另一方面国际社会依然处于无政府状态。所以,"人类命运共同体"只是国际法的应然社会基础理论,国际法也只是"人类命运共同体"的应然基础规范,二者无法构成对方实然的基础。而且,在层次上国际法也不能作为逻辑起点,逻辑起点要在其基础上进一步探求才可以获得。

总之,无论是传统国际关系学科、国际法学科,还是国际社会学视角,事实上都是将单一学科逻辑起点视为整个人类命运共同体构建的逻辑起点。或者说,把整体人类命运共同体局限在了"某个领域"。

四、应对构建困境的理论研究任务

对于构建人类命运共同体的实践困境,需要进行案例分析、经验研究、措施探索、路径创新等研究。实践研究不在本书探讨之列,本书重点探讨构建的理论研究。

(一)应对客观性认知偏差的理论任务

应对客观性认知偏差的理论任务在于缕析如经济全球化、全球治理等客观内容,揭露如"新自由主义"的实质和危害,批判如"逆全球化"、西方全球治理理念、冷战思维等。在揭露和批判基础上,阐释构建人类命运共同体理念、治理体系和原则等,阐述其理论必然性,以及相关的元理论研究。

本书第一编主要围绕这方面内容展开。通过"时代问题与构建人类命

---

① 曹兴、樊沛:《哈贝马斯"无世界政府的世界内政"理念述评》,《世界民族》,2015年第1期。

运共同体理论研究"这一章,梳理与时代背景相关联的对构建人类命运共同体的认知偏差,揭示认知偏差的根源,阐释构建人类命运共同体的时代必然性和可行性、超越性。通过"全球治理与构建人类命运共同体理论研究"这一章,阐释与全球治理相关联的对构建人类命运共同体的认知偏差,揭示认知偏差的根源,阐释构建人类命运共同体治理方案的必然性和可行性、超越性。通过"国际关系与构建人类命运共同体理论研究"这一章,阐释了国际秩序危机的西方理念根源,揭示西方国际关系理论困境及构建人类命运共同体理念和原则对于西方国际秩序理念和原则的超越。

(二)应对舆论困境的理论任务

来自舆论方面对构建人类命运共同体的疑虑和质疑,有学者归纳为五方面:一是国家利益的阻碍,认为国与国之间的关系,利益是永恒的,友好是暂时的,每个国家外交决策和选择都是以国家利益为轴心,对于构建人类命运共同体也需要从各自国家利益出发进行选择性认同。二是国家实力的阻碍,认为人类社会遵循的丛林法则,各国之间的冲突和矛盾只能靠实力说话、靠实力较量、靠国力决定,现在任何一个国家都没有足够的实力和能力影响世界各国对外关系选择同一个方向,构建人类命运共同体也是如此。三是意识形态的阻碍,虽然冷战结束了,但各国之间特别是大国之间意识形态的对立和斗争仍然十分尖锐、十分激烈,民族国家的思维模式、宗教信仰、文化传统、历史发展各不相同,这种意识形态的撕裂短期内无法减少、消除和弥合,人类命运与共的意识很难达成。四是治理能力的阻碍,全世界没有统一的具有最高权威的立法机构和执法体系,即使某些国家达成了默契和一致的解决方案,也难以让所有国家自觉自愿、不折不扣地信守执行,最终可能停留在口头上和纸面上。五是历史因素的阻碍,许多国家之间在历史交往中积累了错综复杂的感情纠葛,深层次民族矛盾和利益冲突一时难以缓解化解,种族纠纷、教派之争、权力内斗都会对建设人类命运共同体造成严峻威胁。[①]

上述舆论内容需要区别来看:一是四两项说的是跨越国家利益的可能性与跨越国家界限的能力问题,这其实正是构建人类命运共同体倡议的初衷,构建人类命运共同体就是希望在兼顾国家利益基础上实现世界的共同进步和共赢发展。二是五两项涉及的是国际法层面的问题,国际社会的发展必然要求和推动国际法的不断完善,构建人类命运共同体倡议与国际法的追求是一致的,二者可以形成合力。以上两方面本质上属于构建人类命运共同体面临的现实问题,可归为对构建人类命运共同体的客观认识偏差范畴。关于第三点意识形态的阻碍,则属于主观认识偏见,是构建人类命运共同体面临的舆论困境。这一点的关键并不在于对构建人类命运共同体的认识分歧,而在于人们对于建设哪种人类命运共同体、把世界发展带向何方存在分歧。这种分歧本质上属于一种意识形态博弈。针对这方面问题,一方面需要挖掘构建人类命运共同体与其他文明之间的共通之处,阐释构建人类命运共同体超越意识形态藩篱的价值;另一方面也需要对构建人类命运共同体进行意识形态阐释,通过阐释中国特色社会主义理论的世界性内涵、对世界人民美好生活的追求理念、对全人类共同价值和对文明新形态探索的目标等,阐释中国特色社会主义理论对人类命运共同体构建方向的引领。本书第二编主要围绕这方面内容展开,重点阐述中国特色社会主义理论对构建人类命运共同体的引领。

(三)应对学理困境的理论任务

关于人类命运共同体构建的学理研究,事实上是落后于构建实践的,这

---

① 董俊山:《构建人类命运共同体的困惑与破解》,《时事报告》,2017年第2期。

种情况的出现,并不表明实践不需要理论的指导作用,这只说明研究的欠缺,而非理论本身的欠缺。面对这种状况,一方面需要继续挖掘整体人类命运共同体构建的学理路径,本书第一编的元理论部分和第三编涉及这方面内容;另一方面需要回归具体共同体领域,开辟具体共同体构建研究的路线,本书第三编主要围绕这方面内容展开。

1.具体共同体构建研究路线的开辟:来自实践的反思

人类命运共同体是一个包含具体和差异内容的开放包容的统一体系,具体层面的研究是人类命运共同体构建研究的题中应有之义。整个人类命运共同体的构建实践不是一蹴而就的,需要经过不同阶段、不同过程推进完成。如从共同体建设的难易程度角度来考量,和平共同体建设的难度相对最大,全球生态共同体建设,由于意识形态藩篱相对少一些并有全球民众对保护生态的认同基础和生态运动、环保组织等实践基础,相对于和平共同体而言容易一些,由此,可以先行推进全球生态共同体的构建。再如从不同共同体的地位角度来考量,共同发展、共同繁荣,在整个人类命运共同体中具有基础性地位,由此,可以重点推进这方面建设,以对于整个人类命运共同体的构建起奠基作用。再如在全球合作反恐的形势下,安全共同体的构建更为紧迫,也更容易获得各方的助力支持;或者因疫情影响,人类卫生健康共同体的构建更为紧迫,也更有现实的动力基础,由此,可以在当下集中力量推进这方面共同体的构建。总之,由于形势的变化、条件的优劣配比、成本和机会等多重因素的作用,人类命运共同体的各个方面发展有着独特的路径,很难齐头并进。事实上构建人类命运共同体的落地实践就是分头推进的。如《携手构建人类命运共同体:中国的倡议与行动》白皮书列举的中国构建行动[①]:推动不同区域高质量共建"一带一路";落实全球发展倡议、全

①　中华人民共和国国务院办公室:《携手构建人类命运共同体:中国的倡议与行动》,人民出版社,2023年。

球安全倡议、全球文明倡议的"三大全球倡议";提出一系列构建地区和双边层面命运共同体倡议,如中非命运共同体,中阿、中拉、中国-太平洋岛国等命运共同体,周边命运共同体,双边层面不同形式的命运共同体;为各领域国际合作注入强劲动力,在卫生健康、气候变化、网络安全等领域提出丰富主张,转化为具体行动,为解决世界性难题作出了中国的独特贡献。

2.具体共同体构建研究路线的开辟:来自现实具体领域研究的推进

目前关于共同体构建的实践研究也集中在具体领域。主要研究有如下视角:①区域角度的共同体构建研究,如欧洲共同体、东盟共同体、北美共同体、非洲共同体、东亚共同体等研究。成果如赵军《东非共同体与地区安全秩序》;蔡敦达、陈毅立编《亚洲共同体论》;罗伯特·A.帕斯特著《走向北美共同体新世界应从旧世界汲取教训》,该书针对北美共同体的建设提出了具体的建议,涉及基础设施和交通、移民和海关、统一货币以及旨在援助贫困地区的项目。这一研究思路类同于欧盟的实践历程。②领域角度的共同体构建研究,其中关于安全共同体、生态共同体角度的探讨比较集中,成果如马光选著《人类安全共同体的构建何以可能》;郭才华、张国清论文《全球安全危机与构建人类安全共同体》;冯馨蔚、郑易平论文《推动构建人类生态共同体的内在需求及现实困境》等。③专项共同体构建研究。成果如戚振宏编《上合组织命运共同体建设:机遇与挑战》;博岚岚编《网络空间合作治理新生态——构建网络空间命运共同体》;连玉明编《主权区块链1.0秩序互联网与人类命运共同体》等。

3.具体共同体构建研究路线的开辟:突破学理困境的需要

具体共同体构建研究需依托具体学科或领域进行。在具体学科或领域基础上探求逻辑起点,突破学理困境。

任何一门学科都是对一类学问的研究,都是一种科学研究。从科学研究的历史进程来看,具体学科逻辑起点的探求遵循如下过程:

　　科学研究之初会遇到初始问题即研究起点。这类问题由于受研究者知识背景、时代背景、现实条件等因素的影响，具有一定的偶然性和个体差异性。这种偶然性特征决定了研究起点通常不能起到对其他问题的逻辑统合作用，不能构成逻辑起点。如弗洛伊德的精神分析理论，其研究起点是神经官能症，但对其理论具有统合作用的却是"本能"概念。所以，研究起点是学理研究的物理学意义的开始，无须专门分析即可启动，研究起点并不必然构成逻辑起点。接续推进科学研究进程，还会遇到更多的问题，如单纯的新问题，或是旧的、简单、单向问题不断汇总成的问题，或是总问题不断分解出的支脉问题。这些问题逐渐形成庞大的"问题群"。在这个"问题群"中总有一个问题，是众多其他问题所依赖的一个问题，这个问题就是这门学科的基本问题。基本问题起着凝聚研究方向作用、奠定学科基础的作用。如哲学上"世界本原"这一问题就是这门学科的基本问题，正是由于对这一问题的回答不同，形成了对世界不同的认识，形成了不同的理论派别。再如，在社会主义研究中，正是源于对社会主义本质的不同认识，并在此基础上形成了不同的建设社会主义的理论思考和实践方案。

　　确定了学科基本问题之后，还需进一步探求。因为学科基本问题本身不能直接构成逻辑起点，要通过对基本问题进行剖析，剖析到最小单位才能确定逻辑起点。这个过程也是认识的完成过程，即逻辑起点不是在认识进程的一开始就得到的，而是在整个认识完成之后得到的，当基本问题被识别、分析、剖析，最后得到无法再分割的、包含着问题全部矛盾的"胚芽"，这个"胚芽"即认识进程的终点，认识的终点即理论呈现的起点。认识过程完成，理论构建开始。正如《资本论》的逻辑起点"商品"，是在马克思认识整个资本主义复杂有机体之后，发现这个隐含着资本主义社会各种矛盾的"胚芽"——商品——这个无法再分割的、包含着问题全部矛盾的具体规定，进而商品成为马克思构建其理论体系的起点、逻辑链条的最前端。列宁在对马克思《资本论》的逻辑起点"商品"的解读过程中对于逻辑起点的描述更为明确具体，马克思正是"从这个最简单的现象中(从资产阶级社会的这个'细胞'中)揭示出现代社会的一切矛盾(或一切矛盾的萌芽)"[①]。作为逻辑起点的商品以胚胎生长的形式逐步展现对象系统的各部分及其从生到灭的过程，最后把对象的多样性表现出来，进而推动一个范畴向另一个范畴推移或转化，最终完成理论的构建过程。

综上，开辟具体共同体研究路线需依托具体学科进行。建设持久和平世界的内容可归属于国际关系学科；建设普遍安全世界的内容可归属于安全学学科，具体指安全学科中的全球安全、国际安全领域；建设全球生态共同体的内容对应于国际关系研究、环境学研究和政治生态学研究领域；建设共同繁荣世界的内容，对应于世界经济、全球经济治理、全球发展治理等领域；建设多样化世界不属于某个学科，可归于"多样性研究"领域等。

---

① 《列宁专题文集·论辩证唯物主义和历史唯物主义》，人民出版社，2009年，第150页。

第 一 编

第一章　时代问题与构建人类命运共同体理论研究

"时代问题"不仅是构建人类命运共同体的背景议题,也是构建人类命运共同体的构成内容之一。由于对"时代问题"存在偏差解读,进而带来对构建人类命运共同体产生偏差认识。缕析对时代问题的不同解读有利于纠正来自这方面对构建人类命运共同体的认识偏差,并揭示构建人类命运共同体的时代必然性。

一、时代泛说与对构建人类命运共同体认识偏差

(一)全球化时代概说与人类命运共同体泛化窄化论

以笼统的全球化指称当今的全球化时代,并将其与构建人类命运共同体关联。从时间上来说,笼统全球化的历史进程甚至可以追溯到1492年哥伦布发现美洲大陆的时期,但今天被称为"全球化时代"主要指第二次世界大战之后乃至更为新近的时期。以笼统全球化指称当今全球化时代,并将与构建人类命运共同体关联,是妄图模糊化全球化的不同历史发展阶段,进而把全球化历程中的负面经验关联到构建人类命运共同体议题上。如将今天的全球化时代比照历史上西方的全球殖民扩张时代,从而不加限定地把"一带一路"建设说成是"新殖民主义"行为,把构建人类命运共同体说成是

推行"霸权主义"的行为。这些说法实质是对中国以及中国提出的构建人类命运共同体的恶意诋毁。而这种诋毁的时代角度的"论证"源头就是泛化了对全球化时代的界定。

以经济全球化指称"全球化时代",并将其与构建人类命运共同体关联。在第二次世界大战之后乃至新近时期的全球化进程中,经济全球化的确是其最主要的内容和表现形式,但作为表征整个全球化时代,经济全球化是不够的。全球化不简单等同于全球跨国经济交流这一项内容,而是指世界各国、各地区、各民族都不同程度地进入全球交流轨道,世界各国、各地区、各民族都不同程度地受到来自全球层面的影响。单纯将经济全球化视为构建人类命运共同体的时代背景,存在把构建人类命运共同体、"一带一路"建设等局限于经济领域认识的倾向,这不仅容易抹杀内容,而且容易片面夸大构建人类命运共同体、"一带一路"建设中经济方面的内容,从而鼓噪中国"经济威胁论"等论调。

《纽约时报》多次将"人类命运共同体"与"中国称霸"字样关联起来表述。英国《金融时报》前北京分社社长、亚洲版编辑雅米尔·安代利尼在2018年9月19日发表《中国具有成为殖民主义强国的风险》一文,将"一带一路"建设与"东印度公司"类比,认为"中国的领导人和理论家应该好好研究一下英帝国的历史。英国最初并没有打算征服印度,但'东印度公司'的历史表明,'旗帜紧随贸易'(the flag follows trade)是屡见不鲜的"[①]。《华盛顿邮报》2019年5月31日发表美国智库战略与国际研究中心(CSIS)亚洲再连接项目主任乔纳森·希尔曼(Jonathan Hillman)题为《中国"一带一路"倡议的五个神话》的文章,文章从"被夸大的投资额""隐含的政治、军事目的""不划算的

---

① 张倩颖、王琰:《殖民思维无法理解"一带一路"倡议》,《历史评论》,2021年第4期。

交易""缺乏战略规划性""追随殖民的脚步"等五个方面质疑"一带一路"建设,指责"一带一路"建设是中国对他国的"剥削和压迫"。

应对这种认识偏差和舆论诋毁,除了要对构建人类命运共同体内容进行正向阐述之外,对时代背景进行缕析也是必不可少的。如果这个前提得不到澄清,则对内容认识偏差和诋毁还会变换不同的角度再出现;如果这个大前提得到澄清,则具体的认识偏差和诋毁有时甚至无须反驳而不攻自破。

(二)新自由主义催生说与构建人类命运共同体替代论

"新自由主义"最早是在西方社会盛行一时的思潮。"新自由主义"的"新"是相对于传统"自由主义"而言的。"新自由主义"思潮最早起源于经济领域。20世纪六七十年代,西方国家在经历一段时期的高速发展之后相继陷入经济滞胀之中。面对这种困境,所谓"自由主义"政策主张者将原因归结为国家干预过度、政府开支过大等问题,进而提出以"自由化、市场化、私有化"为基本原则的政策主张。随着"新自由主义"经济政策在一些国家推行并取得一定的实效,"新自由主义"经济思想逐渐成为西方经济学界的主导思想。随之,具有"新自由主义"特征的政治思想、社会思想也开始慢慢占据英、美等国家的主流思想界。1990年国际货币基金组织、世界银行和美国财政部及拉美国家等达成了对市场化、自由化、私有化等相关政策和理念的共同性认识,被称为"华盛顿共识"。此后,英美主导的"新自由主义"被大力推向世界其他国家。

"新自由主义"的推行使一些国家的通货膨胀率下降,但随着公共开支的减少,特别是社会福利的减少,导致工人工资降低,社会购买力随之下降。一些国家由此出现总需求不足并陷入通货紧缩的危机,即通货紧缩危机取代了通货膨胀危机。同时,"新自由主义"的推行还加剧了一些国家和地区的贫富分化,引发社会动荡和政权更迭。"新自由主义"也是最终引发世界范围金融危机的根源。上述情况不仅发生在西方发达国家,也不同程度地发生在一些实行"新自由主义"政策的发展中国家。2008年全球金融危机的爆发事实上宣告了"新自由主义"最终破产。

2013年中国提出的构建人类命运共同体、"一带一路"建设等,被视为是以解决"新自由主义"带来的危机作为出发点。构建人类命运共同体的确是在"新自由主义"破产之后提出的,也的确具有克服"新自由主义"弊端的理念与方案。但将构建人类命运共同体视为"新自由主义"替代则是一种认识局限,因为无论从理念、出发点、立场,还是内容、方式等,构建人类命运共同体都高于"新自由主义"的。构建人类命运共同体并不局限于解决经济方面的危机问题,而是在此基础上关注和平、安全、生态等各领域,以及全球层面的全球可持续发展、全球性问题的解决等。如果以解决"新自由主义"带来的危机问题作为构建人类命运共同体提出的出发点,不仅存在对构建人类命运共同体的局限化认识倾向,而且容易以危机问题解决与否、以西方国家问题解决与否作为评判标准,进而容易导致西方国家把中国推动与发展中国家之间的合作、中国推动全球共同发展的努力,视为对西方利益的侵害和西方自身问题恶化的外在因素。

(三)不确定性泛化说与构建人类命运共同体悲观论

"不确定"提法在不同领域含义不同。在全球事务层面,"全球不确定性"与"逆全球化"带来的不确定性问题相关。早在1999年"西雅图示威"①事件之后就有"后全球化"的提法,当时"后全球化"提法主要反映的是民众、非政府组织等"反全球化"现象。但2016年以来"后全球化"的内涵有所变化,

---

① "西雅图示威"事件,指1999年11月30日,世界贸易组织贸易部长会议在美国西雅图市召开时,来自不同阶层的抗议人士涌入西雅图会场门口,呼吁关心国际贸易中的环境和劳工福利政策,表达反对全球化的立场。

主要反映的是来自精英、政府层面的"逆全球化"主张和行为。概括来说，目前"逆全球化"最核心、最突出的特征是"阻断"及其所带来的"全球不确定性"形势。在2008年爆发全球金融危机时，全球性交流依然畅通，各国依然寻求在相互合作中解决危机和推动发展。但2016年以来美国政府调整对外政策，开始推行"贸易保护主义"政策。以此为肇始，美欧针对中国等国家进行所谓"和平竞争"，出台相关阻断国际经贸、科技等交流措施。美国政府还退出一些国际组织，导致多边交流模式和规则受到挑战。由此，2016年（英国"脱欧"、美国特朗普上台等）被认为是从"全球化"到"逆全球化"的转折年份。这种变化也被认为是"后冷战"时代来临的表现。总体来说，这种阻断是以人为阻断、政策阻断为主，是以政治方式开启的。2022年俄乌冲突的爆发使得这种阻断更以封锁、对峙、制裁等极端形式体现出来。"逆全球化"的阻断，加上"后冷战"的对峙和冲突，使得"全球不确定性"的整体特征更为显现了。

正是在这种"全球不确定性"形势下，构建人类命运共同体所提出的"建设持久和平、普遍安全、共同繁荣、开放包容、清洁美丽的世界"目标被认为更加遥远和虚幻，"共商共建共享"理念的落实困难重重，进而对构建人类命运共同体产生悲观论认识。

二、时代定位与构建人类命运共同体的认识澄清

时代问题关联着构建人类命运共同体的必然性、超越性、紧迫性等问题。所以，时代定位研究是构建人类命运共同体必然性、超越性、紧迫性论证的不可缺少的环节。

（一）全球化时代确指与构建人类命运共同体必然性

理论上，目前关于全球化没有形成统一的定义，只是从不同视角出发形成了不同的全球化描述，有地域交流角度的、市场规模角度的、劳动分工国际化角度的等。但从单一视角出发无法揭示全球化的全部特征。正因为如此，有学者指出："任何就全球化这个总的领域作出理论概括的企图，都必须通过尝试指出关于整体世界的形状和'意义'的任一可行的话语结构。"[①]本书以整体和宏观发展阶段为视角审视全球化。如果从这个视角来审视，即全球化整体特征遍及世界各领域的时期，能够被称为全球化时代的，当属20世纪70年代以来。这一时期，全球整体具有加速发展的阶段性特征，这一轮全球化具有不同于以往全球化的鲜明特征。

本轮全球化是建立在新一轮科技发展基础上的。第二次世界大战后的科学技术发展尤其是电子通信和运输方面的发展大大推进了世界交往的范围和世界沟通的效率，全球性交往在各领域都有推进。也就是说，本轮全球化不单纯体现为区域之间的地理联系或跨民族交流的扩大，还体现为各国、各地区、各民族受到来自全球范围的全方位影响；不单纯指超越了商品与服务贸易的"肤浅的一体化"，而是"深度一体化"[②]；不仅体现为贸易全球化、金融全球化，还体现为生产全球化、技术全球化，甚至生活方式的全球化等。所以，本轮全球化不类同于历史上全球化发展特征，不是泛化意义的全球化；本轮全球化也不是局限于经济领域的全球化，而是影响已经波及各个领域。

---

① ［美］R.罗伯森：《为全球状况绘图——论全球化研究》，《国外社会科学》，1997年第1期。

② ［英］彼得迪肯：《全球性转变——重塑21世纪的全球经济地图》，刘卫东等译，商务印书馆，2009年。

本轮全球化建立在区域一体化的一定发展成果基础上。在本轮全球化开启之前区域一体化已经在推进，也就是说区域范围的全球化是先行的。第二次世界大战后西欧国家在20世纪50年代组建了煤钢共同体，后组建了经济共同体；1965年煤钢共同体、经济共同体和原子能共同体合并，统称"欧洲共同体"；1991年12月，欧洲共同体通过《欧洲联盟条约》，欧盟正式诞生。世界其他区域也形成程度不同的区域一体化格局。本轮全球化即是在这种区域一体化基础上发展的。这也决定了本轮全球化不是历史上全球化的重复性延续，不是以传统军事占领、武力掠夺原材料与强行开辟市场的方式推进的。

本轮全球化的发展促进了"全人类共同价值和共同意识的日益增长，带有超地域、超民族、超国家意识的全球主义观念空前普及"[1]。这种情况下出现一种思潮："从文化和文明角度，把全球化视为人类各种文化、文明发展要达到的目标，是未来的文明存在的文化。"[2]这种思潮在以往全球化发展过程中是没有的。全球文明本身成为一种文化期待。这种全球化呼唤人类超越民族、区域等具体领域，共同应对自身问题与未来命运。"今天的人类比以往任何时候都更有条件朝和平与发展的目标迈进，而合作共赢就是实现这一目标的现实途径。"[3]构建人类命运共同体顺应这种时代潮流，超越单一的经济视角、文化视角、政治视角，将人类的经济发展、文化交流、和平安全等议题融汇于共同命运视域之下，提出遵循各国互利共赢原则、秉持开放包容理念等。正因如此，可以说构建人类命运共同体是契合这种全球化时代潮流

---

① 周穗明：《不要拒绝全球化——新时代全球化的性质、特点、核心问题及对策》，《经济社会体制比较》，2001年第1期。

② 杨雪冬：《西方全球化理论：概念、热点和使命》，《国外社会科学》，1999年第3期。

③ 《习近平谈治国理政》（第一卷），外文出版社，2018年，第274页。

的必然产物。

（二）新自由主义批判与构建人类命运共同体超越性

"新自由主义"的全球推行，不仅局限在经济生活，而且涉及国家政治、文化和社会生活等很多方面；"新自由主义"政策的推行不仅影响了西方国家，而且影响了世界其他国家。"新自由主义"推行的内容是以西方自由市场经济、所谓多元民主等为主要内容的；"新自由主义"推行的过程不是遵循互利共赢原则，而是依靠政治力量的加持推动的。冷战的结束打破了意识形态的藩篱，为全球化的发展提供了广阔空间，但"新自由主义"却借政治助力将西方意识形态推向更多国家。有学者甚至指出"新自由主义"实质上是一种政治专制主义："自由主义源于专制主义并和后者一样包含了极权主义的特征，因此它最终只是现代极权主义的一个变种而已。不同之处仅仅在于，它代表了一个更多是以'经济'为基础的市场极权主义，要求人必须无条件地服从市场的支配。"[①]甚至有学者进一步指出"新自由主义"实质上是一种帝国主义，是在后殖民化时代借用了一种全球化形式的"新帝国主义"。由此，"新自由主义"承诺造福人类、创造繁荣，却造成世界范围可见的危机与灾难。

构建人类命运共同体不是"新自由主义"的替代。构建人类命运共同体不单纯致力于解决"新自由主义"带来的问题，而是致力于推动人类和平与发展事业；构建人类命运共同体超越意识形态藩篱，把世界上不同文明、不同制度、不同发展程度的国家都纳入推动构建的主体范畴；构建人类命运共同体超越"西方中心论"，甚至超越任何"中心论"，并不谋求以一种意识形态

---

① ［德］罗伯特·库尔茨：《资本主义黑皮书——自由市场经济的终曲》（上卷），社会科学文献出版社，2003年，第9页。

替代另一种意识形态,而是致力于弘扬全人类的共同价值,把构建人类命运共同体视为全人类共同的事业。如果将构建人类命运共同视为对"新自由主义"的简单替代,则必然陷入类似"西方中心论"的另一种"中心论"的窠臼之中。

(三)时代转型挑战与构建人类命运共同体的紧迫性

当前"逆全球化"使全球范围出现一些不确定性、深层次问题:一是曾经的"主权让渡"议题逐渐为各国所放弃。当前各国在面对国际、全球层面问题时,强调自身的立场和视角,并"重新赋权于地方和国家层面"。这种做法与全球化进程是背道而驰的,对于全球化发展产生消极影响。二是世界范围产生一种全球化赢家与输家之间的说法。这种差别不仅在西方国家与后发国家之间存在,而且在两种国家内部也分别存在。这种情况又与"反全球化""逆全球化"主张关联在一起。三是西方社会内部出现不同表现程度的社会撕裂现象,一些民粹主义、极端主义思潮蔓延,一些右翼民粹政党兴起。这些政党在全球化方面的主张普遍持保守政策,即寻求从全球化中全限退守或部分退守,优先维护国家利益或区域利益。也就是说,"逆全球化"正在逐渐成为一种政策主张,并被列入了政治议题的范畴之中。

但同时,也需要同关注到全球化发展依然有强劲的基础。首先,推动全球化进程的技术在加速发展之中。科学技术的发展是推动世界深度一体化的客观基础。当前以5G、大数据、人工智能、云计算、区块链等为标志的新一代信息通信与数据技术突飞猛进,数字化赋能人类各社会生活领域,深刻影响世界各国的发展,从更深层次促进世界的沟通和交流。其次,全球化的强劲发展有众多推动因素。《后全球化时代:世界制造与全球化的未来》一书聚焦于企业在世界经济动荡发展中的变化情况,如作者所言:"正是千千万万企业的决策共同塑造了总体贸易模式与投资流向。"[1]最后,推动全球化发展的文化和观念因素也不可忽视。世界范围已经逐渐形成一种观念上的基本共识:即人类需要共同发展、合作发展,人类发展的相互依存状态已经成为不可逆转的历史潮流,人类需要关注共同的发展前景和前途命运。"逆全球化"的政策主张无法使世界各国退回到封闭、孤立的状态,也无法割裂世界各领域业已存在的交流纽带。"经济全球化是社会生产力发展的客观要求和科技进步的必然结果,不是哪些人、哪些国家人为造出来的。经济全球化为世界经济增长提供了强劲动力,促进了商品和资本流动、科技和文明进步、各国人民交往。"[2]从一定意义上说,"逆全球化"是全球化的一种转型发展、一种新型全球化或再全球化的过程。正如学者指出的,所谓的全球化受挫很可能是一个误导性的暗示,事实上是"全球化由1.0版向2.0版转换"[3]。也就是说,全球化依然是一种客观趋势,只不过在发展过程中出现一些曲折,或者反映了全球化的转型发展、新型全球化或再全球化的过程。

综上,在时代转型阶段,一方面构建人类命运共同体面临很多挑战,变得更为艰难;另一方面推动构建人类命运共同体也有客观基础。而且在这个转型阶段更需要人类积极发挥主动性、能动性、创造性,加快推进构建人类命运共同体的实践。

当前需要紧迫推进的,也即需要紧迫推进构建人类命运共同体的内容包括:一是全球经贸关系的修复或重塑问题。当前"逆全球化"最直接冲击的是全球经贸关系,表现为全球供应链的断裂或受阻。全球供应链是经济

---

① [英]芬巴尔·利夫西:《后全球化时代:世界制造与全球化的未来》,王吉美、房博博译,中信出版社,2018年。

② 习近平:《共担时代责任 共促全球发展——在世界经济论坛2017年年会开幕式上的主旨演讲》,《人民日报》(海外版),2017年1月17日。

③ 程亚文:《"逆全球化"是个问错了的问题》,《环球时报》,2018年5月15日。

全球化的重要表现形式之一,越复杂的全球供应链意味着各国间经济联系越紧密,意味着全球化程度越高。全球供应链人为阻断或改变,事实上是一些势力谋求对全球发展格局重组和全球利益重新分配。这种重组和重新分配不是以均衡、平等、共赢为原则,而是以损害某些国家的发展利益为代价,以阻碍全球整体发展为代价的。这种重组和重新分配也正在让世界两极分化进一步扩大,全球性问题由于全球发展受阻、无序竞争加剧、两极分化扩大等因素叠加而变得更为复杂。

二是当前国际机构的运行和国际事务的处理迫切需要人类共同体理念指导。在"逆全球化"和"新冷战思维"的影响下,一些国际机构和多边平台的运行受到很大影响。在当今时代,如果没有国际机构和多边平台的运行,国际恐怖主义泛起、国际丛林法则横行、各种矛盾和冲突频发等问题必将推入全面灾难的境地。当前紧迫需要秉承人类共同命运的理念和多边主义原则推动国际机构和多边平台的运行。

三是当前全球和平与安全形势紧张,需要通过对话、协商,通过兼顾多方诉求化解分歧,终止冲突与化解危机。构建人类命运共同体的理念和行动是当前推进整个人类和平与发展事业的迫切需要。

总之,关于构建人类命运共同体的时代背景的明晰化,关于构建人类命运共同体的时代环境和条件、变化和趋势等跟踪关注和适时把握,是构建人类命运共同体理论研究不可或缺的内容。

三、构建人类命运共同体与时代元理论研究

这里的时代元理论是指更为基础的理论。概括来说时代元理论包括:时代主题、大的历史时代、时代本身判定理论等。把握时代主题有利于更好地把握时代的主要特征和主要任务,把握大的历史时代有利于更好地揭示

时代所处的历史发展阶段和阶级实质,把握时代判定理论有利于更好地把握不确定时代和时代转型的方向。越是重大的理论、战略和倡议,越需要回应时代元问题、时代元理论,且不仅遵从时代潮流,顺应历史趋势,更引领时代发展,推动理论与时代元理论的交互深化。

(一)构建人类命运共同体与时代主题理论

时代主题是一定时期人类社会生活内容最集中特征的描述,确切地说是世界上主要国家一定时期社会生活内容最集中特征的描述。19世纪末20世纪初开始,世界处于战争与革命交织的年代,两次世界大战和俄国革命胜利,以及中国革命的胜利和一系列社会主义和民族独立国家出现。西方国家联合起来,形成以包围、遏制社会主义为目的的资本主义阵营。世界资本主义阵营与社会主义阵营长期对峙的形势,就是"战争与革命"时代主题的反映。正是在对"战争与革命"时代主题认识和把握的基础上,国家的相关战略安排围绕这一主题展开。1946年4月毛泽东在《关于目前国际形势的几点估计》指出:"世界反动力量确在准备第三次世界大战,战争危险是存在着的。但是,世界人民的民主力量超过世界反动力量,并且正在向前发展,必须和必能克服战争危险。"①1950年6月毛泽东再次指出:"帝国主义阵营的战争威胁依然存在,第三次世界大战的可能性依然存在。但是,制止战争危险,使第三次世界大战避免爆发的斗争力量发展得很快,全世界大多数人民的觉悟程度正在提高。只要全世界共产党能够继续团结一切可能的和平民主力量,并使之获得更大的发展,新的世界战争是能够制止的。"②

20世纪后半期,特别是80年代后,国际形势发生了很大变化。大国关系

---

① 《毛泽东选集》(第四卷),人民出版社,1991年,第1184页。
② 《毛泽东文集》(第六卷),人民出版社,1999年,第67~68页。

开始从紧张转向缓和,从对抗转向对话。同时,世界各国经济合作日趋密切,相互依存日益加深。面对这种新的时代变化,需要对人类社会生活内容最集中的特征、世界上主要国家社会生活内容、"战争与革命"的时代主题进行重新判定。邓小平依据国际形势和时代变化情况明确判定指出:世界大战不是不可避免,而是可以避免,世界进入和平与发展的新时期,提出"和平与发展是时代主题"的著名论断。"和平与发展时代主题"的论断依据在于:"和平与发展"是世界最突出的矛盾,世界总体和平是不可阻挡的潮流和趋势,但依然有影响和平的因素存在,国际形势依然是不太平的;同时,世界发展问题比较紧迫,不仅发展中国家要发展,发达国家也面临再发展的问题,因此,发展问题成为当今世界各国聚焦的核心问题;和平与发展问题是世界有待解决的两大课题、两大任务、两大目标。

正是在对"和平与发展"时代主题判定的基础上,中国实行改革开放政策,在世界范围倡导建立国际政治经济新秩序。邓小平在联大第六次特别会议上指出:"建立在殖民主义、帝国主义、霸权主义基础上的旧秩序,使得贫国愈贫,富国愈富,贫国和富国的差距越来越大。这种旧的经济秩序是发展中国家解放和进步的最大障碍……世界范围,国际形势由紧张转向缓和,国家之间关系也由对抗转为对话,无论是社会主义国家还是资本主义国家,都更多地转向减弱对抗和冲突,更多关注发展问题。"①

对于时代主题的判定,需要依据时代面临的主要问题、矛盾和任务适时审视。到了20世纪90年代,邓小平依然判定指出:"和平与发展两大问题,和平问题没有得到解决,发展问题更加严重。"②到了21世纪初期,胡锦涛进一步判定指出:"世界和平与发展这两大问题还没有得到根本解决。因种种

① 刘华秋:《邓小平国际战略思想论要》,《党的文献》,2007年第2期。
② 《邓小平文选》(第三卷),人民出版社,1993年,第353页。

原因导致的局部战争和冲突时起时伏,地区热点问题错综复杂,南北差距进一步拉大,许多国家人民基本生存甚至生命安全得不到保障,国际恐怖势力、民族分裂势力、极端宗教势力在一些地区还相当活跃,环境污染、毒品走私、跨国犯罪、严重传染性疾病等跨国性问题日益突出。人类实现普遍和平、共同发展的理想还任重道远。"①正是在对这一时代主题把握基础上,中国结合自身国际地位和作用,积极参与国际事务,致力于推动世界和平与发展事业。

党的十九大报告指出:"人类正处在大发展大变革大调整时期。世界多极化、经济全球化深入发展,社会信息化、文化多样化持续推进,新一轮科技革命和产业革命正在孕育成长,各国相互联系、相互依存,全球命运与共、休戚相关,和平力量的上升远远超过战争因素的增长,和平、发展、合作、共赢的时代潮流更加强劲。"②党的二十大报告进一步指出:"和平、发展、合作、共赢的历史潮流不可阻挡。"③时代潮流的说法并没有脱离时代主题的判定,而是抓住了新的时代发展的总体特征和态势。

构建人类命运共同体就是在这一时代认识基础上提出的,新时代的时代主题的判定也成为构建人类命运共同体的重要内容。同时,构建人类命运共同体又将这一时代主题扩展为百年时代主题:"上世纪上半叶以前,人类遭受了两次世界大战的劫难,那一代人最迫切的愿望,就是免于战争、缔造和平。上世纪五六十年代,殖民地人民普遍觉醒,他们最强劲的呼声,就是摆脱枷锁、争取独立。冷战结束后,各方最殷切的诉求,就是扩大合作、共

---

① 《胡锦涛文选》(第二卷),人民出版社,2016年,第352页。

② 《习近平谈"一带一路"》,中央文献出版社,2018年,第164页。

③ 习近平:《高举中国特色社会主义伟大旗帜 为全面建设社会主义现代化国家而团结奋斗——在中国共产党第二十次全国代表大会上的报告》,人民出版社,2022年。

同发展。这一百多年全人类的共同愿望,就是和平与发展。"①构建人类命运共同体也深化了对和平与发展问题的理解:在世界和平问题的解决上,构建人类命运共同体不仅主张遵循和平理念,主张建立和平、公正合理的国际政治经济新秩序,而且将安全问题纳入其中,认为和平与安全问题是密切关联、不可分割的,并主张协同应对传统安全威胁与非传统安全威胁。在世界发展问题的解决上,构建人类命运共同体将发展问题拓展为全面发展、共同发展、绿色发展、可持续发展等。构建人类命运共同体也开出了新的时代任务:如何协同应对传统安全威胁与非传统安全威胁? 如何实现全面发展、共同发展、绿色发展、可持续发展? 等等。致力于推动构建人类命运共同体,也是推动世界和平与发展事业的历史进程。

总之,对时代主题的判定是任何国家认识世界和推行战略必然涉及的内容。时代主题与构建人类命运共同体二者在交互推进中实现理论深化。

(二)构建人类命运共同体与历史时代理论

"历史时代"比时代主题更为宏观,它超越时代问题、矛盾和任务视域,是从人类社会形态更替、历史长时段视域对时代问题进行审视的。列宁称之为"大的历史时代"。

关于"大的历史时代",马克思、恩格斯按照社会主导地位的阶级来确定和划分"各个历史时代"。列宁继承马克思、恩格斯的思想,并对"历史时代"问题进行了明确论述。列宁指出:"大的历史时代……我们能够知道,而且确实知道,哪一个阶级是这个或那个时代的中心,决定着时代的主要内容、时代发展的主要方向、时代的历史背景的主要特点等等。"②依据这一思想,

---

① 《习近平谈"一带一路"》,中央文献出版社,2018年,第164页。
② 《列宁全集》(第26卷),人民出版社,2017年,第143页。

"标志整体社会发展形态的时代是指在'世界历史'上按一定标准划分的社会发展的历史阶段;处在时代中心的特定阶级,即矛盾的主要方面,决定着时代的主要内容、发展方向和历史背景的主要特点等"①。在这里,"时代""时代性质""时代本质"的含义是一样的,都是从阶级关系角度定位这是一个什么样的"大的历史时代"。时代主题则是指这个"大的历史时代"之下不同时期要解决的主要矛盾。如果"处在这个时代中心的阶级本质"发生了改变,那么这个时期所要解决的主要矛盾就发生了改变,这个时代主题也会发生改变。如果只是这个时期所要解决的主要矛盾发生了变化,我们可以说时代主题发生了改变,但不能因此说这个时代、时代本质、时代性质发生了变化,因为"处在这个时代中心的阶级本质"没有发生改变。

"大的历史时代"在马恩时期是"资产阶级时代"或"由资本主义向社会主义过渡的时代"。到了列宁生活的时代,资本主义发展到了垄断资本主义阶段即帝国主义阶段。这是列宁对当时资本主义发展阶段所作的判定。列宁之所以作出这个判定主要依据当时世界的主要矛盾:一是各国内部和国际无产阶级与资产阶级之间的矛盾,二是各资本主义国家和集团之间的矛盾,三是资本主义国家与殖民地国家之间的矛盾。这三大主要矛盾反映的是世界资本主义已发展到帝国主义阶段。这一阶段所处的"大的历史时代"仍然是"由资本主义向社会主义过渡",或者说是列宁当年所说的帝国主义和无产阶级社会主义革命时代。到了二战后,主要资本主义国家的经济制度构成发生了变化,资本主义具有了混合经济的特点,资本占有形式呈现出社会化的特点。但是垄断资本主义的本质没有发生变化。所以,这一阶段所处的"大的历史时代"仍然是"由资本主义向社会主义过渡"的时代。

那么,在20世纪末世界社会主义运动处于低潮时期,大的历史时代是否

---

① 李慎明:《对时代和时代主题的辨析》,《红旗文稿》,2015年第22期。

发生了变化？对于这个问题，有人认为"大的时代"已经不再是资本主义向社会主义过渡的时代，而是资本主义取得胜利、社会主义已经失败的"历史终结"。这种认识忽略社会主义中国的力量。"只要中国的社会主义红旗不倒，社会主义在世界将始终站得住。因为中国的人口占了世界的五分之一。而中国社会主义的红旗是不会倒的，我们找到了适合中国国情的建设有中国特色社会主义的道路。世界社会主义思潮仍在发展，社会主义因素在许多国家依然存在。即使在已经发生变化了的国家，那里的共产党人仍在继续战斗。现在社会主义国家远不止一家。任何一个新生事物的产生、发展，直到成功，都不会是一帆风顺的。巩固和发展社会主义制度，需要一个很长的历史阶段，需要我们几代人、十几代甚至几十代人坚持不懈的努力。马克思主义揭示的资本主义必然灭亡、社会主义必然胜利这个规律没有变，社会主义的优越性终究要体现出来。尽管一些国家出现严重曲折，社会主义好像被削弱了，但人民经受了锻炼，从中吸取教训，将促使社会主义向着更加健康的方向发展。"[1]

今天的时代又有了新的变化。2019年9月发布的《新时代的中国与世界》白皮书指出："随着经济全球化深入发展，国际政治经济格局加速演变，全球发展深层次矛盾日益突出，国际力量对比日趋均衡，国际秩序和全球治理体系变革更加深入，世界进入大发展大变革大调整的新时期，处于百年未有之大变局。"[2]百年变局之"变"，主要指世界之变、时代之变、历史之变。世界之变，主要是世界经济政治格局正在发生革命性的变化。进入21世纪以来，随着中国等发展中国家的不断发展，改变了美西方一些国家几百年来在世界经济版图上占据的主导地位，世界经济中心迎来"东升西降"的重要拐

---

①　刘华秋：《邓小平国际战略思想论要》，《党的文献》，2007年第2期。
②　中华人民共和国国务院新闻办公室：《新时代的中国与世界》，人民出版社，2019年。

点;随着国际经济力量对比的变化,全球治理体系正在发生深刻变革,以美国"一家独大"的单极世界向协同共治的多极世界转变,世界进入大动荡期。时代之变,主要是伴随着科学技术的革命性进步,特别是数智技术的发展,推动人类进入数智文明时代。今天的人类生活在同一个地球村里,越来越成为你中有我、我中有你的命运共同体,和平、发展、合作、共赢的历史潮流不可阻挡,但各种影响和平与发展的不确定性因素增加,保护主义、民粹主义思潮抬头,"逆全球化"态势明显上升。历史之变,主要是两种社会制度在历史演进中正在发生有利于社会主义的重大转变。中国特色社会主义取得巨大成功,科学社会主义在21世纪的中国焕发蓬勃活力。两种社会制度的并存和较量,更加清晰地验证了社会主义是人类发展的大方向。中国式现代化不仅开辟了21世纪社会主义发展新阶段,也为构建人类文明新形态提供了新选择。

其中"历史之变"的表述就是当今中国对于大的历史时代的基本判断:历史依然处于由资本主义向社会主义过渡的时代,而且两种社会制度在历史演进中正在发生有利于社会主义的重大转变,社会主义是人类发展的大方向。虽然当前国际形势并不太平,存在围绕中国的激烈的贸易竞争甚至战争威胁,但这个"大的历史时代"是不容怀疑的历史趋势。同时,明确中国自身发展推动了这个时代进程,"中国特色社会主义取得巨大成功,科学社会主义在21世纪的中国焕发蓬勃活力";且中国未来发展也必将进一步推动时代进程,"中国式现代化不仅开辟了21世纪社会主义发展新阶段,也为构建人类文明新形态提供了新选择"。构建人类命运共同体,是这一事业的一个环节。"中国式现代化的本质要求是:坚持中国共产党领导,坚持中国特色社会主义,实现高质量发展,发展全过程人民民主,丰富人民精神世界,实现全体人民共同富裕,促进人与自然和谐共生,推动构建人类命运共同体,创造人类文明新形态。"①

这里还有一个紧密相关的问题需要回应，即在"大的历史时代"视域下，构建人类命运共同体与社会主义、资本主义、共产主义是一种什么样的关系？构建人类命运共同体虽然是一种超越意识形态的理念和倡议，但不能以资本主义为引领，不能把构建人类命运共同体带入资本主义发展轨道。这一点是必须明确的。同时，也不能将人类命运共同体等同于共产主义，"人类命运共同体不是共产主义社会的替代物……当前的人类命运共同体还不是有着共同信仰以及消灭了一切差别、实现了共同富裕的真正意义上的共同体"。总之，"社会主义和资本主义并存"依然是构建人类命运共同体"大的历史时代"背景，是构建人类命运共同体的内容之一，同时，人类命运共同体的构建也丰富和推动了这一历史时代的发展。"面对百年未有之大变局，面对当前治理难题和发展困境，人类社会迫切需要建立新的发展观，构建更加公正合理的国际体系和国际秩序，开辟人类社会更加美好的发展前景。中国提出构建人类命运共同体，着眼解决当今世界面临的现实问题、实现人类社会和平永续发展，以天下大同为目标，秉持合作共赢理念，摒弃丛林法则，不搞强权独霸，超越零和博弈，开辟出合作共赢、共建共享的发展新道路，为人类发展提供了新的选择。"②

(三)构建人类命运共同体与时代判定理论

时代主题、历史时代是从社会关系内涵角度对时代的判定，社会关系以

---

① 习近平：《高举中国特色社会主义伟大旗帜　为全面建设社会主义现代化国家而团结奋斗——在中国共产党第二十次全国代表大会上的报告》，人民出版社，2022年，第23~24页。

② 中华人民共和国国务院新闻办公室：《新时代的中国与世界》，人民出版社，2019年。

外的时代判定视角还有很多,如有的按照生产工具的标准,如石器时代、铁器时代、电气时代、信息时代等;有的以工业时代为基点,称前工业时代、工业时代、后工业时代;有的单纯以某方面的突出特征为指称,如全球化时代、自媒体时代、强人政治时代等。概括来说,涵盖人类社会生活整体面貌外在特征的时代判定元理论至少有三类:

一是科学技术相关理论。科学技术尤其是当前的信息技术的发展,是奠定这个时代整体面貌特征的客观基础。每个时代的变迁一定与科技发展相关联。正如蒸汽时代、电气时代由于动力问题的解决带来了工业的进步,进而带来一个国家整个社会生活的重塑,即工业国家出现。由此,整个世界以工业国家的发展、活动、交流为主要构成面貌。当今时代最突出的科技发展是信息技术,信息技术的发展给社会生活带来重大变化,推动整个世界进行便捷、高效的沟通与交流。世界整体构成面貌不再以工业国家为主导或核心。虽然所谓的信息国家目前还没有整体出现,但信息革命给国家带来的影响正在加速推进。当然,信息技术带来的越来越"扁平的世界"的冲击力也是瓦解传统政治行为体的重要因素。全球化、一体化、社会化等正是对信息革命带来的社会面貌的概括。信息革命带来的影响方兴未艾,全球化、全球一体化、全球社会化等特征也将继续加强。对信息革命及相关表征的理论研究,是构建人类命运共同体时代观研究的基础。

二是全球史、全球化理论、全球学,以及与此相关的世界历史;全球政治经济学、一体化理论;世界主义、全球主义、国际主义;市场全球主义、新自由主义全球化等。这些内容中既有理论也有历史,既有对全球视角历史的描述,也有全球主义主张,还有带着意识形态倾向的市场全球主义、新自由主义全球化等。构建人类命运共同体是在信息化发展带来的全球社会性基础上、全球史研究进程基础上提出的,这也是构建人类命运共同体时代观研究的元理论基础。同时,构建人类命运共同体也是一种倡导、一种主张、一种理念,它摒弃历史上的殖民主义、新时期的帝国主义和干涉主义,以及狭隘的民族主义、区域主义、孤立主义、保护主义等,倡导一种新的全球理念、世界历史观、国际主义等。从这个角度说,构建人类命运共同体开启了一个新的时代,推动创造一个新的时代。

三是大历史理论。如果说信息科技发展奠定了"人类社会整体生活"面貌的基础,那么"大历史理论"则启发我们思考"人类社会整体生活"究竟"整体"到什么程度。"大历史理论"的视角与前面所说的"大的历史时代"不同,或者说与任何历史视域都不同。它不是指历史研究中的长时段、长历史研究、全历史研究,而且不同学科、不同领域的融合视角。它是把人类史纳入宇宙自然史的范围来考察。美国学者大卫·克里斯蒂安(David Christian)被认为这一研究的创始人。他从20世纪80年代开始研究"大历史"(Big History)理论。他的代表性著作有《时间地图:大历史》《极简人类史》《大历史概论:虚无与万物之间》等。正因为大历史研究是跨学科研究,这方面的很多著作都是多人合作完成,如荷兰学者弗雷德·斯皮尔(Fred Spier)与他人合著的《大历史与人类的未来》等。大历史研究涵盖宇宙演变、科学技术发展、生物物种演变、地理变迁、人类史等;大历史不再局限于民族、地区、国家的历史,而是将人类史视为宇宙历史的一个部分,将人类历史置于地球乃至宇宙演化的背景之下进行普遍史的考察;大历史以"复杂性"作为历史书写的主轴,将"集体知识"作为人类的重要特征。①

构建人类命运共同体与大历史理论视域有一定兼容性:构建人类命运共同体也把人类视为一个整体来审视,超越传统的民族、国家甚至世界史视域,也超越传统的松散、宏观的全球史、全球通史视域;构建人类命运共同体

① [美]阿兰·梅吉尔:《新旧"大历史":前提假设、范围与可能性》,张作成译,《北方论丛》,2016年第6期。

还具有大历史理论的内容,构建人类命运共同体的和平、安全、经济、生态、文明等内容,与大历史理论的人类、宇宙、环境、文化等内容类同;构建人类命运共同体思维与大历史理论的复杂性理论、集体知识和经验等也具有一定的相通性。可以说,人类已经进入了大历史时代,或者说人类已经进入了认识大历史、研究大历史、以大历史思维和大历史理论认识世界的时代。大历史理论的研究有利于推进人类命运共同体理论研究。当然,大历史理论研究的推进不仅需要社会科学与自然科学的融合,也需要全世界各个国家、民族贡献智慧。

第二章　全球治理与构建人类命运共同体理论研究

作为全球治理方案的构建人类命运共同体,是其在世界范围最突出的身份标签,也最能激发世界范围"最大公约数"。但构建人类命运共同体全球治理方案仍存在被片面误读和片面传播的问题。澄清构建人类命运共同体全球治理理念、内容、模式,揭示全球治理"西方中心"及西方全球治理的危机后果等,是构建人类命运共同体的全球治理研究重要的构成部分。

一、全球治理西方视域与构建人类命运共同体认识偏差

"全球治理"最早由社会党国际前主席、国际发展委员会主席勃兰特提出。"全球治理"是一个面向全球事务治理、超越国家、超越意识形态的议题,但构建人类命运共同体作为非西方全球治理方案提出后,却遭到来自西方社会的片面误读、猜忌以及片面传播。

(一)西方权力话语与构建人类命运共同体被误读猜忌

第一,构建人类命运共同体被认为是立足中国利益与权力基础进行的一种国际制度设计。美国进步中心中国政策主任梅勒妮·哈特(Melanie Hart)和政策分析师布莱恩·约翰逊(Blaine Johnson)在美国进步中心网站发

表《图解中国全球治理的雄心》(Mapping China's Global Governance Ambitions)一文中指出:中国认为,现有的全球治理体系是各国权力分配的直接结果,强国设计全球性的制度、规则和规范,以反映和促进本国的利益。由于美国和其他西方发达国家在中国国力较弱的时代设计了今天的许多制度,中国认为这些制度是以牺牲中国利益为代价而使西方国家受益的。因此,中国必须利用自己的日益崛起在全球治理领域追求国家利益,建立人类命运共同体实际上是中国崛起的利益要求。①这种分析认为,实力地位的提升与国际权力地位的不相匹配是中国提议构建人类命运共同体的基本动因。

这种观点得到了兰德公司政策分析师阿里·温尼(Ali Wyne)的赞同:中国经济取得了巨大成就,积蓄了不容忽视的国家实力,这促使中国期望在国际社会中谋求更大的话语权。但是,国际社会无力改革现有的国际经济机构,使之能更准确地反映中国在全球经济中的地位,中国因此感到失望而另起炉灶推出人类命运共同体。中国决定成立亚洲基础设施投资银行,部分原因就在于此。一国越想在世界事务中取得领导地位,就越有必要把自己的雄心壮志与别人认为有说服力的愿景联系起来,人类命运共同体就是这样一种愿景,即建立在伙伴关系而非联盟基础上的世界秩序。②

第二,"一带一路"建设被认为是中国产能过剩的一种转移方式。这种认识将"一带一路"建设定位为是中国内政的延伸,从而认为中国的这一对外行为单纯为了维护和追求自己的利益,中国并不真正关心全球利益。这一认识视角主要来自对"一带一路"建设单一经济方面内容的片面解读。中国的确存在过剩产能,尤其是制造业产能闲置,但是"一带一路"建设有利

---

① 罗云、胡尉尉、严双伍:《西方学者对人类命运共同体的认知和评介》,《社会主义研究》,2020年第1期。

② 罗云、胡尉尉、严双伍:《西方学者对人类命运共同体的认知和评介》,《社会主义研究》,2020年第1期。

于中国自身的发展,更有利于发展中国家,不是中国单向的索取,而是建立在互利互惠基础上的合作共建。中国利用优质产能推动这些国家产业转型升级,就业增长,促进经济和社会发展。"一带一路"建设的内容并不局限于经济方面。2015年3月,国家发展改革委、外交部、商务部经国务院授权发布《推动共建丝绸之路经济带和21世纪海上丝绸之路的愿景与行动》详细阐述了"一带一路"建设规划的时代背景、共建原则、框架思路等,以及政策互动、民心相通等经济以外的内容。这些内容与构建人类命运共同体的共商共建共享原则是一致的。虽然随着"一带一路"建设的具体实施,中国与沿线国家形成实际的互利合作项目,"中国单纯为了自己经济利益"这种舆论不攻自破,但这种舆论并没有消失。这就给我们的理论研究提出了新任务。

第三,构建人类命运共同体被认为是中国外交战略,而不是全球治理方案。这种舆论认为中国的目的是划定势力范围,在世界范围对抗美国等西方国家。尤其针对中国提出的"21世纪海上丝绸之路"倡议,认为是划定自己在太平洋水域的势力范围。所以,对于"一带一路"建设单纯从经济层面理解,得出的结论是"中国单纯为了自己经济利益";对于"一带一路"建设单纯从政治与安全层面理解,得出的结论是"中国经营势力范围、争夺地区主导权的政治安全战略"。由此,"一带一路"建设与构建人类命运共同体之间的关系也变成了这样一种两难境地:单纯提出构建人类命运共同体倡议,被理解为空洞无物、理想化、缺乏全球治理效能(如下文提到的);如果将构建人类命运共同体与"一带一路"建设协同起来,即明确"一带一路"就是构建人类命运共同体的路径,则又以"一带一路"建设的务实措施攻击构建人类命运共同体是"中国单纯为了自己经济利益""中国为了争夺地区主导权"等。这事实上向我们提出了更有挑战性的理论任务。

(二)西方治理失效与构建人类命运共同体效能被质疑

西方全球治理实践在冷战结束后被大力推行。概括来说,这一时期全球治理实践遵循的是"新自由主义"理念。"新自由主义"全球治理旨在通过国家内部的治理实现对世界的治理。"新自由主义"描绘了这样一个世界未来的乌托邦景象:基于促进技术进步和提高生产力,以满足所有人的欲求和需求;基于私有财产权、自我调节的自由市场和自由贸易的经济,以保障每个个体皆有自由和自由权。"新自由主义"治理实践推进的结果,不仅没有使全球性问题得到解决,反而导致了更多全球性问题的产生、更复杂的系统性风险的加剧。

首先,国家内部的"新自由主义"治理,在推行"新自由主义"模式的国家几乎都出现了经济金融化的现象,使国家产业结构呈现"服务化""去工业化"的趋势,导致所在国家经济体系失衡。尤其对于发展中国家来说,不仅造成这些国家内部产生各种危机,而且还导致这些国家对西方发达国家形成新的依附关系。

其次,西方发达国家甚至对有些国家内政直接进行所谓"人道主义"干预,这种行径造成一些国家乃至整个地区的动荡,并导致国际规则被破坏以及恐怖主义的滋生。"新自由主义"以西方市场化模式、从内部治理到全球治理的理念,实质变成了从内部制造问题到催生全球性问题的实践。

最后,"新自由主义"在世界范围的推行,导致世界经济积累了严重的结构性矛盾,最终导致全球金融危机和经济危机爆发。"新自由主义"在世界范围的推行,还导致全球生态恶化、能源危机等全球性问题加剧。因为在"新自由主义"推行时期,私有化和商品化被推进到国家社会生活各个领域,由资本主导对自然资源进行无限度开采,这必然带来生态恶化、能源危机、粮食危机、生物多样化受到冲击等。可以说,近三十年的"新自由主义"推行时期也是全球性问题大爆发的时期。

西方"新自由主义"全球治理失效的理论后果,不是对西方治理理念和方案的反思,也不是对非西方治理理念和方案的探求,而是通过退出国际机构、推行保护主义等方式,根本搁置全球治理议题,任由全球性问题的泛滥和衍生。包括构建人类命运共同体在内的全球治理理念和方案,都被视为不合时宜、无法取得实效。

(三)西方选择传播与构建人类命运共同体舆论被误导

如果说之前对构建人类命运共同体目的的猜忌可以勉强说有不同文化理解差异的因素,但对构建人类命运共同体的选择传播及诋毁则是明确的恶意了。

构建人类命运共同体提出后,得到很多国家的认同。构建人类命运共同体理念也多次被写入国际文件中。2017年2月10日,联合国社会发展委员会第55届会议通过"非洲发展新伙伴关系的社会层面"决议,呼吁国际社会本着合作共赢和"构建人类命运共同体"的精神,加强对非洲经济社会发展的支持。这是联合国决议首次写入"构建人类命运共同体"理念。同时,决议欢迎并敦促各方进一步促进非洲区域经济合作进程,推进"一带一路"建设等便利区域互联互通的举措。3月17日,联合国安理会通过关于阿富汗问题的决议,呼吁国际社会凝聚援助阿富汗共识,通过"一带一路"建设等加强区域经济合作,敦促各方为"一带一路"建设提供安全保障环境、加强发展政策战略对接、推进互联互通务实合作等。决议强调,应本着合作共赢精神推进地区合作,以有效促进阿富汗及地区安全、稳定和发展,构建人类命运共同体。3月23日,联合国人权理事会第34次会议通过了关于"经济、社会、文化权利"和"粮食权"的两个决议,明确表示要"构建人类命运共同体"。这是人类命运共同体重大理念首次载入联合国人权理事会决议。9月11日,第

71届联合国大会通过决议,首次将中国提出的"一带一路"建设合作指导原则"共商、共建、共享"词汇纳入联合国文件,与此前已纳入联合国文件的"人类命运共同体"同文出现。在"联合国系统在全球治理中的核心作用"议题下,第71届联大通过"联合国与全球经济治理"决议,要求"各方本着'共商、共建、共享'原则改善全球经济治理,加强联合国作用",同时重申"联合国应本着合作共赢精神,继续发挥核心作用,寻求应对全球性挑战的共同之策,构建人类命运共同体"。构建人类命运共同体作为一种理念和原则,得到了国际社会认同。

西方媒体对于构建人类命运共同体的这种影响并不进行客观传播,而是进行选择传播,甚至误导性传播。有些国家一方面期待搭乘"一带一路"建设的快车以汲取经济增长的动能,另一方面又顾虑或许要在中美之间作出"站队"抉择,这种因国家利益取舍所带来的矛盾心态是可以理解的,但部分西方国家趁此向这些国家散布"倡议面临挑战扩大化、倡议带来的优势及影响缩小化"等负面舆论。美国布鲁金斯学会、卡内基国际和平研究院等一些西方智库,将"一带一路"建设标签化为中国推行地缘政治扩张以进行"新殖民"的手段。布鲁金斯学会2019年9月发布题为"北京的呼唤:中国在北非的发展历程评估"的研究报告,妄称"一带一路"建设的地缘政治目的十分明显,充满了不可预知的陷阱,北非国家应警惕中国的"债务外交"和被监控的风险,而西方国家则必须采取行动将中国带来的"地中海区域"不断增加的安全威胁最小化。《纽约时报》多次将"人类命运共同体"与"中国称霸"字样关联起来表述。美国极富冷战色彩、专事从事舆论战的全球传播办公室(USAGM)甚至专门创立了"龙之触角"网站,汇总其旗下对外传播媒体(如美国之音、自由欧洲电台等)对"一带一路"建设的负面、不实报道,妄称倡议给沿线国家带来债务、就业、冲突、生态等方面的负面问题。如其2018年10月15日转载了美国之音的文章《观望、撤出和抗议弥漫中国"一带一路"倡议》。文章以冷战思维和对抗视角诟病"一带一路"建设,通过选取甚至编造极端案例,得出"无论是在亚洲、非洲还是中东,对于中国地缘政治扩张和'债务外交'的宏大工程'一带一路'的争议和担忧与日俱增"的不实结论,类似"陷阱""消化不良""挫折""灾难""剧变"等负面词汇充斥字里行间。[①]

2021年11月初,联合国大会裁军与国际安全委员会通过了防止太空军备竞赛的相关决议,包括"不首先在外空放置武器"和"防止外空军备竞赛的进一步切实措施"。2022年10月6日,第76届联合国大会全会高票通过了联大一委提交的"不首先在外空部署武器决议",决议序言强调,应达成防止外空军备竞赛条约,努力构建人类命运共同体。这是联大决议连续第5年写入"人类命运共同体"理念。这两份决议都将中方提出的"人类命运共同体"理念写入其中,标志着此前美国质疑"人类命运共同体"理念并要求对相关段落进行分段表决,阻拦该理念写入联大决议的图谋遭到挫败。[②]

二、全球治理多维审视与构建人类命运共同体认识澄清

(一)超越西方中心与构建人类命运共同体治理体系

以往全球治理,无论是全球政治安全治理,还是以关贸总协定、世界银行和国际货币基金组织为支撑的经济治理,以及"新自由主义"全球治理,实质都是以西方价值观为基础、以维护西方利益为目的的治理模式。这种"西方中心"的治理模式决定了它难以实现真正意义的全球治理。尤其以英美为代表的西方发达国家倡导的"新自由主义"治理观,其"基于私有财产权、

---

①　张倩颖、王琰:《殖民思维无法理解"一带一路"倡议》,《历史评论》,2021年第4期。

②　王义桅、江洋:《西方误解人类命运共同体的多维原因》,《北京日报》,2022年9月5日。

自我调节的自由市场和自由贸易的经济,以保障每个个体皆有自由和自由权"的理念,与全球性问题"需要国际社会共同合作、协同解决以及全球治理需要为世界提供公共产品"的价值目标是相背离的。

当今世界,一方面西方主导的全球治理陷入困境,全球治理实践止步不前;另一方面,当今世界广大发展中国家希望参与到全球治理体系中,希望在全球治理体系中拥有相应的话语权并使其权益得到保障。构建人类命运共同体超越"新自由主义"治理模式、兼顾广大发展中国家的诉求、以全人类利益为导向,符合历史发展的潮流。构建人类命运共同体不是对西方治理内容的对应性替代,而是有着自己的治理体系。

一是以五大领域、其他领域、不同区域和层次的共同体构建为基本内容。构建人类命运共同体的领域范围遍及人类社会生活的几乎所有重大领域,涵盖安全、经济、生态、网络空间、外太空等领域,而且还涵盖文化文明交流等领域。构建人类命运共同体的地域范围也已经遍布全球范围的主要区域。构建人类命运共同体向世界发出发展倡议、安全倡议、文明倡议。另外,构建人类命运共同体还提出弘扬和平、发展、公平、正义、民主、自由的全人类共同价值。习近平指出:"和平是各国人民的共同期盼和人类的持久夙愿;发展是人类文明进步的永恒主题,是增进各国人民福祉的重要条件;公平、正义是国际秩序的基石,事关国际关系的道义基础;民主、自由是人类不懈追求的政治理想。"正如习近平强调的,"和平与发展是我们的共同事业,公平正义是我们的共同理想,民主自由是我们的共同追求"[①]。党的二十大将"弘扬和平、发展、公平、正义、民主、自由的全人类共同价值"写入党章。这些价值同建设美好世界的愿景是契合的,需要我们不断传播、弘扬和

---

① 习近平:《在中华人民共和国恢复联合国合法席位50周年纪念会议上的讲话》,《人民日报》,2021年10月26日。

践行。

二是以"一带一路"建设为构建人类命运共同体的实践路径。"一带一路"建设以政策沟通、设施联通、贸易畅通、资金融通、民心相通为主要内容架构，恪守联合国宪章的宗旨和原则；遵守和平共处五项原则，即互相尊重各国主权和领土完整、互不侵犯、互不干涉内政、平等互利、和平共处；坚持开放合作，坚持和谐包容，坚持市场运作，坚持互利共赢。"一带一路"的合作机制是积极利用现有双多边合作机制，推动"一带一路"建设，促进区域合作蓬勃发展。

三是构建人类命运共同体内容体系还包括理念、原则、立场等。这方面内容不可忽视，它决定着构建人类命运共同体和全球治理的目标、机制、结果的全过程。构建人类命运共同体的共商共建共享原则，也是中国提出的全球治理原则。习近平指出："共商，就是集思广益，好事大家商量着办，使'一带一路'建设兼顾双方利益和关切，体现双方智慧和创意。共建，就是各施所长，各尽所能，把双方优势和潜能充分发挥出来，聚沙成塔，积水成渊，持之以恒加以推进。共享，就是让建设成果更多更公平惠及中阿人民，打造中阿利益共同体和命运共同体。"[1]在中共中央政治局第二十七次集体学习时，习近平指出："全球治理体制变革离不开理念的引领。……要推动全球治理理念创新发展，……继续丰富打造人类命运共同体等主张，弘扬共商共建共享的全球治理理念。"[2]2017年9月中旬，第71届联合国大会通过的决议，将"共商共建共享"原则首次纳入全球经济治理理念。

构建人类命运共同体还有具体领域的治理原则，如关于治理信任赤字的原则：把互尊互信挺在前头，把对话协商利用起来，坚持求同存异、聚同化

---

[1]　《习近平谈治国理政》（第一卷），外文出版社，2018年，第316页。

[2]　习近平：《推动全球治理体制更加公正更加合理　为我国发展和世界和平创造有利条件》，《人民日报》，2015年10月14日。

异,通过坦诚深入的对话沟通,增进战略互信,减少相互猜疑;坚持正确义利观,以义为先、义利兼顾,构建命运与共的全球伙伴关系;要加强不同文明交流对话,加深相互理解和彼此认同,让各国人民相知相亲、互信互敬。关于治理和平赤字的原则:秉持共同、综合、合作、可持续的新安全观,摒弃冷战思维、零和博弈的旧思维,摒弃弱肉强食的丛林法则,以合作谋和平、以合作促安全,坚持以和平方式解决争端,反对动辄使用武力或以武力相威胁,反对为一己之私挑起事端、激化矛盾,反对以邻为壑、损人利己,各国一起走和平发展道路,实现世界长久和平。关于治理发展赤字的原则:坚持创新驱动,打造富有活力的增长模式;坚持协同联动,打造开放共赢的合作模式;坚持公平包容,打造平衡普惠的发展模式,让世界各国人民共享经济全球化发展成果。①

构建人类命运共同体倡导多边主义,强调以主权国家为主体,兼顾全球其他社会力量,发挥国际组织的作用,倡导世界政党联合、世界人民共同参与全球治理。习近平指出:"我们要继续高举联合国这面多边主义旗帜,充分发挥世界贸易组织、国际货币基金组织、世界银行、二十国集团、欧盟等全球和区域多边机制的建设性作用,共同推动构建人类命运共同体。"②同时,中国共产党同世界上160多个国家和地区的400多个政党和政治组织保持着经常性联系,连续组织召开中国共产党与世界政党高层对话会,并积极推动议会、民间组织之间的交流往来,鼓励和支持共建"一带一路"国家的社会组织开展各种民生合作等。

构建人类命运共同体倡导兼顾国家核心利益与天下利益的原则,提出

---

① 习近平:《为建设更加美好的地球家园贡献智慧和力量——在中法全球治理论坛闭幕式上的讲话》,《人民日报》,2019年3月27日。

② 习近平:《为建设更加美好的地球家园贡献智慧和力量——在中法全球治理论坛闭幕式上的讲话》,《人民日报》,2019年3月27日。

兼顾各国利益并致力于打造各国利益汇合点。"随着全球性挑战增多,加强全球治理、推进全球治理体制变革已是大势所趋。这不仅事关应对各种全球性挑战,而且事关给国际秩序和国际体系定规则、定方向;不仅事关对发展制高点的争夺,而且事关各国在国际秩序和国际体系长远制度性安排中的地位和作用。我们提出'一带一路'倡议、建立以合作共赢为核心的新型国际关系、坚持正确义利观、构建人类命运共同体等理念和举措,顺应时代潮流,符合各国利益,增加了我国同各国利益汇合点。"①

构建人类命运共同体治理理念、方案内容和原则等还在继续发展,需要不断总结、充实和完善。

(二)全球治理转型与构建人类命运共同体治理模式

人类对于全球层面的治理早就存在,只不过不同时期有不同的模式类型。

早期全球层面的事务更多体现为国家之间的事务,所谓全球治理的任务主要是防止国家之间因为各种利益纠纷和矛盾问题进行战争及武力冲突,这种治理实质是和平治理,也可以说是国家之间关系的治理。第二次世界大战后,以欧美国家主导建立起了涵盖全球政治、经济、安全等领域在内的秩序,如全球和平和安全秩序主要以联合国为中心,全球经济秩序主要以布雷顿森林体系和七国集团为中心。这种秩序的建立起到了一定的全球治理作用,但治理内容依然以国家之间关系的治理为主。这种治理模式主要依赖各个主权国家的外交努力,依赖国际法原则,依赖国际机构等,具体路径体现为国际谈判、国际条约、国际会议、国际磋商、国际结盟与国际合作

---

① 习近平:《推动全球治理体制更加公正更加合理 为我国发展和世界和平创造有利条件》,《人民日报》,2015年10月14日。

等。总之,这一时期的治理重心在于国家与国家之间关系的治理上。

随着全球化进程的加快,超越国家和地区界限的全球性问题越来越多。全球性问题除了传统安全威胁如战争与和平问题等之外,还包括非传统安全威胁,如生态失衡、环境污染、人口问题、资源短缺、国际恐怖主义、跨国犯罪和信仰危机等。这些问题中又具体包括众多的次级性问题。如全球环境问题本身包括全球气候变暖、生物多样性减少、森林锐减、土地荒漠化、大气污染、水污染等。而且不同的全球性问题又是交织在一起的,如人口问题不仅加重了环境和资源问题,也带来严重的社会问题,对世界可持续安全与可持续发展产生重大影响。同时,全球性问题涉及全球所有国家、其他国际行为体,涉及国际社会所有生活领域。为此需要全球治理主体从主权国家扩展至全球公民社会组织,如国际非政府组织、公民运动、跨国公司等,需要综合治理、协同治理、系统治理的过程。传统的全球层面的治理任务是维护国家之间关系,重点在于维持主权国家之间的权力运作与责任分配,所以更多呈现的是一种霸权秩序下垂直型的治理模式。现在传统的国际关系治理模式已经无法应对跨越国界的治理需要,由此,全球治理模式由垂直型向扁平化方向转变。①

但是,扁平化的全球治理模式也出现了过于依赖社会力量而忽视或排斥主权国家参与全球治理的倾向。这种治理主体和治理机制多元化具有公共管理的特征,而在国际无政府状态下这种公共管理必然导致无序和低效治理。构建人类命运共同体契合扁平化的治理模式,主张发挥主权国家、国际机构、社会力量共同的主体作用。全球治理体系需要民族国家以外的社会力量填补。"联合国、世界贸易组织、世界卫生组织、世界知识产权组织、世界气象组织、国际电信联盟、万国邮政联盟、国际移民组织、国际劳工组织等

---

① 秦亚青:《全球治理趋向扁平》,《国际问题研究》,2021年第5期。

机构,各国平等参与决策,构成了完善全球治理的重要力量。"同时,构建人类命运共同体主张民族国家进行改变,增加参与国际事务的功能和机制。构建人类命运共同体主张全球治理中大国应该发挥应有的作用。"我们要践行共商共建共享的全球治理观,弘扬全人类共同价值,倡导不同文明交流互鉴。要坚持真正的多边主义,坚定维护以联合国为核心的国际体系和以国际法为基础的国际秩序。大国尤其要作出表率,带头讲平等、讲合作、讲诚信、讲法治,展现大国的样子。"构建人类命运共同体全球治理模式统领传统主权国家与国际社会力量共同发挥作用。

(三)话语博弈与构建人类命运共同体治理效能传播

概括来说,西方对于构建人类命运共同体的选择传播、恶意诋毁或抵制等,实质是一场话语博弈。针对话语博弈,需要直面意识形态问题,揭示话语博弈背后的意识形态斗争实质;需要我们对构建人类命运共同体内容本身进行全面解说、澄明、传播等;同时更需要增强对构建人类命运共同体治理效能的传播。

西方国家的选择传播、诋毁,蛊惑了其他国家对人类命运共同体的态度。但西方国家并不能代表整个国际社会。西方国家这一做派的实质是搞"小圈子"、以意识形态划线挑动对立对抗,是因为其通过不公平不公正国际秩序对其他国家进行剥削的"利益"受到损害,由此炮制出"新殖民主义"的谎言。在当今世界,"由于社会主义国家的存在,已使肆无忌惮地推行新殖民主义制度成为不可能的事。存在着另一种可以选择的制度这件事本身,就是对新殖民主义统治的一种挑战"①。我们并不标榜构建人类命运共同体

---

① [加纳]克瓦米·恩克鲁玛:《新殖民主义》,北京编译社译,世界知识出版社,1966年,第6页。

的意识形态标签,而是秉持开放包容多元的文明发展、文明交流样态,但揭示意识形态斗争背后的本质问题,标明社会主义中国的价值目标,也是应对话语意识形态博弈的重要方式。同时,需要全面解说、澄明、传播构建人类命运共同体的内容,包括解说、澄明、传播构建内容、原则和理念、路径和机制等,并不断把新内容充实进构建人类命运共同体内容体系之中,不断总结构建人类命运共同体的经验并进行相应的理论提升等。当然,更需要"创新对外宣传方式,着力打造融通中外的新概念新范畴新表述,讲好中国故事,传播好中国声音"[①],并重视对构建人类命运共同体效能的传播。作为构建人类命运共同路径的"一带一路"合作,"从亚欧大陆延伸到非洲和拉美,150多个国家、30多个国际组织签署共建'一带一路'合作文件……一大批标志性项目和惠民生的'小而美'项目落地生根……以经济走廊为引领,以大通道和信息高速公路为骨架,以铁路、公路、机场、港口、管网为依托,涵盖陆、海、天、网的全球互联互通网络,有效促进了各国商品、资金、技术、人员的大流通,推动绵亘千年的古丝绸之路在新时代焕发新活力……一座座水电站、风电站、光伏电站,一条条输油、输气管道,越来越智能通达的输电网络,让能源短缺不再是发展的瓶颈,让发展中国家绿色低碳发展的梦想得以点亮,成为新时代可持续发展的绿洲、灯塔。现代化的机场和码头,通畅的道路,拔地而起的经贸产业合作园区,催生新的经济走廊,激发新的增长动力,成为新时代的商贸大道、驿站"。积极宣传实际项目、数据、成果等,让世界人民深刻认识到中国的发展给世界带来机会和福音,认识到中国推动的全球治理理念和方案已经取得具有实际效能。

---

① 习近平:《胸怀大局把握大势着眼大事 努力把宣传思想工作做得更好》,《人民日报》,2013年8月21日。

三、构建人类命运共同体与全球治理元理论研究

(一)构建人类命运共同体与世界主义探求

所谓全球治理元理论就是所有治理方案都面对的理论问题,不局限于哪种治理方案的研究范畴,正如时代问题的元理论已经不局限于全球化理论研究范畴一样。比如这个说法:"西方认定国际社会是无政府状态的,从而发明了国家主权的概念,正如产权明晰才能避免'公地悲剧',才能保证自己的利益和权益一样。人类命运共同体理论要回答好这些问题:会不会形成国际政治的'公地悲剧'? 人类命运共同体尊重各国主权,但在涉及国家核心利益问题上如何'计利当计天下利'?"①这些问题是其他所有全球治理方案都需要回答的,构建人类命运共同体当然要"回答好这些问题"。全球治理元理论既是构建人类命运共同体的理论研究内容,也是一个需要各学科参与的综合研究课题。

就"国家利益与天下利益兼顾"这个话题而言,它涉及全球治理中最基本的国家主义与世界主义协同问题。以民族国家为中心的治理模式具有一定的权威性和执行效能,但却存在事实上偏重于和平与安全、国家之间关系治理而忽略全球性问题解决的问题;存在维护国家利益为主而弱化全球利益的问题。如果以国际社会力量为主的治理,脱离主权国家的权力支撑,又存在实现权威的难题,治理实践难以取得实效,全球治理容易走向全球自治状态。"欧洲一体化"模式一度被认为在欧洲范围内很好地解决了上述问题,是实现跨越传统民族国家界限的区域治理的成功案例,但"欧洲一体化"目

---

① 王义桅、江洋:《西方误解人类命运共同体的三维分析:利益、体系与思维——兼论人类命运共同体的构建之道》,《东南学术》,2022年第3期。

前面临如何完善政治、社会、外交等领域的协同问题，这个难题与上述全球治理面临的难题实质是一样的。

"世界主义"旨在融合"民族国家与世界社会"关系。目前除了上述"欧洲一体化"催生世界主义之外，还存在以英美为主导的"新自由主义"的"世界主义"、以美国为代表的推行霸权主义和单边主义的"世界主义"。其中，霸权主义和单边主义的"世界主义"无疑是与全球治理理念相背离的。"新自由主义"是一种被宣告破产的"世界主义"。除此之外还有近年来西方兴起的宪政主义的世界主义、风险社会理论的世界主义，以及中国学者提出的世界主义思想等。这里只审视西方世界主义思想，侧重揭示构建人类命运共同体与之差异。

德国社会学家乌里希·贝克提出全球亚政治的世界主义构想。贝克的世界主义构想相当于把西方民族国家范围内的政治进行了国际化升级，升级的落脚点在"全球亚政治"，即把政治重点在"全球社会力量"，而不是现有的民族国家上。这就必然要求全球公民社会的形成、成熟与发展，而全球公民社会的建成才是一个真正的难题。同时，对现代民族国家进行"世界层面"升级的同时，还需对现有主权国家角色进行安排，否则如何让主权国家与"亚"政治并存？或者说在主权国家存在于现有国际体系的情况下，全球"亚"政治化如何完成？如果没有这些列问题的解决，则这种世界主义构想无疑是一种乌托邦。

哈贝马斯宪政爱国主义也是一种世界主义构想。哈贝马斯认为，在前现代社会，人类社会的集体认同主要基于地缘、血缘、宗教等传统因素，这种认同是继承而来、未经反思的先验认同。但在多元差异的后民族社会中，公民必须克服民族主义心态，将自己看作世界性的公民；爱国主义应该依托基于以保障人权为目的的宪法，宪法应当是经过普遍协商的规范并作为全体人民的政治共识。宪政爱国主义思想有浓厚的德国背景，因为以这种认同代替传统的民族主义爱国观,是为了反思德国纳粹造成的历史灾难并倡导建立一种更具包容性、更能体现公民政治自主的集体认同;同时,以对宪政的忠诚弥合族群与文化的裂痕,为一度分裂的德国以及寻求一体化的欧洲提供认同基础。①这一构想存在的问题是需要首先改造现有的国际社会结构,并完成宪政认同;再者,西方视域下的宪政民主与贝克拟升级的民主共和制一样,并不具有全球普世性。所以,不超越地区主义、欧洲中心主义,很难形成真正的世界主义,也无法真正弥合民族国家政治与全球治理间的裂缝问题。

构建人类命运共同体将其世界主义构想的主体放到了现有民族国家、国际组织、全球社会力量上。与西方不同,构建人类命运共同体立足民族国家的"发展动能"、国际组织的功能性增长、全球社会力量的合理性提升等。也就是说,构建人类命运共同体并不立足民族国家的"政治生长",不破坏现有国际秩序,也不致力于培育全球原子式的公民社会。第一,构建人类命运共同体在主权国家治理主体方面,主张推动传统主权国家继续发挥重要作用,但更主张大国要承担更大的国际责任。"大国尤其要作出表率,带头讲平等、讲合作、讲诚信、讲法治,展现大国的样子。"②在全球化时代,大国成长无法通过自我增长实现,也不宜通过掠夺、控制、剥削外围国家实现,为此大国必须与整个世界保持同步发展才能实现。同时,国际机构也需要全球大国之间协调发挥全球治理的功能作用。第二,构建人类命运共同体在国际机构治理主体方面,主张立足于既有国际机构、国际秩序和国际法原则,但强调在此基础上要对这些机构和原则进行改革和创新。坚持维护以联合国为核心的国际体系和以国际法为基础的国际秩序;坚持真正的多边主义;倡议

①　[德]哈贝马斯:《后民族结构》,曹卫东译,上海人民出版社,2002年。

②　习近平:《携手迎接挑战　合作开创未来——在博鳌亚洲论坛2022年年会开幕式上的主旨演讲》,人民出版社,2022年,第6页。

并践行共商共建共享的全球治理观等。第三，构建人类命运共同体在国际社会力量治理主体方面，主张积极推动全球公民社会的发展，但主张不以西方文化为培育基础。现有公民社会理论强调同一文化联盟基础，即以西方民主观念为公民社会培育的认同基础，这是不全面的，也并不能培育出真正的全球公民社会。

总之，构建人类命运共同体体现了一种新世界主义，是对世界主义的拓展和深化。

(二)构建人类命运共同体与风险社会研究

风险社会理论是德国社会学家乌里希·贝克提出的。在风险社会理论提出之前，就风险问题，但早期风险指某一风险领域或某一项重大风险。二战后，对社会生活产生广泛影响的风险或多重风险开始出现。20世纪50年代，如何安全使用、控制和评估核能，成为一个受广泛关注的现代风险问题。20世纪60年代全球环境问题、20世纪80年代生态问题、金融危机、人口爆炸、核威胁、生物技术领域的风险等一系列风险汇聚到一起，使人类社会生产和生活面临前所未有的挑战。正是在这样的背景下，贝克提出风险社会理论。

风险社会理论不单纯指上述全球风险现象的理论总结，而是指人类目前所面临的风险已经呈现出整体性特征，人类已经进入一个"风险社会阶段"，已经进入一个高度不确定和高度复杂的"全球风险社会"时代。在风险社会，全球性问题已经超越了"问题"层面，集结成一种"牵一发而动全身"的系统性风险。风险无处不在，无时不在，泛化在社会生活的每一个角落，"正在改变现代社会运行的逻辑与规则，人类社会的生产方式、行为方式、组织形态、价值理念正在被系统化地重构，社会成为一个以风险为主题和特征的全球风险社会形态"①。由此,全球治理需要从解决全球性问题的视角转变治理全球风险社会的视角。

构建人类命运共同体契合风险治理理念。第一,风险治理的"共同性"与构建人类命运共同体。全球治理需要从问题治理到风险治理,重点已经不在于解决问题或解决风险本身,而在于如何激发和生成"共同性"。因为风险社会的形成机制即是一种基于人为性、共同性甚至组织性,而非自然的、个别的、偶然的。这种形成机制与现代政治的官僚化之间有一定关联,即现代议会民主决策机制与官僚机构的程式化作风,使得现代政治对待风险的态度呈现出"有组织的不负责任"。同时,人们想通过更多更复杂的知识技术来消除不确定性、控制风险和规避风险,但各种门类的专业系统运作程序的复杂性,往往带来更大、更长期的不确定性和风险。也就是说,人们在化解风险时,也在不断制造新的风险。构建人类命运共同体有利于激发和推动生成"共同性"。

第二,资本主义与西方现代工业的制度性根源与构建人类命运共同体。贝克认为,工业社会不可避免地迎来风险社会。"现代社会发展理念中片面的经济取向,人们片面地追求经济效益,以及人类自身的非理性行为,这就造成了人与自然关系的紧张与冲突,为各种难以预料的风险埋下了祸根,催生了一系列风险。"②同时,工业社会在几百年的发展历程中形成了一种"中心-边缘"的世界经济格局,在这个格局中全世界的经济体都必须去承担发达国家在工业化、现代化过程中带来的一系列风险。所以,世界范围的诸多风险是由工业社会当中处于中心地带的人们创造出来的。除此,资本主义是系统性风险形成的深刻的制度根源。资本主义对经济利益的追求,必然

---

①　范如国:《"全球风险社会"治理:复杂性范式与中国参与》,《中国社会科学》,2017年第2期。

②　陈磊:《"风险社会"理论与"和谐社会"建设》,《哲学研究》,2006年第2期。

带来系统风险的产生,导致风险社会形成;资本主义必然的扩张的本性,必然导致风险的全球传播和全球关联,导致全球风险社会形成。这种根源性因素呼唤全球治理之风险治理必须摒弃资本主义,并对西方现代化进行反思。这两个涉及西方根基的议题无法在西方视域下推进完成。构建人类命运共同体作为非西方全球治理方案,恰在摒弃西方全球治理弊端、批判全球治理的西方中心基础上提出并不断完善。

第三,西方风险社会理论具有强烈的问题意识,具有切中要害的现实针对性,并为"理解"风险社会提供了总体性视角、全球性视角,但是西方风险社会理论主要停留于理论论证阶段。也就是说,西方风险研究本来应该是一个实证性很强的课题,但现实的风险研究却没有深入实政研究阶段。构建人类命运共同体针对全球性问题和全球风险,不仅强调全球命运与共的意识、团结合作意识和大国担当意识,而且为解决风险社会问题提供了总体性、全球性方案,并为风险治理提供了认识论和方法论原则,"构建人类命运共同体深刻体现了整体和部分关系的方法论原理,人类命运共同体思想是科学运用矛盾分析法得出的全球治理良方"①。从这个意义上说,构建人类命运共同体可视为风险治理的元理论,可视为风险社会理论的推进。

(三)构建人类命运共同体与全球社会学构建

目前全球社会学探讨和构建有如下角度:

1.全球社会学

全球化的这种社会学是把全球范围内各个领域都纳入视野之中,尝试构建全球社会学的框架。美国学者保罗·肯尼迪的《全球社会学》以社会学

---

① 袁久红:《论习近平人类命运共同体理念的方法论意蕴》,《理论视野》,2020年第3期。

的基本研究方法为手段,从社会学的发展和全球社会学的渊源谈起,以"现代性"为逻辑起点,以全球化、全球主义及其在世界社会的演进为主线,通过对全球社会中的劳工界、民族国家、跨国公司等现象的全景式考察,为我们勾勒出了当代全球社会的总体图式和景象。①孙嘉明等的《全球社会学》以社会学的视角分析全球社会的形成与发展,提出全球社会学的内容体系:经济全球化、全球社会环境、全球社会人口、全球社会文化、全球系统、全球治理和全球发展等。概括来说,目前全球社会学的构建并不能呈现如国家范围的社会学一样的分析框架,因为国际社会目前尚没有形成成熟的经济、政治、文化等领域,目前只能将这些领域都纳入全球社会学视野。从这个意义上说,这种全球社会学或这个阶段的全球社会学类似全球化理论的总结,呈现的是泛泛的以全球化为基础的全球图景的描述。

2.国际政治社会学

正如这个称谓所表达的一样,这一研究主要体现在国际政治领域。这一研究缘起于建构主义被应用于国际政治领域研究,或者说缘起于"国际政治研究的社会学转向"。"国际政治社会学的研究方法就是把社会学方法论贯彻到国际政治学研究中去,研究国际政治与国际社会的互动关系、国内政治与国际社会的互动关系、国际政治与国内社会的互动关系。"②国际政治社会学重点关注国际政治的社会性因素,如国际政治社会化过程、国际政治文化、国际制度与规范对于国际行为体的作用与意义等。这些内容具有国际政治学原理的意义,本质上依然属于国际政治领域的范畴。

国际社会学派。国际关系研究中的英国学派主要以国际社会为研究视角,被称为国际社会学派。英国学派长期以来集中于对全球层面的国际社

---

① [美]保罗:《肯尼迪.全球社会学》,文军译,社会科学文献出版社,2001年。

② 杨庆龙:《构建人类命运共同体的国际政治社会学论析》,《社会主义研究》,2020年第3期。

会进行考察。关于国际社会运行研究,是依托于主权国家推动作用还是全球性的共同规范,英国学派没有形成共识性认识。近年来,在一些学者的努力下,英国学派成功地将国际社会、国际体系、世界社会三大核心概念同地区层次的研究结合起来,但加强对地区层次的研究依然存在主权国家、地区与全球社会之间的弥合问题。而且,英国学派始终存在"欧洲中心主义"倾向,这使其国际社会研究的权威性、普世性打了一定折扣。总之,偏向"国际关系"视域的英国学派没有形成"社会学"视域下的国际社会学,但英国学派的研究实质涵盖了对国际社会的整体性研究。

全球社会学的构建需要多学科共同推进完成,构建人类命运共同体研究涵盖多学科,有利于推动全球社会学的构建。构建人类命运共同体研究呼唤全球社会学的理论支撑,同时,构建人类命运共同体研究也通过自身推动全球社会实体的形成,进而推动全球社会学的构建和发展。

第三章　国际关系与构建人类命运共同体理论研究

与前面章节不同,西方国际关系研究视域下的构建人类命运共同体,面临的不是被舆论误读,而是不被西方学界认可为国际关系理论。本章内容重点围绕这方面展开。我们不从西方所谓学术标准、理论体系标准出发对构建人类命运共同体进行自证式阐释,而是从西方困境出发进行阐释。正如马克思主义理论并不具有所谓标准化的理论要素,马克思本人也没有创制一套理论体系的初衷,但马克思主义系统而根本地"指明了国际社会产生和发展运动的客观规律,指明了国际分工和国际贸易的发展,必然在民族市场的基础上形成世界市场,从而在民族史的基础上形成世界史,在民族社会的基础上形成国际社会"[①]。虽然当今时代世界市场、国际关系,在发展规模和程度上都有很大变化,但并没有脱离马恩所指明的基本方向和大趋势。尤其在2008年金融危机后,西方学界出现了马克思回归、重新认识马克思思想的呼声。所以,所谓理论化要素并不是评价理论的唯一标准。构建人类命运共同体不是具有理论体系的,但其学术价值不容否认。

[①]　李慎明主编:《马克思主义国际问题基本原理》,社会科学文献出版社,2008年,第5页。

一、西方国际关系研究困境与全球范式的兴起

(一)国际关系研究困境:容纳力与边界问题

目前国际关系研究的总体困境,概括来说主要体现为国际关系的全球性发展与国际关系研究的容纳力不足之间的矛盾,因为"当今的国际变迁已经大大超出这一传统知识门类所能容纳的范围"①。这种矛盾有很多表现:如国际关系研究出现空间转向、实践转向、语言转向、情感转向、美学转向等,这些转向一方面反映出国际关系研究向纵深发展,另一方面也反映出这些议题无法融入现有的国际关系研究框架,只能以转向的方式呈现。

别的学科面临新现象或新内容的时候,通常会催生新的二级学科或相关交叉学科等。但当国际关系学科面临新现象或新内容时,甚至会导致增加一个新学科,导致国际关系学科本身被边缘化。所以,国际关系面临新现象或新内容,不是简单的学科容纳力问题,而是关涉国际关系学科本身受冲击问题。当前大量全球性研究议题出现,如国际政治经济研究、国际合作研究、国际安全研究、全球治理研究等,这些议题都比较宏大,分别具有单独形成一个学科的分量。事实上,这些议题已经形成了各自的研究规范。

国际关系研究容纳力不足,涉及的其实是国际关系学科的研究内容和研究范围的问题。研究内容是标志一门学科存在和构成的第一要素,也是区分此学科与彼学科的关键所在。正是一个学科有自己明确而独特的研究内容,标识出其明晰的研究对象和研究范围,进而标识独立的学科体系。国际关系学科研究内容对应的是发生在"国际"领域的事情,但国际社会不像国内社会系统那样成熟、发达,不像国家范围内某一个社会生活领域基本可

---

① 编委会:《当代国际政治》,上海人民出版社,2019年,第1页。

以归属一个学科,而是国际社会政治、经济、文化、安全等所有领域内容全部被归入"国际"一个领域。这就从根源上决定了国际关系研究内容先天比其他学科庞杂,研究范围、研究边界自然很难清晰。

一门学科的容纳力到什么程度、研究范围有多大、研究边界在何处,并非人为划定,而是以核心内容为中心,依据与核心内容的紧密程度依次推展出范围和边缘的。所以,如果研究内容的核心不准确,则研究范围与边界不清晰或限定狭窄,新内容很难通过循序的方式被纳入。当前国际关系的全球性发展与国际关系研究的容纳力不足的困境,说到底是国际关系学科研究内容的核心问题没有"锚定"。

(二)西方国际关系理论面临范式更迭挑战

社会形势的变化、现实的新发展、国际秩序的新变动,当这种因素叠加或这种变动剧烈的时候,原有国际秩序就会有坍塌的可能。同时,既有的范式在解释力上的优势也会随之被削弱,当旧的范式失效而新的范式没有形成的时候,理论就无法对现实进行解释和生发政策对现实进行指导和干预。"理论范式的更迭主要体现为解释力上的差异,这种解释力差异来源于两方面因素的共同作用:首先是范式本身的解释逻辑,范式本身决定它在解释力上的优势和局限;其次是社会形势的变化,这可能造成一个范式在解释力上的既定优势被削弱甚至丧失,不得不让位于其他范式。"[①]

从范式本身的解释逻辑角度,理性主义国际关系理论遭遇挑战。20世纪90年代中期以来,与理性主义不同的反思主义理论兴起,包括规范理论、女性主义理论、批判理论、历史社会学、后现代主义理论等。它们的共同之

---

① 冯仕政:《重返阶级分析? ——论中国社会不平等研究的范式转换》,《社会学研究》,2008年第5期。

处是强调国际关系中观念和话语的作用、结构和行为体的相互建构、权力的非物质性和真理的相对性。西方主流国际关系理论之所以存在观念与价值视角的缺失,客观上与西方国际关系理论对于哲学贡献的缺席有直接关联。西方国际关系理论本体论所强调的物质主义、个体主义等局限于西方哲学基础;方法论中的规范主义或反思也没有超过形式逻辑中的演绎与归纳推理的逻辑范畴。"现在的各种主流理论,尽管都有合理的逻辑与现实意义,但它们的争论从哲学角度来讲却没有意义……国际关系研究需要提出解释规律的理论,也需要提出解释意义的理论。"①

从社会形势变化的角度,当今世界各国相互依存程度越来越高,全球问题凸显,越来越紧迫地呼唤理论的全球性特征。西方国际关系理论范式基本局限于"一种国家中心主义理性模型之内"②。正如英国学者戴维·赫尔德指出的,当今主要研究国家的传统认识已越来越站不住脚了,"如果没有一种全球体系的理论,就不可能产生一种有效的国家理论"③。随着全球性现实问题与现实事务的发展,要求超越西方"国家中心主义范式"的呼声越来越高。在这种背景下国际关系研究的"全球范式"兴起。

(三)国际秩序重建对非西方视域的呼唤

目前全球范围爆发经济危机、恐怖主义在全球蔓延、各种激进主义兴起等,被认为与西方文化和理念有关。西方近代文明的核心价值,如经济自由主义、民主制度、文化多元主义等正在受到现实的反噬,其所标榜的核心理

---

① 李少军:《事实与理论:对国际关系研究的哲学反思》,《外交评论》,2009年第4期。

② [美]约瑟夫·奈:《国际关系理论与实践的相关性》,《国际政治研究》(季刊),2009年第3期。

③ David Held, *Political Theory Today*, Polity Press, 1991, p.10.

念愈来愈受到质疑。尤其苏联解体、东欧剧变以后，西方以"新自由主义"意识形态为基础、以"华盛顿共识"为主要内容，以私有化、市场化、自由化为导向炮制了"新自由主义"的模式并将其推向世界。伴随西方主导的"新自由主义"在全球范围的推行，危机在不同领域发生。在政治领域，西方民主模式被移植到发展中国家，但实行西方民主模式的国家却出现政治动荡、社会矛盾对立等诸多问题，西方设想的以"政体更替"方式实现全球民主化，并通过所谓民主化实现善治的局面没有出现；相反，在不少地区所谓独裁政权被推翻后，并没有出现所谓自由民主秩序，而是促发了各种极端势力的增长，出现派别斗争、政治动荡甚至战争。在经济领域，2008年的全球金融危机被认为是"新自由主义"溃败的一个重要转折点。一些欧美国家自身也由于受到金融危机的冲击，至今没有完全走出危机的阴影。在这一危机的冲击下，恐怖主义、难民危机、地区冲突等问题被引发并蔓延，全球层面的秩序危机更全面地展现出来。同时，对于现行国际秩序的直接肆意破坏首要来自西方国家。一些西方国家以推行民主为名义、以维护人权为名义直接干涉别国内政、侵犯别国主权，造成国家和地区的动荡，加剧国际紧张局势。还有的西方国家从本国利益出发，不仅不积极维护世界贸易规则和贸易谈判，而且妄图通过另立贸易规则维持自己的霸权地位和既得利益，破坏了世界经济秩序并阻碍了世界经济的发展。

对于重建国际秩序有不同的主张。有人认为导致目前国际秩序危机的原因，是"民主""自由"推行得不彻底，需要继续推行"新自由主义"，继续进行所谓"民主改造"。还有的人认为现行国际秩序的危机只是主导大国的治理方式的危机，解决危机的方向是主导大国改变战略和行为方式即可。还有的人认为导致现行国际秩序危机的原因是新兴国家对均势的破坏，解决危机的办法在于在保有现存国家体系基础上维持均势。这些主张依然是在传统西方秩序框架内探索解决之道，依然遵从西方主导的国际秩序理念。

事实上,现行国际秩序危机不只是一种"硬"制度危机,而且反映的是西方理论和观念的危机。由此,解决这种危机不只是进行制度样式的重建问题,不仅是具体条款的修补问题,而是需要进行"思想基础"的重建;不仅是需要超越西方视域,也需要超越非西方视域。

二、构建人类命运共同体对国际关系研究的贡献

(一)拓展了国际关系研究视域和内容

构建人类命运共同体涵盖所有行为主体,包括不同区域的国家、不同类型的国家、不同发展水平的国家的等,包括政府间国际组织、非政府组织、各种国际社会力量以及个人等;构建人类命运共同体视域涵盖不同民族、不同文明,甚至以整个地球为视域。"生活在同一片蓝天下,无论近邻还是远交,无论大国还是小国,无论发达国家还是发展中国家,正日益形成利益交融、安危与共的利益共同体、责任共同体、命运共同体。只有人类整体命运得以关照,每个国家、每个民族、每个人的美好希望才能实现。"①构建人类命运共同体内容也不局限和平、安全、发展等领域,还涵盖文化、生态、卫生、互联网等国际社会所有领域,提出建设持久和平、普遍安全、共同繁荣、开放包容、清洁美丽的世界。构建人类命运共同体既是一种理念,也是一种方案,"构建人类命运共同体理念,着眼全人类的福祉,既有现实思考,又有未来前瞻;既描绘了美好愿景,又提供了实践路径和行动方案;既关乎人类的前途,也攸关每一个体的命运"②。研究视域和内容的拓展本身就是对传统国际关系理论的超越。

---

① 《携手构建人类命运共同体:中国的倡议与行动》,人民出版社,2023年,第5页。
② 《携手构建人类命运共同体:中国的倡议与行动》,人民出版社,2023年,第2页。

（二）超越传统国际关系理论开辟新范式

构建人类命运共同体理念实现了对传统国际关系理论的扬弃，"主张以和平发展超越冲突对抗，以共同安全取代绝对安全，以互利共赢摒弃零和博弈，以交流互鉴防止文明冲突，以生态建设呵护地球家园，为国际关系理论开辟了崭新范式，也为全球治理改革贡献了中国智慧"。这种范式从学理角度来说，根本上是对传统国际关系理论对国际政治本质"国际无政府状态"认识的超越。国际无政府状态是西方国际关系理论，尤其是现实主义国际关系学派的立论前提。可以说，现实主义国际关系学派的发展历史有多久远，国际无政府状态的说法起源就有多久远。现实主义国际关系理论的核心是权力政治，现实主义权力政治的理论前提是对国际无政府状态的认定，正是国际无政府状态规定了权力政治的基本内容：国家之间必然存在利益冲突；利益冲突只能以权力较量的方式加以解决；争夺权力的斗争成为不可更改的国际关系基本事实。正因为如此，有学者指出："所有的现实主义学者几乎在不同程度上都是将国际无政府状态看作是现代国际关系的一大本质特征而纳入各自的理论体系。"构建人类命运共同体超越这一认识，以积极推动国际社会有序运行与发展的"治理、合作与发展"话语替代消极的具有竞争驱动的"国际无政府状态"话语。

构建人类命运共同体也超越了批判理论的批判向度。国际关系理论中批判理论如"世界体系论"和"依附论"认为：现代世界体系是一个进步的历史过程，现代世界体系分为中心、半边缘和边缘三个地带，中心地带对于边缘地带的盘剥是现代世界体系的核心，由于中心与外围之间国际地位的不平等，导致中心与外围之间的贫富分化越来越严重，所以现代世界体系本身就是一个不公正的现象。构建人类命运共同体与这一理论认识有相通之处，但构建人类命运共同体超越批判范式，以"治理、合作与发展"内容彰显建设向度。

构建人类命运共同体推动了国际关系研究的"实践转向"。自21世纪初以来,国际关系研究借鉴社会学领域的"实践转向",就已经开启了跨越范式的研究议程,这一转向主要在于从理论层面描述和理解国际关系中实践的影响。[1]构建人类命运共同体超越以"安全实践""地区实践"为经验的知识局限,涵盖世界不同文明构建人类命运共同体的理想和历史经验,涵盖国际社会各领域美好生活的内容,如和平治理、安全治理、环境治理等,创造国际关系研究中"人类实践"的知识基础。也就是说,构建人类命运共同体实现了对"民族国家中心""欧洲中心"的西方国际关系理论的超越,有助于更好地从理论层面解释社会变化、国际关系现实与国际政治实践,有利于提升对"地区实践"等经验知识的解释力,生成"真正人类实践"的知识基础。

(三)超越西方中心纠偏全球国际关系学

全球国际关系学(Global International Relations)起源于2005年巴里·布赞(Barry Buzan)和阿米塔夫·阿查亚(Amitav Acharya)联合发起的"为什么没有非西方国际关系理论(Why is there no non-western IR theory)"这一研究项目。这一项目的议题进而拓展为"全球国际关系学",被称为开启了国际关系学的"第三次奠基"。这一项目形成了两个共识:第一,世界是多元的,文化是多元的,理论也应该是多元的;第二,没有非西方国际关系理论的主要原因是西方话语主导造成的。这一项目提出六项内容:①国际关系理论应表现为具有普适性的多样性(universal diversity);②世界史不是西方史,而是包含多个地区历史;③国际关系话语同样是多元的;④地区和本土产生的理

---

①　孙吉胜、何伟:《跨学科借鉴与国际关系理论的发展和创新》,《国际关系研究》,2019年第4期。

论要有普适性,不能完全拘泥于本土或区域;⑤不能奉行例外主义,不能奉行美国例外主义或中国例外主义;⑥所有的体系,无论是话语体系抑或理论体系、社会体系,一旦封闭必然停滞,体系必须开放。

从外在视角来看,"全球"范围比较"国际"更宏大,从地域角度提出重视非西方国际关系理论成果,旨在从空间上"推进国际关系学科覆盖全球范畴,实现国际关系学科在全球范围内的平衡发展"。从内涵视角出发,"全球国际关系学"主张超越"欧洲中心"视角,从世界历史视域进行国际关系研究;主张将"现代性问题"和"全球转型的整体性意义"等纳入国际关系理论研究;主张将西方国际关系主流理论和非西方国际关系理论都纳入全球国际关系学范畴,以"促使非西方思想者挑战西方国际关系理论的主导地位"。全球国际关系学发起初衷是超越现有国际关系理论研究局限,超越范式制约,超越西方经验和欧洲中心论,但现实的全球国际关系学研究却走向依托区域经验的国际关系理论研究,落入局部安全和地缘政治理论的窠臼。只有把地区安全视角提升到世界和平的高度,把区域主体提升为人类主体,研究才真正体现全球性视域:既超越"西方—非西方"的二元藩篱,又避免走向地缘政治理论与区域或安全议题研究。

三、构建人类命运共同体与国际关系学科元理论研究

构建人类命运共同体不仅推动国际关系研究范式更迭,而且对于国际关系学科发展具有重要推动作用。概括来说,构建人类命运共同体使国际关系学科的对象主体落到了实处。这一问题,也与上述国际关系研究困境、国际关系理论范式挑战、国际关系研究核心问题的回归等都有密切关联。

(一)构建人类命运共同体与国际关系学科对象主体

1.任何一门社会科学研究都有其所对应和服务的对象

对象主体在学科构成中并"不在场",但它是实际存在的。社会科学这一点不同于人文科学,人文科学研究观照人的个性、主观、心理、文化等方面,其所对应和服务的主体是具有生命体意义的人;也不同于自然科学,自然科学研究科学技术问题,其所对应和服务的主体是抽象的所有人类。而社会科学以各种社会关系的规范与社会生活的秩序运行为研究内容,强调人的社会性、关系性、组织性、协作性等共性方面。[①]由此,社会科学研究所对应和服务的对象主体是一定社会关系中的群体,是具有社会意义的人。如政治学科的研究对象是"国家政权"或"公共权力及权威性的价值与利益分配"问题,其所对应和服务的对象主体是与这些内容相关联的领导、群众、公民、机关、阶级、势力集团等。经济学科的研究对象是"稀缺资源的配置问题",其对应和服务的对象是经济领域的企业、从事经济活动的个人、相关利益群体等。

社会学传统的研究对象主要有社会分层、社会阶级、社会流动等问题,随着人类活动领域的扩大,新形成的具有"社会结构+个体构成"特征的领域都构成了一个独立的社会系统,由此社会学科出现很多分支学科,如学校社会学、家庭社会学、医疗社会学、军事社会学、互联网社会学等。这些分支学科无论什么研究内容,其必然有一个服务和对应的对象主体,如学校社会学服务和对应的对象主体是学校关系成员、家庭社会学服务和对应的对象主体是家庭关系成员、医疗社会学服务和对应的对象主体是医患关系成员等。我们不去探讨这些社会力量的阶级属性或研究者主体的价值倾向,以免陷

---

① 欧阳康:《人文社会科学哲学》,武汉大学出版社,2001年,第4页。

入属性定位和价值判断的分歧,只想表达:社会科学研究有其相应的对象主体,这种人格化的社会力量虽然"不在场",却是实际存在的。这个对象主体不是学科的研究对象,而是学科研究服务和对应的对象;这个对象主体不等于研究主体,而是具有宾格意义的主体。我们称其为对象主体。

2.国际关系研究虚假的对象主体主要体现为主权国家

国际关系研究所对应和服务的对象主体泛泛来说应该是包括所有国家在内的整个人类,是与世界和平与合作相关联的所有力量。但现实国际关系研究服务和对应的对象主体却没有完全聚焦于此处,而是出现了虚化的国家对象主体。

主权国家虽然是当今世界最主要的国际行为主体,但它不必然是国际关系研究对应和服务的对象主体。正如企业是经济运行的最主要行为体,但不必然是经济学科研究服务和对应的对象主体,企业可以说是企业管理这门学科对应的对象主体。主权国家可以说是外交学研究所对应和服务的对象主体,但主权国家作为国际社会的构成单位不必然成为国际关系研究的对象主体。从客观形成过程来看也是如此。国家相对于国际社会系统而言是先在的,它不是按照国际社会的规则选举组建而成,而是在各民族历史发展基础上产生和存续的。虽然二战后一批民族独立国家跨越历史、在反殖民主义和民族解放运动胜利基础上诞生,但对于国际社会来说,这一过程仍是嵌入式的,只是使国际社会的民族国家数量增加,并没有改变民族国家先在于国家社会的身份和职能。由此,先于国际社会存在的国家,其对外职能是维护国家安全,而非国际社会和平与秩序。同时,威斯特伐利亚体系赋予了国际关系的主权原则及国家作为国际社会"公民"和"成员"的合法性地位,却并没有赋予国家"维护和建设"国际社会的合法性地位和功能。国家的对外行为主要是维护自身安全,不完全是维护世界和平,且这种合法性赋权来自国内。从国家主观行为选择过程来看也是如此。国际社会的无政府状态是国际关系的根本特征,这一前提决定了国家主观上以维护自身安全、不必然以维护世界和平与秩序为自己的行动准则。所以,作为对象主体的主权国家并不必然与世界和平与秩序问题对应。所以,国家是国际关系研究核心问题相关联的重要力量,但不必然是其对象主体,主权国家只是国际关系研究虚假的对象主体。如果国际关系研究对应和服务于国家,则研究结果必然有违整个人类这个真正对象主体。

3.西方国际关系理论由于虚化对象主体而迷失

国际关系研究对象主体的不明晰、虚假,必然带来国际关系研究服务于谁的问题不明确,是服务全人类,还是服务于国家;是服务于某类型国家,还是服务于某个国家;是建设一个持久和平与安全的世界,还是短期的和平局面;是维护一个所有行为体和平共处的共同体,还是构建一个仅有安全保证的和平秩序? 这里以现实主义国际关系理论、自由主义国际关系理论、建构主义国际关系理论为视角,审视现实国际关系研究究竟服务于谁的问题。

理想主义国际关系理论产生于第一次世界大战后,是20世纪二三十年代有影响的西方国际关系理论。理想主义在维护世界和平秩序方面,主张通过建立国际机构、国际法和国际公约及公众舆论等来实现,认为只要健全国际机制,只要国家按照国际法和国际公约行事,世界和平就可以维持。这种理论的实质是希望依靠软权力来对各国加以约束、依靠道德的力量维护世界和平。虽然依靠国际机制或世界政府来维护世界和平具有一定的乌托邦性,但理想主义以实现整个世界和平与安全秩序为目标,把维护世界和平与安全秩序力量指向世界机构和相关国际机制等。也就是说,理想主义国际关系理论所服务和对应的对象主体是人类视域,并与世界和平问题直接关联。

现实主义国际关系理论以无政府状态为国际本质前提、以国家追求权力为核心假定。虽然新现实主义强调试图"在乌托邦主义和现实主义之间、自由意志和客观决定之间建立一种平衡"①,但其明确指出国际政治学的基本要素之一是权力,权力是一切政治活动的主要因素,一切政治都是权力政治的根源,一切冲突都是权力冲突,没有权力就没有道德,即其选择依然是明确站在现实主义一端。虽然"结构现实主义理论的主要目的就是'去帝国主义化'"②,但其并不是旨在实现普遍的世界和平与安全秩序,而是建立在国家安全基础之上的和平秩序。而且现实主义国际关系理论侧重解释国际无政府状态下国际关系现实,尤其侧重解释国家行为的选择和行动逻辑,而非世界和平与秩序关联力量的行动逻辑。进攻型现实主义国际关系理论在这方面更为突出,它认为"国家的最高目标是成为体系中的霸权国"③,国际秩序一定程度上是大国争霸的结果,是大国继续维持的均衡状态。由此可见,现实主义国际关系理论所服务和对应的对象主体是国家或大国,追求的是国家和平环境或和平利益。

从对象主体角度来看,自由主义、建构主义国际关系理论处于理想主义与现实主义之间。新自由制度主义认为无政府条件下的冲突可以避免,国际合作是可以达成的。虽然新自由制度主义的出发点是行为体之间客观的相互依存状态以及相互依存会带来的客观收益,但新自由制度主义国际关系理论服务和对应的主体是多个国家,至少不是一个或两个霸权国。因为在它看来,国际规制可以不依赖霸权国权势而独立存在和发挥作用。建构主义国际关系理论进一步认为,"国际合作不仅是完全可能的,而且无政府性本身是国际社会的主要成员国在其相互的实践活动中构建起来的,是

---

① ［美］E.H.卡尔:《2020年危机(1919—1939)——国际关系研究导论》,秦亚青译,商务印书馆,2021年,第12页。

② 杨光斌:《重新解释现实主义国际政治理论——历史本体论、国家性假设与弱理论禀赋》,《中国人民大学学报》,2018年第4期。

③ 秦亚青:《现实主义理论的发展及其批判》,《国际政治科学》,2005年第2期。

观念的体现；主体间的实践活动形成共有观念，共有观念形成了文化，文化决定了行为体的身份、利益和行为。正是在这一过程中，行为体的能动作用突出了：人的行为可以导致冲突和战争，人的行为也可以导致合作与和平……物质性因素作用正在减弱、人的因素的作用正在加强"①。虽然建构主义重点展开的是"观念"范畴，并不对应一定的社会力量。

如果按照对象主体角度审视，理想主义理论呈现的世界或人类对象主体是最突出的，自由主义和建构主义理论次之，现实主义理论最不突出。现实主义、新自由主义国际关系理论所服务和对应的实质对象主体是国家或大国；建构主义并不对应一定的社会力量。自二战以来，现实主义主导整个国际关系研究，导致国际关系研究在一定程度上偏离人类视域与和平的核心问题，不能不说这是国际关系研究的一种迷失。

4. 构建人类命运共同体对于国际关系学科对象主体的确证

根本上来说，构建人类命运共同体对于国际关系学科对象主体的确证，在于其将人类视域在场落实。随着全球化进程的加快发展，国际共生关系越来越紧密，现实国际问题从个体、心理到太空、生态，无所不包，客观上造成国际无政府变得越来越"有"——无政府状态下有等级，无政府状态下有世界体系，无政府状态下有国际社会，无政府状态下有阶级、文化、市场，无政府状态有过程等。这就倒逼国际关系研究必须探索国际无政府状态中的各种"有"，倒逼国际关系研究超越行为体视域，关注整个人类的生存、发展、和平与安全问题。构建人类命运共同体立足"人类"视域，并提出"和平、安全、发展、生态、文化"等国际社会建设内容，把"人类"这个高高在上、抽象空洞的视域落到了实处。这一场域的落实，关涉着国际关系学科服务于谁的

---

① 秦亚青：《西方国际关系学：知识谱系与理论发展》，《外交学院学报》，2003年第3期。

问题,从而使国际关系学科围绕对象主体而展开内容体系,进而自然有明确的研究内容和清晰的学科边界。

(二)构建人类命运共同体与国际关系研究核心问题

国际关系研究的容纳力量不足,众多问题溢出了国际关系研究范围,甚至战争与和平问题溢出国际关系研究范围。一直以来,"和平问题"或"战争与和平问题"被视为国际关系研究的永恒主题、中心问题、轴心。但由于人类这个对象主体的虚化,则实际的国际关系研究更集中于国际行为体的安全问题、行为体之间的关系问题、行为体的行为选择等研究。战争与和平问题如果游离在国际关系研究之外,或现有国际关系研究无法容纳战争与和平问题、无法解释新时期的战争与和平问题,则意味着整个国际关系学科、国际关系研究这门学问出了问题。这导致国际关系研究内容难以围绕世界和平与合作问题展开,有的甚至偏离这一核心问题。国际关系研究核心问题的偏离,必然导致国际关系研究范围与边界不清晰或容纳力不足,进而众多新增问题不被现有国际关系研究所容纳,也就不足为奇了。

构建人类命运共同体根本落脚在人类和平上,且与立足西方文明基础上的和平观不同,它是融合发展利益的和平,是兼顾安全利益的和平;它不仅追求和平的结果,而且主张和平的方式和和平的过程;它是超越意识形态的和平观,不同于西方打着维护所谓人权民主的旗号,却制造着事实上不和平的形势、非和平的过程、最终破坏了根本的和平。同时,构建人类命运共同体推进了和平研究范围的扩大,它不仅含有和平议题的研究,而且观照了整个宏观和平研究,致力于非暴力过程与和平秩序的构建实践。所以,构建人类命运共同体的和平观让和平问题变得更为具体和真实。也只有在此基础上,"世界和平"才成为一个真问题,只有在真问题基础上才能产生真理论,未必非形式标准化的真理论。

第 二 编

第四章 中国特色社会主义与构建人类命运共同体意识形态问题

构建人类命运共同体具有超越意识形态的一面,但构建人类命运共同体是中国提出的,是中国特色社会主义理论的一部分,需要中国特色社会主义理论的引领。那么,应该如何看待构建人类命运共同体的意识形态问题?构建人类命运共同体的超意识形态性与中国特色社会主义理论引领如何实现辩证统一的?解释清楚这一关系,对于推进人类命运共同体的构建方向具有重要意义。

一、构建人类命运共同体的超意识形态性

(一)话语层面超越意识形态性

一方面,伴随着中国综合实力越来越突出,中国在国际舞台上的影响力越来越提升,国际社会出现了针对中国质疑的声音:中国的发展和强大会给世界带来什么?中国未来会向何处去?中国会挑战美国霸权吗?中国会征服世界吗?中国会输出世界革命吗?面对种种质疑、猜忌及各种版本"中国威胁论"的围攻,我们缺乏一种"好用"的反驳话语。而另一方面,作为全球第二大经济体、全球有重要影响力的国家,中国却实际在积极参与着国际秩序建设,实实在在为世界和平与发展承担着责任、作着贡献。但我们却缺乏

"好听"的宣传话语。这就出现了所谓"中国奇迹"与"话语贫困"的悖论。[①]

美国I-MCF公司董事会主席艾那·唐根,曾有一段这样的描述:一些外国人对中国的政治、社会和文化往往带有一种过时而错误的观念。这种观念是多年形成的,并受冷战时期宣传、恐惧、怀疑和无视的影响。对这些人来讲,中国的崛起就是一种威胁。而对那些相信的人们来说,中国仍然是一个未解之谜。中国经济和社会的快速变化正在建立一种新的世界秩序,几乎没有人能够了解这些变革意味着什么。中国迅速崛起为一个世界大国已经并且仍在激起广泛的涟漪效应。强硬派和温和派纷纷对中国最终要达到的目标表示自己的观点,但常常湮没了中国自己的声音。中国在国际上缺乏自己的声音。而且很遗憾的是,现在的情况并不能通过一场漂亮的媒体攻势得到改变。[②]这番描述告诉我们:当今世界迫切需要了解中国,中国迫切需要一种面向国际社会解说自己的话语。中国必须直面这种"失声"与"贫困",必须尽快面向世界提出自己的国际话语。

国际话语即是国家话语体系中的一部分,所以"国际话语"首先应该是一种国家话语,不能仅仅是一种辩解性的话语,也不能单纯是一种舆论话语、学术话语或故事模式等。"一个国家的国际话语体系不是单个人或某些特定群体思想观念的呈现,而是一个国家政治、经济、文化、社会等综合因素的现实反映,是向世界传播民族文化、展现国情国力的重要载体。"[③]同时,当今时代是中国日益走近世界舞台中央、不断为人类作出更大贡献的时代,中国的"国际话语"不能仅限于解说中国的对外主张和国际作为,解说中国现

---

① 陈曙光、周梅玲:《论中国道路的话语体系构建》,《思想理论教育》,2016年第1期。

② [美]艾那·唐根:《西方对中国有许多疑虑和误解》,郭辉译,《对外传播》,2008年第11期。

③ 关凤利、吕银凤:《建设中国特色社会主义国际话语体系论析》,《东北师大学报》,2017年第2期。

代化建设的历史方位、价值取向、总体布局、内在机制、对外战略等,还要解说世界发展的历史方位和世界未来发展的方向等。

中国提出过"构建和谐世界"。2003年5月28日,同样是在莫斯科国际关系学院,胡锦涛发表"世代睦邻友好,共同发展繁荣"的演讲。胡锦涛在演讲中指出:"中国人民愿同俄罗斯人民和所有国家的人民携手合作,为建立一个和平、发展、和谐的世界而共同努力。"①党的十七大报告进一步明确:"我们主张,各国人民携手努力,推动建设持久和平、共同繁荣的和谐世界。"②"构建和谐世界"的提出,是中国国际话语的一大跨越。"构建和谐世界"超越了"国际主义原则",把新时期中国面向世界解说自己的原则具体化、明晰化了,把"斗争、反对"等中国面向世界解说自己的主张变成了正向、积极的话语。

正是在"构建和谐世界"基础上,中国提出构建人类命运共同体。"构建人类命运共同体"进一步明确了新时代中国的国际主张,明确了新时代中国与世界的关系,明确了新时代中国的具体国际作为问题。而且从词意表达角度,"人类命运共同体话语"是对"和谐世界话语"的发展和提升。如"和谐"有"协调、和睦、融洽、调和"之意,而"共同"则有"合力推动""主动""力量"之感。"构建人类命运共同体",不仅说清楚了"中国与世界关系"的问题,还说清楚了"中国未来向何处去"的问题、"世界未来向何处去、世界怎样走向未来"的中国主张。由此,"构建人类命运共同体"的提出,把我们开篇提到的那些质疑,至少从话语角度解决了,即中国不是要挑战美国,不是要征服世界,不是要输出世界革命,而是构建人类命运共同体。而且,这个提法"好听又好用",清晰而准确地回答了发展起来的中国要建设一个怎样的世

---

①　《胡锦涛文选》(第二卷),人民出版社,2016年,第53页。

②　《胡锦涛文选》(第二卷),人民出版社,2016年,第650页。

界的问题,直白而简短地向世界解说清楚了中国的国际理想和国际作为问题。

"构建人类命运共同体"提出之后,获得了国际舆论的广泛理解和认同。新加坡《海峡时报》网站刊文指出:过去500年间,大国和平崛起从来没有过,从葡萄牙到美国等所有国家的崛起都是以好斗、野蛮,甚至残忍等而取得的,每次都是混乱之后才会考虑建立一个全新的秩序。中国和平崛起,这是个艰巨的挑战,因为没有先例。中国最终在这一问题上是否能够取得成功,在很大程度上主要还是取决于自身的努力,同时也是由大国的态度而定的,为了建设一个更加和平的大国,就需要建设一种全新的建设性的互利、合作关系。所以,这就使得全球都希望建设一个人类命运的共同体。①这是从历史角度、未来发展角度解读了"构建人类命运共同体"对于中国的意义和对于世界的意义。在"中共十九大:中国发展和世界意义"国际智库研讨会上,德国发展研究所培训部主任托马斯·福斯认为,人类命运共同体是一个非常有哲学意义的战略思想。他表示非常赞赏中国扮演一个主动的角色来为推动建立人类命运共同体而作出自己的贡献。英国国际战略研究所高级研究员亚历山大·尼尔表示,我们想要所有人共同来建立一个人类命运的共同体,各国应该作为平等的国家相互尊重,共同去探讨问题,要抛弃冷战的传统思维,而且采取新的方式来发展国与国之间的关系,而不是对抗,要加强合作或者说是加强联盟。肯尼亚内罗毕美国国际大学国际关系学教授马查里亚·穆内内说:人类命运共同体是中国向世界提出的一个阐述自己理念的主张,这是一个非常美丽的词汇。②

"构建人类命运共同体"这一话语之所以能够为国际舆论所理解和认

---

① Jean-Pierre Lehmann, China's historic quest for a peaceful rise, *The Straits Times*.

② 《中国梦牵动全世界——记"中共十九大:中国发展和世界意义"国际智库研讨会》,《经济日报》,2017年11月6日。

同,一方面在于它把握住了世界发展的时代坐标、中国发展的时代坐标,顺应了时代发展潮流;另一方面在于它超越了意识形态的藩篱,反映了世界各国人民的心声,表达了世界各国人民的愿望。"命运共同体意识引领的行动,契合了世界各国对于发展的共同诉求,不断增加各国利益的汇合点,在世界范围内激发'最大公约数'。"可以说在,这一话语既把"构建人类命运共同体"与现实社会主义中国的意识形态身份进行了分离,又把现实社会主义中国的国际理想和国际作为融合在其中,同时又把中国特色与世界的广泛需求结合在一起,找到了"立足中国特色的基础上与其他国家发展道路的共通点"①。"构建人类命运共同体"体现了"打造融通中外的新概念新范畴新表述"。②

综上,我们不适宜再反溯对"构建人类命运共同体"这一话语,进行专门的意识形态冠称或意识形态宣传。

(二)实践层面超越意识形态性

中国相继提出"构建人类命运共同体"具体推进措施,着力践行"构建人类命运共同体"的理念和原则。如中国倡议并积极推动建设相互尊重、公平正义、合作共赢的新型双边国际关系;中国倡议并积极推动建设亚洲命运共同体、中国非洲命运共同体、互联网人类命运共同体、国际空间人类命运共同体等;中国提出多国参与、惠及各国人民的"一带一路"建设,创立亚洲基础设施投资银行和丝路基金;中国积极参与解决全球性问题,在国际事务中表现出一个大国应有的担当;中国积极推动世界开放型经济发展、反对贸易

---

① 王卫兵:《国际视野下中国特色社会主义话语体系认同研究》,《中共福建省委党校学报》,2016年第9期。

② 习近平:《胸怀大局把握大势着眼大事　努力把宣传思想工作做得更好》,《人民日报》,2013年8月21日。

保护主义、维护气候谈判等关乎世界人民民生福祉的重要成果。法国尼斯欧洲研究所国际问题专家乔治·佐戈普鲁斯认为,"推动构建人类命运共同体"不是口号,中国以实际行动和具体的举措让更多国家积极参与到"一带一路"的建设中来,就是有力证明。美国《全球策略信息》杂志华盛顿分社社长威廉·琼斯表示:"中国提出了很多新理念、新主张,对国际治理体系的完善贡献很大。构建人类命运共同体以及合作共赢等理念都是值得提倡的,也得到国际社会的广泛认同。中国既是理念的提出者,也是这些理念的践行者,'一带一路'倡议等就是这些理念的具体体现。"[1]

"构建人类命运共同体"是中国对联合国的贡献。"构建人类命运共同体"理念和原则多次写入联合国多项决议。这些被写入的理念和原则、获得国际社会认同的理念和原则,正在于它超越意识形态,契合了世界各国人民的共同期待。"共建'一带一路'坚持共商共建共享,跨越不同文明、文化、社会制度、发展阶段差异,开辟了各国交往的新路径,搭建起国际合作的新框架,汇集着人类共同发展的最大公约数。"正如联合国副秘书长兼联合国开发计划署署长施泰纳所说,人类命运共同体理念与联合国的可持续发展理念高度吻合,"人类命运共同体"是中国对联合国的贡献。2017年12月1日来自世界各国近300个政党和政治组织的领导人齐聚北京,交流互鉴治党理政的经验,凝聚"构建人类命运共同体"的力量和智慧。习近平在这次大会开幕式主旨讲话中指出:构建人类命运共同体,需要世界各国人民普遍参与。我们应该凝聚不同民族、不同信仰、不同文化、不同地域人民的共识,共襄构建人类命运共同体的伟业。只要各方树立人类命运共同体理念,一起来规划,一起来实践,一点一滴坚持努力,日积月累不懈奋斗,构建人类命运

---

[1] 习近平:《构建人类命运共同体 中国展现行动力——习近平总书记主旨讲话引发国际社会热议》,《人民日报》,2017年12月3日。

共同体的目标就一定能够实现。

"构建人类命运共同体"是国际社会现实发展的一种必然要求。当今世界，国与国之间的经济、金融联系日益紧密，各民族文化得以在世界领域中进行传播。但世界各国得益于全球化的同时，也注定会受到全球性问题的冲击。①近年，全球性问题不断涌现，如世界贫富差距拉大、生态失衡、环境污染、人口爆炸、资源短缺、移民难民、国际恐怖主义、跨国犯罪等问题。这些非传统安全因素逐渐成为威胁人类生存与发展的重要因素，甚至已经威胁到了整个人类、整个国际社会的生存与发展。在这种背景下，很多国家内部的问题开始超出国家范畴，同时很多全球性问题也开始渗透到国家内部。这是新时期全人类共同面对的问题。为解决危害全人类的共同问题，迫切呼唤一种命运与共的意识，需要一种超越意识形态和国家利益的合作精神，需要一种积极的全球治理行动。"构建人类命运共同体"正是对这种现实的回应，是中国为全球治理提供的中国方案，是推动全球治理的行动指南。

"构建人类命运共同体"也是摒弃冷战思维的一种作为。世界范围内冷战思维和强权政治依旧存在，不同政治文明之间依然存在相互排斥，不同经济制度之间依然存在相互竞争，不同国家之间依然存在冲突等情况。冷战后，一些发达国家打着所谓"人权无国界""人权高于主权"等招牌，主张国际社会应拥有"合法的人权和人道干预权"，进而对有些国家主权和内部事务进行公然干涉。这种行为以某一国家、某一制度、某一文明的标准去判断世界的"是非"，试图以"非此即彼"方式衡量和解决问题。事实证明，这种方式非但没有根本解决问题，反而制造了新的冲突与新的动荡，阻碍了世界和平与发展。由此，国际社会呼吁摒弃冷战思维和强权政治，超越不同政治文明之间、不同经济制度之间、不同民族文化之间的分歧，共同维护世界和平，共

---

① 李雪:《人类命运共同体的理想性与现实性》,《探索》,2017年第5期。

同推进世界发展。"构建人类命运共同体"正是在这种国际背景下提出的，"构建人类命运共同体"的原则和理念适应了国际社会摒弃冷战思维的呼声。

总之，"人类命运共同体"在"理论-实践"语境中能够产生三大效用：引导世界人民树立正确的关于人类发展的价值观，探明适合全人类整体式发展的科学道路，指明人类社会发展实践的未来共同目标。[①]构建人类命运共同体在实践方面也有超越意识形态的特征。

二、构建人类命运共同体的意识形态引领

"构建人类命运共同体"这一话语，契合了不同国家、不同民族、不同文明的共同理想和共同愿景，占据了道义的高点。我们要积极维护"构建人类命运共同体"这一话语作为"世界语"的鲜活力，维护这一话语蕴含的对"世界梦"的现实感召力，维护这一话语对其他文明的包容力和引领力。由此，不宜再从话语角度对其进行过多的意识形态宣传。但同时我们必须注意到对"构建人类命运共同体"有意识形态引领的一面。

(一)意识形态解读如影相随

事实上，对"构建人类命运共同体"的意识形态解读，伴随着这一话语的提出，就已经如影随形地开始了。学界对于"构建人类命运共同体"的研究，起步于思想资源或思想渊源的挖掘。目前这种挖掘主要包括中华传统文化、中国外交经验、马克思主义、中国特色社会主义、多元文明、普世价值等。

---

① 张鸿奇、李合亮：《人类命运共同体：马克思主义中国化进程中的概念飞跃》，《宁夏党校学报》，2017年第5期。

如王帆、凌胜利在《人类命运共同体》一书中,将"人类命运共同体"的思想渊源归纳为中华传统文化、中国外交经验(社会主义中国外交经验)、多元文明共鉴(世界主义思想与共同体意识)。杨梓好在《习近平"人类命运共同体理念"的研究综述》一文中归纳出"人类命运共同体理念"研究的几种认识,即习近平"人类命运共同体理念"与马克思主义理论之间有着深刻的理论渊源、体现了对东方智慧和中国优秀传统文化的传承、是"和平共处五项原则"与"和谐世界"等中国外交理论与实践的深化与发展、反映了马克思恩格斯共同体性质的国际主义思想与中国历史文化传统中的"天下主义""和合主义"相结合的中国特色的"国际主义"等。陈向阳在《以"人类命运共同体"引领世界秩序重塑》中提出"人类命运共同体"的比较直接的思想渊源:一是中华优秀传统文化中的"天下观",二是新中国倡导的"求同存异"与"和平共处五项原则",三是"和谐世界"对外战略思想等。

可见,对于"构建人类命运共同体"的思想资源或思想渊源的挖掘是比较多样的。由于这方面属于"往前"挖掘,是在为"构建人类命运共同体"作"注",我们希望这方面的挖掘越丰富越好。但事实上,对于"构建人类命运共同体"思想资源或思想渊源的挖掘,并没有停留在"注解"的阶段,而是进一步试图以某种系统性的思想或理念解读"构建人类命运共同体"。以某种系统性的思想或理念解读"构建人类命运共同体",就是试图对"构建人类命运共同体"的话语和实践进行意识形态建构和引领。如对"构建人类命运共同体"进行所谓"普世价值"研究,通过挖掘人类命运共同体思想与"西方普世价值"的渊源,进而试图以"西方普世价值"对"构建人类命运共同体"进行理念引领。

(二)意识形态领域斗争激烈

如果停留于"理念解读",尚可以认为是一种学术探讨,但推进到"理念

103

引领"、诋毁、窃取,则反映的是对"构建人类命运共同体"意识形态建构的主导权的争夺。

在西方学界甚至出现这样一种研究态势:一方面对"构建人类命运共同体"持怀疑态度,对中国倡议的"一带一路""全球治理"等进行所谓"霸权"风险的评估,对中国的意图进行诋毁;另一方面却在进行"构建人类命运共同体"具体实务方面的研究,即抛开"人类命运共同体"的名义,实质却在进行"人类命运共同体"具体的构建行动。这就使得"构建人类命运共同体"这一创建性成果有被窃取和架空的危险。

当前"人类命运共同体"理念虽然综合了国际权力观、共同利益观、可持续发展观以及全球治理观等价值观,但当下这些价值观背后仍然被国家利益所主导。[①]这就决定了关于"构建人类命运共同体"理念或意识形态的建构博弈不会不激烈。从它的话语传播到对它的学理解释,都可能是博弈的战场。这场争夺是对"构建人类命运共同体"解释权、支配权、主导权的一种争夺,是对哪种意识形态引领"构建人类命运共同体"的一种争夺。

(三)中国特色社会主义:引领构建人类命运共同体

人类命运共同体的构建实践需要意识形态引领。正如我们上文提到的,不以一种具有"意识形态"性质的话语取代或冠名传播"人类命运共同体"。"构建人类命运共同体"提出之初就有超越意识形态的意味,它在国际多边文件中的落实是以超越意识形态的话语身份呈现的,它在具体举措和政策推进过程中寻求的是一种超越意识形态的最广泛的合作。但是具有这么广泛包容性的话语和实践,不可避免地存在方向性选择问题。对"构建人类命运共同体"的意识形态阐释越明确,则"构建人类命运共同体"的价值目

---

① 曲星:《人类命运共同体的价值观基础》,《求是》,2013年第4期。

标就越明确,"人类命运共同体"的构建方向和构建原则就越清晰;对"构建人类命运共同体"的意识形态的引领越深入,则"人类命运共同体"内涵机理就越充分,则"人类命运共同体"的构建实践探索就越丰富。

中国特色社会主义引领人类命运共同体的构建方向。意识形态和思想阵地的主动权、主导权的争夺,无法通过"禁止"来实现,只能通过理论的说服力、吸引力和自身的发展来实现。构建人类命运共同体不是走向资本主义方向,但它不是共产主义的替代。同时,构建人类命运共同体不是遵循西方价值,而是遵循全人类价值。中国面向世界提出全球文明倡议,提出和平、发展、公平、正义、民主、自由的全人类共同价值,以宽广胸怀理解不同文明对价值内涵的认识,尊重不同国家人民对自身发展道路的探索,弘扬中华文明蕴含的全人类共同价值,超越所谓"普世价值"的狭隘历史局限,体现了人类命运共同体的价值追求。中国倡导的全人类的共同价值,相比西方倡导的价值理念更具有普世性。由此,中国特色社会主义实现了中国意识形态引领与弘扬全人类共同价值的统一。

第五章 中国特色社会主义引领人类命运共同体构建过程

改革开放以来我们取得的一切成绩和进步的根本原因,归结起来就是:开辟了中国特色社会主义道路,形成了中国特色社会主义理论体系,确立了中国特色社会主义制度,发展了中国特色社会主义文化。中国特色社会主义带领中国实现了从"站起来"到"富起来",中国也必将继续坚持中国特色社会主义实现从"富起来"到"强起来"。中国特色社会主义道路也是为世界公认的成功发展道路,也为一些发展中国家所效仿。中国提出的构建人类命运共同体必将由中国特色社会主义所引领。

一、中国式现代化与构建人类命运共同体

中国式现代化是党的二十大系统阐述的,但中国式现代化的实践历程很早就已经开始。中国式现代化是中国特色的现代化。中国式现代化是中国共产党将马克思主义与中国国情实际相结合探索的结果,是中国特色社会主义伟大实践的深刻总结,是中国特色社会主义最集中的体现。"中国式现代化的本质要求是:坚持中国共产党领导,坚持中国特色社会主义,实现高质量发展,发展全过程人民民主,丰富人民精神世界,实现全体人民共同富裕,促进人与自然和谐共生,推动构建人类命运共同体,创造人类文明

新形态。"①构建人类命运共同体是中国式现代化的本质要求之一。

(一)中国式现代化的世界视野与构建人类命运共同体

在中国式现代化道路的探索进程中国际因素如影相随。中国社会主义建设从一开始就受到国际因素的影响。苏联作为世界社会主义的样板,成为包括中国在内的众多社会主义国家学习和效仿的对象。中国在1956年提出"把中国由一个落后的农业国变为先进的工业国"的方针就有借鉴苏联社会主义经验的因素。这一时期还制定了一系列落实这一方针的重大经济政策,包括实现社会主义工业化,使人民生活能够经常得到改善。但后来社会主义建设实践出现了偏离这一方针的情况,其中也有受到当时国际环境影响的因素。当时的中国一方面受到西方国家封锁和包围的压力,另一方面也受到来自社会主义阵营赶超热潮的激励和鼓舞,试图通过"大跃进"运动冲破西方国家对我国的封锁和包围,快速提升中国的国际地位和竞争力。②20世纪七八十年代,世界格局和时代特征发生了重大变化:第三次科技革命浪潮推动了资本主义生产力的发展,引起了资本主义国家经济结构和阶级关系的新变化,世界各国的竞争越来越集中到以科技为核心的综合国力竞争;世界人民反对霸权主义,争取世界和平的愿望迫切。为此,中国将整个国家发展转到以经济建设为中心的发展轨道上。

在中国式现代化道路的探索过程中,国际因素不仅对我们的探索产生了重要影响,而且"国际化"也成为中国式现代化道路探索的重要视角之一。

---

① 习近平:《高举中国特色社会主义伟大旗帜　为全面建设社会主义现代化国家而团结奋斗——在中国共产党第二十次全国代表大会上的报告》,人民出版社,2022年,第23~24页。

② 姚桂荣:《毛泽东对国际环境的认识与其发动"大跃进"运动的心理动因》,《当代世界与社会主义》,2012年第3期。

20世纪七八十年代,中国面向世界打开国门,积极借鉴西方国家的现代化建设取得的成果和经验,并把国际化纳入对现代化理解的重要范畴之中。此后,中国一直坚持对外开放的基本国策,将独立自主与学习借鉴结合起来,不断丰富中国式现代化道路。可以说,中国现代化之路的探索,正是在立足中国又面向世界的基础上推进的。

当前,世界视野成为中国式现代化道路探索的内在构成。当前,中国经济和世界经济更加高度关联。中国一以贯之地坚持对外开放的基本国策,构建全方位开放新格局。同时,在世界多极化、经济全球化深入发展的今天,无论是发达国家还是发展中国家,都无法超脱于世界而孤立探索发展道路,都需要将自身置于世界视野中进行审视。今天的中国已经越来越走近世界舞台中央,国际因素从外在影响因素逐渐演变为一种内在因素,面向世界的发展、与世界的协同发展,已经成为中国式现代化的内容和特色所在。如中国提出建设"一带一路",积极参与全球治理和公共产品供给等。构建人类命运共同体是中国式现代化进行世界性拓展的必然内容之一。党的二十大报告明确将推动构建人类命运共同体写入中国式现代化的本质要求:一方面,构建人类命运共同体体现了对中国式现代化的全球视野,体现了中国式现代化国际担当,体现了中国式现代化对实现世界人民美好生活理想的观照与预期;另一方面,中国式现代化也充实了构建人类命运共同体的内容,助力构建人类命运共同体进一步提升全球治理理念。

(二)中国式现代化的开放性与构建人类命运共同体

构建人类命运共同体的内容是中国式现代化道路探索过程中形成的,中国式现代化是开放和具有世界情怀的现代化,决定了构建人类命运共同体的开放性内容。

总结中国改革开放40多年的经验,我们始终坚持独立自主的和平外交政策,始终不渝走和平发展道路、奉行互利共赢的开放战略,坚定维护国际关系基本准则,维护国际公平正义。我们实现由封闭半封闭到全方位开放的历史转变,积极参与经济全球化进程,为推动人类共同发展作出了应有贡献。我们积极推动建设开放型世界经济、构建人类命运共同体,促进全球治理体系变革,旗帜鲜明反对霸权主义和强权政治,为世界和平与发展不断贡献中国智慧、中国方案、中国力量。我国日益走近世界舞台中央,成为国际社会公认的世界和平的建设者、全球发展的贡献者、国际秩序的维护者![1]总结新时代十余年的伟大变革,我们实行更加积极主动的开放战略,构建面向全球的高标准自由贸易区网络,加快推进自由贸易试验区、海南自由贸易港建设,共建"一带一路"成为深受欢迎的国际公共产品和国际合作平台。"我国成为一百四十多个国家和地区的主要贸易伙伴,货物贸易总额居世界第一,吸引外资和对外投资居世界前列,形成更大范围、更宽领域、更深层次对外开放格局。"[2]

"构建人类命运共同体,坚持开放包容,坚持互利共赢,坚持公道正义,不是以一种制度代替另一种制度,不是以一种文明代替另一种文明,而是不同社会制度、不同意识形态、不同历史文化、不同发展水平的国家在国际事务中利益共生、权利共享、责任共担。构建人类命运共同体理念,站在历史正确的一边,站在人类进步的一边,为国际关系确立新思路,为全球治理提供新智慧,为国际交往开创新格局,为美好世界描绘新愿景。"[3]人类命运共同体理念超越了集团政治的"小圈子"规则,超越了实力至上的逻辑,超越了

---

[1] 参见《习近平谈治国理政》(第三卷),外文出版社,2020年,第181页。

[2] 习近平:《高举中国特色社会主义伟大旗帜 为全面建设社会主义现代化国家而团结奋斗——在中国共产党第二十次全国代表大会上的报告》,人民出版社,2022年,第9页。

[3] 《携手构建人类命运共同体:中国的倡议与行动》,人民出版社,2023年,第9页。

少数西方国家定义的"普世价值",顺应时代潮流,倡导全球协作,推动国际秩序朝着更加公正合理的方向发展。中国提出构建人类命运共同体"五位一体"总体框架,包括伙伴关系、安全格局、发展前景、文明交流、生态体系五个方面,开创了国际交往的新格局。

(三)中国式现代化的全面性与构建人类命运共同体

中国式现代化不仅是指经济生活方面的现代化,而是涵盖了社会生活的各个方面。中国式现代化不仅观照人类社会生活,而且也是人与自然和谐共生的现代化。中国式现代化是物质文明和精神文明相协调的现代化。构建人类命运共同体的"五个世界"目标涵盖了国际社会生活的主要领域。当然,构建人类命运共同体的内容并不局限于这些领域,中国还陆续提出构建人类网络空间共同体、卫生健康共同体等。在具体的"一带一路"建设过程中更是涵盖各种合作领域。如对于中拉合作方面,习近平指出:"中国企业要尊重当地人民的文化习俗,遵守当地法律,在投资本地化、促进当地就业和社会事业发展方面担负起应有的社会责任。我们还要开展人文交流和文明互鉴,让中拉合作在物质和精神层面同步发展。"①

中国式现代化不是某个人、某个集团的现代化,中国式现代化是全体人民共同富裕的现代化。中国提出,推动建设一个持久和平、普遍安全、共同繁荣、开放包容、清洁美丽的世界,为人类未来锚定了明确的目标、描绘了清晰的图景。2015年中国推出《推动共建丝绸之路经济带和21世纪海上丝绸之路的愿景与行动》文件,指出"一带一路"的互联互通项目将推动沿线各国发展战略的对接与耦合,发掘区域内市场的潜力,促进投资和消费,创造需

---

① 习近平:《同舟共济、扬帆远航,共创中拉关系美好未来——在秘鲁国会的演讲》,《光明日报》,2016年11月23日。

求和就业,增进沿线各国人民的人文交流与文明互鉴,让各国人民相逢相知、互信互敬,共享和谐、安宁、富裕的生活。"一带一路"建设正是中国式现代化的体现,也是构建人类命运共同体的实践。

中国式现代化不仅追求结果的现代化,而且追求实现现代化的和平过程、发展的协同性、利益的相互性。党的二十大报告指出:"中国式现代化是走和平发展道路的现代化。我国不走一些国家通过战争、殖民、掠夺等方式实现现代化的老路,那种损人利己、充满血腥罪恶的老路给广大发展中国家人民带来深重苦难。我们坚定站在历史正确的一边、站在人类文明进步的一边,高举和平、发展、合作、共赢旗帜,在坚定维护世界和平与发展中谋求自身发展,又以自身发展更好维护世界和平与发展。"这个表述是对中国式现代化和平发展过程的总结。中国反复强调,"每个国家都有发展权利,同时都应该在更加广阔的层面考虑自身利益,不能以损害其他国家利益为代价"。中国也在践行"坚持协同联动,打造开放共赢的合作模式"。

二、中国和平发展战略与构建人类命运共同体

(一)中国国际战略、中国特色大国外交、构建人类命运共同体

中国和平发展战略意为"中国和平的发展战略",中国和平发展道路意为"中国的和平发展道路"。总体上来说,中国和平发展道路涵盖更为广泛,既涵盖中国和平发展战略,也涵盖中国整个发展道路。党的十七大报告指出,始终不渝走和平发展道路;中国政府和人民都将高举和平、发展、合作旗帜,奉行独立自主的和平外交政策,维护国家主权、安全、发展利益,恪守维护世界和平、促进共同发展的外交政策宗旨。这里的和平发展道路既涵盖中国整个发展道路,也涵盖中国和平发展战略,以及中国外交旗帜和外交政策宗旨。党的十八大报告指出,继续促进人类和平与发展的崇高事业;中国

将继续高举和平、发展、合作、共赢的旗帜,坚定不移致力于维护世界和平、促进共同发展。这里增加了维护世界和平与促进共同发展的内容。党的十九大报告指出,坚持和平发展道路,推动构建人类命运共同体;中国将高举和平、发展、合作、共赢的旗帜,恪守维护世界和平、促进共同发展的外交政策宗旨,坚定不移在和平共处五项原则基础上发展同各国的友好合作,推动建设相互尊重、公平正义、合作共赢的新型国际关系。这部分涵盖了上述所指出的各项含义。党的二十大报告指出,促进世界和平与发展,推动构建人类命运共同体;中国始终坚持维护世界和平、促进共同发展的外交政策宗旨,致力于推动构建人类命运共同体。至此,中国和平发展战略、中国维护和平促进发展的外交政策宗旨、构建人类命运共同体汇聚到一起。三者具有共同的内涵。

2014年习近平在中央外事工作会议上提出中国特色大国外交。习近平指出,中国必须有自己特色的大国外交,对外工作要有鲜明的中国特色、中国风格与中国气派。所谓中国特色大国外交,就是要塑造中国作为一个大国所应有的外交体系和外交能力,这也是进入新时代日益崛起的中国对自身地位和身份、利益与目标、战略和政策,以及应有国际角色的准确判断和应有表达。同时,中国与世界的关系也在发生历史性变化。中国对世界的影响,从未像今天这样全面、深刻、长远,国际社会期待听到中国声音,看到中国方案。"进入新时代,中国高举和平、发展、合作、共赢的旗帜,全面推进中国特色大国外交,形成全方位、多层次、立体化的外交布局。"[1]在中国和平发展战略、中国特色大国外交、构建人类命运共同体三者关系中,中国特色大国外交坚持了中国维护和平促进发展的外交政策宗旨,承载了中国和

---

① 《携手构建人类命运共同体:中国的倡议与行动》,人民出版社,2023年,第21页。

平发展战略,涵盖了构建人类命运共同体。概括来说,中国和平发展战略和中国特色大国外交涵盖构建人类命运共同体内容,中国和平发展战略和中国特色大国外交引领人类命运共同体的构建。

(二)中国和平发展战略引领构建人类命运共同体方向

中国和平发展战略的选择,是基于中国国情的必然选择,是基于中国历史文化传统的必然选择,是基于当今世界发展潮流的必然选择。中国"坚守和平、发展、公平、正义、民主、自由的全人类共同价值,坚持共商共建共享的全球治理观,坚定不移走和平发展、开放发展、合作发展、共同发展道路"。历史告诉我们,一个国家要发展繁荣,必须把握和顺应世界发展大势,反之必然会被历史抛弃。当今世界的潮流是和平、发展、合作、共赢,殖民主义、霸权主义的老路不仅走不通,而且一定会碰得头破血流,和平发展道路才是人间正道。"和平发展道路对中国有利、对世界有利,我们想不出有任何理由不坚持这条道路。中国坚持走和平发展道路,也希望其他国家共同走和平发展道路。各国只有共谋和平、共护和平、共享和平,才能实现自己的发展目标,为世界作出更大贡献。只有大家都走和平发展道路,国与国才能和平相处,构建人类命运共同体才有希望。"

(三)中国特色大国外交引领人类命运共同体构建内容

中国特色大国外交推动人类和平与发展事业:构建人类命运共同体的目标。世界需要和平,就像人需要空气一样,就像万物生长需要阳光一样。贫瘠的土地上长不成和平的大树,连天的烽火中结不出发展的硕果。要解决好各种全球性挑战,根本出路在于谋求和平、实现发展。中国走和平发展道路就是对世界和平与发展事业的贡献,中国在实现自身发展的同时,为人类和平与发展的崇高事业作出了重要贡献。中国积极参与维护世界和平与促进世界发展的实践。如2023年中国发布关于政治解决乌克兰危机的中国立场文件、发布关于解决巴以冲突的立场文件等,如中国积极开展南南合作,努力为新兴市场国家和发展中国家共同发展创造更大机遇等。

中国特色大国外交构建新型国际关系:构建人类命运共同体重要内容。中国坚持在和平共处五项原则基础上同各国发展友好合作。促进大国协调和良性互动,推动构建和平共处、总体稳定、均衡发展的大国关系格局。坚持亲诚惠容和与邻为善、以邻为伴周边外交方针,深化同周边国家友好互信和利益融合。秉持真实亲诚理念和正确义利观加强同发展中国家团结合作,维护发展中国家共同利益。新型国际关系之所以新,在于走出了一条国与国交往的新道路,开辟了不同文明、不同制度国家和平共处、共同发展的世界历史新篇章。构建新型国际关系,应秉持相互尊重、公平正义、合作共赢原则。相互尊重,就是坚持以诚待人,平等相待,反对强权政治和霸凌主义。公平正义,就是各国应摒弃单纯的物质主义取向和竞争至上法则,确保不同的国家都能获得平等的发展权利和机会。合作共赢,就是各国应摒弃一味谋求自身更大利益的理念,在追求本国利益时兼顾各国合理关切,在谋求本国发展时促进各国共同发展。构建新型国际关系的基础在于深化拓展平等、开放、合作的全球伙伴关系。中国推动构建新型国际关系为构建人类命运共同体创造了条件。大国是构建新型国际关系的关键因素。大国之大,不在于体量大、块头大、拳头大,而在于胸襟大、格局大、担当大。大国要以人类前途命运为要,对世界和平与发展担负更大责任,而不是依仗实力对地区和国际事务谋求垄断。大国要加强协调和合作,尊重彼此核心利益和重大关切,坚持换位思考和相互理解,对小国要平等相待。通过构建人类命运共同体,新兴大国和守成大国才能避免跌入"修昔底德陷阱",找到相互尊重、和平共处、合作共赢的正确相处之道,实现不同文明、不同社会制度国家求同存异、共同发展。

中国特色大国外交推动新型经济全球化,这是构建人类命运共同体的紧迫要求。经济全球化是世界经济发展的必然趋势,契合各国人民要发展、要合作的时代潮流。历史上的经济全球化,促成了贸易大繁荣、投资大便利、人员大流动、技术大发展,为世界经济发展作出了重要贡献。经济全球化是人类命运与共的客观基础。同时,目前经济全球化带来的问题和弊端,也呼唤全人类共同应对。目前的经济全球化模式,有的方面难以反映广大发展中国家呼声、体现广大发展中国家利益,造成富者愈富、贫者愈贫,发达国家与发展中国家及发达国家内部的贫富差距越拉越大。面对这种情况,有个别国家把内部治理问题归咎于其他国家,动辄采取单边主义、保护主义、霸凌主义,破坏全球产业链、价值链、供应链、消费链,导致现有国际贸易秩序紊乱甚至冲突。

世界迫切需要推动新型全球化。推动新型经济全球化,也是构建人类命运共同体的必然要求。各国应该坚持开放的政策取向,旗帜鲜明地反对保护主义,反对"筑墙设垒",反对单边制裁、极限施压,推动各国经济联动融通,共同建设开放型世界经济。各国应该推动构建公正、合理、透明的国际经贸规则体系,推进贸易和投资自由化、便利化,促进全球经济进一步开放、交流、融合,推动形成开放、包容、普惠、平衡、共赢的经济全球化,让各国人民共享经济全球化和世界经济增长成果。开放应是双向奔赴,不能是单行道,不能一边要求别的国家开放,一边关闭自己的大门。一些国家总想对中国实行"脱钩断链",构筑"小院高墙",最终只会反噬自身。一些人炒作要"降依赖""去风险",这样的做法实质是制造新的风险。防风险和合作不是对立的,不合作才是最大的风险,不发展才是最大的不安全。如果以"去风险""降依赖"之名行"去中国化"之实,就是在去机遇、去合作、去稳定、去发展。

中国特色大国外交践行真正的多边主义,引领人类命运共同体构建原则。"小圈子的多边主义"是集团政治,"本国优先的多边主义"是单边思维,"有选择的多边主义"是双重标准。中国摒弃"本国优先的多边主义""有选择的多边主义",践行真正的多边主义。中国反对一切形式的单边主义,反对搞针对特定国家的阵营化和排他性"小圈子",反对打着所谓"规则"旗号破坏国际秩序、制造"新冷战"和意识形态对抗的行径。"历史昭示我们,恪守多边主义,追求公平正义,战乱冲突可以避免;搞单边主义、强权政治,纷争对抗将愈演愈烈。如果无视规则和法治,继续大搞单边霸凌、'退群毁约',不仅违背世界人民普遍愿望,也是对各国正当权利和尊严的践踏。"中国愿同各国秉持共商、共建、共享理念,探索合作思路,创新合作模式,不断丰富新形势下多边主义实践。中国始终坚定维护联合国宪章宗旨和原则,坚定维护联合国权威和地位。当今世界发生的各种对抗和不公,不是因为联合国宪章宗旨和原则过时了,而恰恰是由于这些宗旨和原则未能得到有效履行。中国坚持世界只有一个体系,就是以联合国为核心的国际体系;只有一个秩序,就是以国际法为基础的国际秩序;只有一套规则,就是以联合国宪章宗旨和原则为基础的国际关系基本准则。"推动构建人类命运共同体,需要一个强有力的联合国……对联合国,世界各国都应该秉持尊重的态度,爱护好、守护好这个大家庭,决不能合则利用、不合则弃之,让联合国在促进人类和平与发展的崇高事业中发挥更为积极的作用。"

概括来说,中国和平发展战略和中国特色大国外交涵盖构建人类命运共同体内容,但构建人类命运共同体也让中国的"对外"视角有了更广阔的"世界"视角,表达了中国"面向世界"的政策主张;中国和平发展战略和中国特色大国外交引领人类命运共同体的构建,但人类命运共同体的构建又推进中国和平发展战略和中国特色大国外交的历史进程。

三、"一带一路"建设与构建人类命运共同体

(一)"一带一路"建设:构建人类命运共同体理念实践

习近平指出,"一带一路"建设就是要实践人类命运共同体理念。共建"一带一路"是构建人类命运共同体的生动实践,是中国为世界提供的广受欢迎的国际公共产品和国际合作平台。共建"一带一路"以互联互通为主线,同各国加强政策沟通、设施联通、贸易畅通、资金融通、民心相通,为世界经济增长注入新动能,为全球发展开辟新空间,为国际经济合作打造新平台。习近平指出:共建"一带一路"已成为有关各国实现共同发展的巨大合作平台。涓涓细流汇成大海,点点星光点亮银河。只要各方树立人类命运共同体理念,一起来规划,一起来实践,一点一滴坚持努力,日积月累不懈奋斗,构建人类命运共同体的目标就一定能够实现。①

(二)"一带一路"建设成果与构建人类命运共同体进程

在"一带一路"建设推动下,推动构建了地区和双边层面的命运共同体、具体领域的命运共同体等。中非命运共同体是最早提出的区域命运共同体,坚持真诚友好、平等相待,义利相兼、以义为先,发展为民、务实高效,开放包容、兼收并蓄,成为中国与地区国家构建命运共同体的典范。中阿、中拉、中国-太平洋岛国等命运共同体建设蹄疾步稳,成为发展中国家团结合作、携手共进的生动写照。周边命运共同体不断落地生根,中国-东盟命运共同体建设持续推进,中国-东盟合作在东亚区域合作中最富成果、最具活

---

① 习近平:《携手建设更加美好的世界——在中国共产党与世界政党高层对话会上的主旨讲话》,人民出版社,2017年,第4页。

力、最有实质内容,双方政治互信不断提高,高层往来频密,建立了近50个领域和机构的对话合作机制。澜沧江-湄公河国家命运共同体建设不断取得新进展。上海合作组织命运共同体成果丰硕,中国-中亚命运共同体建设迈出坚实步伐,成功召开首届中国-中亚峰会,成立中国-中亚元首会晤机制,为地区和世界持久和平、共同繁荣作出积极贡献。在双边层面,中国正在同越来越多的友好伙伴构建不同形式的命运共同体。中国同老挝、柬埔寨、缅甸、印度尼西亚、泰国、马来西亚、巴基斯坦、蒙古国、古巴、南非等国家就构建双边命运共同体发表行动计划、联合声明或达成重要共识,同中亚五国双边层面践行人类命运共同体全覆盖,理念更加深入人心,实践成果喷涌而出,实实在在地推动了当地发展建设,促进了民生福祉。

(三)"一带一路"高质量发展与人类命运共同体构建深化

"一带一路"建设从2013年提出到2023年合作,从亚欧大陆延伸到非洲和拉美,150多个国家、30多个国际组织签署共建"一带一路"合作文件,成立了20多个专业领域多边合作平台。2023年中国提出推动共建"一带一路"进入高质量发展的新阶段。

中国提出支持高质量共建"一带一路"的八项行动:①构建"一带一路"立体互联互通网络。中方将加快推进中欧班列高质量发展,参与跨里海国际运输走廊建设,办好中欧班列国际合作论坛,会同各方搭建以铁路、公路直达运输为支撑的亚欧大陆物流新通道。积极推进"丝路海运"港航贸一体化发展,加快陆海新通道、空中丝绸之路建设。②支持建设开放型世界经济。中方将创建"丝路电商"合作先行区,同更多国家商签自由贸易协定、投资保护协定。全面取消制造业领域外资准入限制措施。主动对照国际高标准经贸规则,深入推进跨境服务贸易和投资高水平开放,扩大数字产品等市场准入,深化国有企业、数字经济、知识产权、政府采购等领域改革。中方将每年举办"全球数字贸易博览会"。未来5年(2024—2028年),中国货物贸易、服务贸易进出口额有望累计超过32万亿美元、5万亿美元。③开展务实合作。中方将统筹推进标志性工程和"小而美"民生项目。中国国家开发银行、中国进出口银行将各设立3500亿元人民币融资窗口,丝路基金新增资金800亿元人民币,以市场化、商业化方式支持共建"一带一路"项目。本届高峰论坛期间举行的企业家大会达成了972亿美元的项目合作协议。中方还将实施1000个小型民生援助项目,通过鲁班工坊等推进中外职业教育合作,并同各方加强对共建"一带一路"项目和人员安全保障。④促进绿色发展。中方将持续深化绿色基建、绿色能源、绿色交通等领域合作,加大对"一带一路"绿色发展国际联盟的支持,继续举办"一带一路"绿色创新大会,建设光伏产业对话交流机制和绿色低碳专家网络。落实"一带一路"绿色投资原则,到2030年为伙伴国开展10万人次培训。⑤推动科技创新。中方将继续实施"一带一路"科技创新行动计划,举办首届"一带一路"科技交流大会,未来5年把同各方共建的联合实验室扩大到100家,支持各国青年科学家来华短期工作。中方将在本届论坛上提出全球人工智能治理倡议,愿同各国加强交流和对话,共同促进全球人工智能健康有序安全发展。⑥支持民间交往。中方将举办"良渚论坛",深化同共建"一带一路"国家的文明对话。在已经成立丝绸之路国际剧院、艺术节、博物馆、美术馆、图书馆联盟的基础上,成立丝绸之路旅游城市联盟。继续实施"丝绸之路"中国政府奖学金项目。⑦建设廉洁之路。中方将会同合作伙伴发布《"一带一路"廉洁建设成效与展望》,推出《"一带一路"廉洁建设高级原则》,建立"一带一路"企业廉洁合规评价体系,同国际组织合作开展"一带一路"廉洁研究和培训。⑧完善"一带一路"国际合作机制。中方将同共建"一带一路"各国加强能源、税收、金融、绿色发展、减灾、反腐败、智库、媒体、文化等领域的多边合作平台建设。继续举办"一带一路"国际合作高峰论坛,并成立高峰论坛秘书处。

　　中国提出的支持高质量共建"一带一路"的八项行动涵盖比较广泛，从数量到质量、从内容到机制、从立体到多层次，都进一步深化了"一带一路"的国际合作。这种国际合作的深化也必将推动人类命运共同体进一步构建。

第六章　构建人类命运共同体与中国特色社会主义世界意义

　　中国特色社会主义引领人类命运共同体构建过程,构建人类命运共同体彰显社会主义本质的世界性、社会主义世界历史意义的时代性、中国特色社会主义的世界意义,推动21世纪马克思主义的发展。

一、构建人类命运共同体与社会主义本质的世界性实现

　　社会主义本质问题,不仅关系着"什么是社会主义的问题",更关系着"怎样建设社会主义的问题"。自马克思主义诞生以来,关于"社会主义本质"的问题就不断被深化认识。列宁曾讲过,社会主义在发展过程中,特别是遭遇挫折和困难时期,"什么是社会主义"的问题就会一而再、再而三地被提出来。正是对于"什么是社会主义、社会主义本质是什么"的认识不同,形成了中国不同于其他社会主义国家的建设道路。在这一基本问题基础上,"建设什么样的党、怎样建设党"的问题、"实现什么样的发展、怎样发展"的问题也得到探索和推进。

(一)从根本制度到社会生活:社会主义本质国家性实现

　　列宁是第一个领导社会主义建设的伟大实践者。对于"什么是社会主

义"，列宁最初秉承"一切生产资料公有制"的原则推行战时共产主义政策。这一政策推行后，不仅影响了生产力的发展，还带来了苏维埃政权的政治危机。对此列宁说："用无产阶级国家直接下命令的办法在一个小农国家里按共产主义原则来调整国家的产品生产和分配。现实生活说明我们错了。"后来实行新经济政策。这一政策推行后，恢复和发展了经济，巩固了工农联盟和苏维埃政权。列宁晚年总结："我们对社会主义的整个看法根本改变了。"正是超越了"社会主义本质实现等于社会主义制度实现"的认识，列宁将马克思主义基本原理与苏联建设实际结合，推动了苏联的社会主义建设，也推动了马克思主义在苏联的发展。

邓小平领导中国进行社会主义建设，一再强调要坚定不移地坚持社会主义的方向、道路和基本制度。同时，他又尖锐而明确地指出要把"什么是社会主义"的问题搞清楚。"什么是社会主义"成为邓小平在领导改革开放和社会主义现代化建设的过程中，不断提出和反复思考的首要理论问题。邓小平说："我们马克思主义者过去闹革命，就是为社会主义、共产主义崇高理想而奋斗。现在我们搞经济改革，仍然要坚持社会主义道路，坚持共产主义的远大理想，年轻一代尤其要懂得这一点。但问题是什么是社会主义，如何建设社会主义。我们的经验教训有许多条，最重要的一条，就是要搞清楚这个问题。"[①]"什么是社会主义"这一问题，不单纯是一个理论问题，更是一个实践问题。正如中国特色社会主义本身，不单纯是一个理论推导的过程，不单纯是一个理论体系，还是一个实践探索的过程，一个应对问题的政策体系。所以，对于"什么是社会主义、怎么建设社会主义"这一问题的解答，不能单纯从一般的定义角度出发作出解释，试图找出普遍适用的公式，而是要围绕解决中国的具体实际问题。正如1992年邓小平在南方谈话中说道："计

---

① 《邓小平文选》(第三卷)，人民出版社，1993年，第116页。

划多一点还是市场多一点,不是社会主义与资本主义的本质区别。计划经济不等于社会主义,资本主义也有计划;市场经济不等于资本主义,社会主义也有市场。计划和市场都是经济手段。社会主义的本质,是解放生产力,发展生产力,消灭剥削,消除两极分化,最终达到共同富裕。"①正是在对社会主义本质的深刻认识基础上,中国特色社会主义建设进入新阶段。在这个过程中,社会主义本质的实现,不仅体现在社会主义制度层面,而且体现在具体的国家和社会生活之中。

(二)构建人类命运共同体:社会主义本质世界性实现

社会主义本质的世界性实现是一个新课题。当今时代,中国承载着世界社会主义的希望。世界社会主义成败看中国。随着中国综合国力的增强、国际地位的提升、国际作用的发挥、国际性影响的扩大,中国特色社会主义的世界意义也进一步显现。一些西方左翼人士称,中共致力于探索符合时代要求、契合本国实际的社会主义道路并取得了成功,其意义绝不仅限于一国范围,将在世界范围内对所有为社会主义进行努力的共产党产生重大影响和鼓舞作用。中国在国际共运中发挥着"指明灯"作用,是世界社会主义复兴的希望所在。②自国际金融危机以来,西方对危机的分析和批判,越来越指向对整个西方世界秩序和资本主义的批判。在这种情况下西方世界迫切需要中国提供应对危机的方案,甚至认为要想克服西方制度失灵、财政紧缩、贫富差距日益加剧等"新自由主义"弊病,都需要从中国的发展经验中寻找解药和良方。美国学者阿里夫·得里克提出,中国特色社会主义具有一种内在超越资本主义的视界,并具有避免回到资本主义的特质;中国特色社

---

① 《邓小平文选》(第三卷),人民出版社,1993年,第373页。

② 陈扬勇:《深刻理解中国特色社会主义进入新时代的重大意义》,《光明日报》,2017年12月13日。

会主义的理论价值,不仅在于它目前在全球经济中的重要性,而且在于它正努力为资本主义世界体系提供一种替代经验。[①]从这个意义上说,社会主义的世界性特征的凸显和当今时代社会主义的国际性成长,要求我们必须深化对社会主义本质的认识,即深化对社会主义本质世界性内涵的认识。社会主义的本质是解放生产力,发展生产力,消灭剥削,消除两极分化,最终达到共同富裕。在新的时代,需要拓展社会主义本质世界性内涵:促进世界生产力发展,遏制资本的世界泛滥,消灭剥削,消除两极分化,最终达到共同富裕。

促进世界生产力发展,就存在一个要"利用和限制世界资本"的问题。"利用和限制世界资本",这是列宁所处时代的重要课题。资本一方面通过竞争追求剩余价值推动经济发展,另一方面却又造成现代社会的矛盾和冲突。在自由资本主义阶段,资本在一国发展,引发一国范围的经济危机、社会矛盾和冲突。但当资本向外拓展时则引发世界范围的经济危机、社会矛盾和冲突。列宁对于世界范围利用和限制资本有相关思考。首先,列宁对资本主义取代封建主义的赞扬态度是明确的,对资本发展到垄断阶段之后的批判态度也是明确的。但是列宁并没有就此认为非西方国家必然绝对地要进入资本主义历史,也没有绝对地反对利用资本。列宁主张民族自决,主张利用资本的积极作用,强调把重点放在人民国家的建设上。即国家是站在资本一边,还是站在人民一边,这才是关键。在这个基础上,我们才能真正理解列宁主张与资本主义"和平共处"、不与具体国家对抗、维护世界和平的真正意义。事实上,我们只有在这个高度上理解"民族自决""利用资本""和平共处",才能深刻理解列宁高超的辩证思维和对国际形势灵活而深刻

① 陈扬勇:《深刻理解中国特色社会主义进入新时代的重大意义》,《光明日报》,2017年12月13日。

的把握。

当今时代,资本主义世界政治经济发展呈现新的不平衡态势,资本主义世界的整体危机比以往时代更加鲜明,当今世界的经济危机根源依然是资本的国际垄断。利用和限制资本仍是我们这个时代的重要课题,只不过我们需要从更宏大的角度审视这个问题。一方面,现今资产阶级国家已经与资本形成"绑架"关系,甚至国家已经成为资本的附庸;现今民族国家主权正在被侵蚀,各类国家都已经无法单独形成限制资本的力量。另一方面,国家主权、领土和公民认同等已经跨越传统的民族国家疆界,区域一体化、国际社会性、世界共同性正在生成。

面对这样的世界发展现实:一方面要应对国家主权的弱化,发挥国际社会的力量联合限制世界资本;另一方面要借助国家主权的弱化态势,利用无疆界的时代机遇推进资本对世界生产力的促进作用。只有在此基础上,现实社会主义国家的国际作为才是社会主义的,现实社会主义国家维护与资本主义世界的和平共处才是有意义的,现实社会主义国家参与国际秩序的作为才是有方向的,现实社会主义国家与世界其他国家的共同发展才具有国际主义意义。也只有在此基础上,世界性危机才能从根本上得到解决。

中国提出"一带一路"建设、"构建人类命运共同体"倡议,正是起到了这样的作用:通过国际合作,促进全球生产力的发展,通过倡导构建国际新秩序,遏制国际资本的扩张,消除全球范围的两极分化,最终达到人类共同繁荣。也就是说,构建人类命运共同体推动了社会主义从国际性向世界性的发展,社会主义的世界性发展引领构建人类命运共同体的方向。"构建人类命运共同体,是世界社会主义发展的新方向。"[①]

---

① 李文:《构建人类命运共同体:世界社会主义发展的新方向》,中国社会科学网,2019年3月18日,http://www.cssn.cn/gjgxx/gj_ttxw/201903/t20190318_4849188.shtml。

二、构建人类命运共同体与社会主义世界历史意义的时代彰显

(一)社会主义世界历史意义:从马恩时代到当今时代

在马恩的理论设想中,共产主义、"自由人联合体"、人类解放的实现是一种"世界性"的实现,但现实社会主义走的却是"国际性"路径,即社会主义在落后国家首先建成,然后经过从一国到多国的历程,世界范围的社会主义逐步得到推进。而且社会主义在有些国家的发展还经历了曲折和失败。但社会主义内在的世界历史向度的内涵是明确的。马克思认为世界历史分为前世界历史、世界历史的形成、世界历史的完成三个阶段,共产主义标志着世界历史进入了完成阶段,"世界历史共同体"是世界历史的终极目的。在这一历史进程中,资本主义私有制的生产方式不能成为推动世界历史共同体形成的基础,世界历史共同体的实现必然以公有制为基础,通过社会主义消灭剥削、消除各个民族国家被资本逻辑奴役的现象、消除各个民族国家之间的冲突,从而走向世界历史,走向世界历史共同体。

在当今时代,随着科技进步、社会分工和国际分工的不断深化,世界各国、各地区的经济活动越来越超出某一国家和地区范围,不同国家、不同民族的交往越来越密切。这种世界性联系的加强,促使国际生产体系的社会化程度不断提高,从而世界历史共同体形成的客观基础越来越增强,有利于社会主义从"国际性"向"世界性"发展,有利于社会主义的世界历史意义在当今时代得到彰显。

(二)构建人类命运共同体:社会主义世界历史意义的当代彰显

构建人类命运共同体与马克思世界历史实现、"世界历史共同体"具有内在统一性,构建人类命运共同体有利于社会主义世界历史意义的当代

彰显。

构建人类命运共同体与马克思世界历史实现、"世界历史共同体"具有逻辑上的统一性。中国特色社会主义是马克思主义基本原理与中国具体实际相结合的产物,这一结合过程中的辩证关系也适用于理解构建人类命运共同体与马克思世界历史实现、"世界历史共同体"之间的关系。正如"构建人类命运共同体"与马克思主义之间,不可简单分割,也不可简单挂钩。如果将"构建人类命运共同体"同马克思主义、科学社会主义切割,是无以发展21世纪马克思主义的;如果我们把"人类命运共同体"简单地与"自由人联合体"等理想挂钩,则会陷入教条主义或实用主义。①

构建人类命运共同体与马克思世界历史实现、"世界历史共同体"具有历史的统一性,这种统一性孕于中国特色社会主义实践之中。中国特色社会主义实践的发展,中国坚持社会主义制度,中国坚持社会主义道路,就是为世界社会主义发展注入中国力量。从积极融入国际交往体系到呼吁建立公正合理的国际秩序,从参与各种国际合作计划到积极落实联合国可持续发展议程,从积极参与全球治理到提出全球治理的中国方案……既体现了中国对于构建人类命运共同体的推动,也体现了社会主义对于世界历史实现、"世界历史共同体"进程的推动。

中国共产党的领导是中国特色社会主义最本质的特征,中国共产党人是中国特色社会主义的开创者、实践者、领导者、推动者。同时,中国共产党拥有世界情怀,中国共产党是为中国人民谋幸福的党,也是为人类进步事业而奋斗的党。"坚持胸怀天下,是中国共产党百年奋斗积累的宝贵历史经验之一。100多年来,中国共产党既为中国人民谋幸福、为中华民族谋复兴,也

---

① 陈锡喜:《"人类命运共同体"视域下中国道路世界意义的再审视》,《毛泽东邓小平理论研究》,2017年第2期。

为人类谋进步、为世界谋大同,带领中国人民走出了中国式现代化道路,创造了人类文明新形态,为构建人类命运共同体奠定了坚实基础、探索了历史规律、开辟了广阔道路。"①中国共产党将一如既往地为世界和平安宁作贡献,积极参与全球治理体系改革和建设,推动国际政治经济秩序朝着更加公正合理的方向发展;一如既往地为世界共同发展作贡献,为世界创造更多合作机会,努力推动世界各国共同发展繁荣;一如既往地为世界文明交流互鉴作贡献,愿同世界各国政党加强往来,分享治党治国经验,开展文明交流对话,增进彼此战略信任,同世界各国人民一道,推动构建人类命运共同体。②

三、构建人类命运共同体与中国式现代化世界意义的落实

(一)中国式现代化的世界意义

中国式现代化为人类现代化开辟方向。从全球范围来看,现代化经历了三次大的浪潮:以18世纪后期英国工业革命为发端蔓延至西欧和北美;19世纪后期俄国、德国和日本力图通过现代化进入世界强国序列;20世纪中叶以亚洲新兴工业化经济体为代表的国家和地区,在获得民族独立以后通过现代化实现了经济繁荣。③20世纪之前的西方国家现代化,大多经历了战争、殖民,是建立在对别国的掠夺基础上的。中国式现代化有不同于历史上现代化的内涵:中国式现代化是人口规模巨大基础上实现的现代化,是全体人民共同富裕的现代化,是物质文明和精神文明相协调的现代化,是人与自

---

① 《携手构建人类命运共同体:中国的倡议与行动》,人民出版社,2023年,第19页。

② 习近平:《携手建设更加美好的世界——在中国共产党与世界政党高层对话会上的主旨讲话》,人民出版社,2017年,第8~11页。

③ 贾秀莲:《中国式现代化道路的实践历程与历史启示》,《社会主义论坛》,2022年第2期。

然和谐共生的现代化,是走和平发展道路的现代化。中国式现代化是通过和平发展方式实现的现代化:中国走的不是通过战争、殖民、掠夺等方式实现现代化的老路,"我国不走一些国家通过战争、殖民、掠夺等方式实现现代化的老路,那种损人利己、充满血腥罪恶的老路给广大发展中国家人民带来深重苦难。我们坚定站在历史正确的一边、站在人类文明进步的一边,高举和平、发展、合作、共赢旗帜,在坚定维护世界和平与发展中谋求自身发展,又以自身发展更好维护世界和平与发展"[①]。

中国式现代化为发展中国家提供道路选择。中国式现代化道路,不仅是一条经济文化落后国家建设社会主义的道路,也是一条后发国家实现现代化的道路。它拓展了世界上发展中国家走向现代化的途径,为那些既希望加快发展又希望保持自身独立性的国家和民族提供了一种选择和启示。世界上没有统一的走向现代化的标准之路。道路的选择不能脱离特定的社会政治条件和历史文化传统,也不能生搬硬套外来模式。我们有义务和责任宣介中国故事、中国经验,但一个国家到底采取什么样的发展道路,最终还要靠该国人民自己去探索和选择。中国不会输入别国的制度,也不会输出自己的制度;中国讲制度自信,并不是要去否定别国基于自己历史和国情选择的制度,而是强调不同制度体系应该相互尊重,在交流互鉴中共同发展。

中国式现代化对现代工业文明具有反思、批判和超越意义。西方工业文明的内在矛盾,不可避免地引发阶级分裂、贫富分化、人的异化、价值冲突和社会对抗等各种危机。当今时代,这种危机已经普遍存在于西方现实社会生活很多领域。人类现代化的道路不会"终结"于这种充满矛盾和危机的

---

① 习近平:《高举中国特色社会主义伟大旗帜　为全面建设社会主义现代化国家而团结奋斗——在中国共产党第二十次全国代表大会上的报告》,人民出版社,2022年,第23页。

西方模式上，而是要在深刻反思基础上，超越这种模式，探索新的模式。中国式现代化开创了不同于西方的新时代具有东方特色的文明形态，"形成对西方工业文明的话语霸权或统治地位的超越"[①]。

(二)构建人类命运共同体：中国式现代化世界意义的落实

构建人类命运共同体与中国式现代化遵循的和平发展道路是一致的。"从更宽广的世界历史视野看，和平发展道路归结起来就是：既通过维护世界和平发展自己，又通过自身发展维护世界和平；在强调依靠自身力量和改革创新实现发展的同时，坚持对外开放，学习借鉴别国长处；顺应经济全球化发展潮流，寻求与各国互利共赢和共同发展；同国际社会一道努力，推动建设持久和平、共同繁荣的和谐世界。这条道路最鲜明的特征是科学发展、自主发展、开放发展、和平发展、合作发展、共同发展。"[②]构建人类命运共同体是以中国自身的发展为基础的，如果没有中国自身的发展，中国推进构建人类命运共同体就是一句空话。推动构建人类命运共同体，有利于中国式现代化的和平发展道路更加坚实。

构建人类命运共同体的共同发展、共同繁荣目标与中国式现代化的目标是同向同行的。中国式现代化所追求的共同富裕，不仅是中国追求的目标，也是全人类所共同期待的愿景。中国式现代化所倡导的共同富裕是全体人民共同富裕，是人民群众物质生活和精神生活的富裕，不是少数人的富裕，也不是整齐划一的平均主义。追溯历史，人类自产生以来，一方面在追求财富，另一方面在追求公平的实现。中国式现代化所倡导的共同富裕把这两者结合在了一起。有观点认为二者不能兼顾，实际并非如此。历史和

---

① 赵辉辉：《中国式现代化的世界历史意义》，《光明日报》，2022年5月23日。
② 《中国的和平发展》，人民出版社，2011年，第3页。

现实都已经证明,一个非常不平等的社会是没有效率可言的,而一个比较平等的社会,其效率会更加理想。①推动构建人类命运共同体,有利于中国式现代化目标的拓展,有利于把以人民为中心的发展理念进一步带到世界。

　　构建人类命运共同体与中国式现代化的理念、原则、价值追求等契合。构建人类命运共同体、"一带一路"建设、全球发展倡议等遵循了中国式现代化的理念和原则;同时,构建人类命运共同体也是推动中国式现代化的理念和原则在世界范围落实。中国式现代化承载了和平、发展、公平、正义、民主、自由的全人类的共同价值。这些价值是联合国坚持的崇高价值,也是世界各国人民都孜孜追求的价值。在世界范围,虽然由于历史传统和现实国情不同,各个国家的现代化道路有所不同,但各国人民对全人类共同价值的追求、期盼是一样的。构建人类命运共同体主张在与不同文明的交流与对话中推进世界的共同发展,推进人类文明才能顺利地向更高层次迈进。

　　总之,中国特色社会主义引领构建人类命运共同体的方向,构建人类命运共同体也是对中国特色社会主义的丰富和发展,推动构建人类命运共同体也是推动中国特色社会主义的历史进程。

---

　　①　郑永年:《以构建人类命运共同体提升全球治理》,中国社会科学网,2022年1月4日。

第 三 编

第七章 "建设持久和平世界"与和平共同体理论构建

构建人类命运共同体具体领域共同体的构建实践是有差异的。在全球发展领域，有构建发展共同体的倡议且有"一带一路"落地实施，但现实构建依然以同一经济体内部为主，不同经济体之间的合作依然有待推进。在全球安全领域，有构建区域安全共同体倡议和全球安全倡议，但并无安全机制的推动实践。另外，有构建全球生态体系的倡议，有推进世界多样化的倡议，有和平的倡议和政策主张。无论上述具体构建实践程度如何，我们侧重的是理论研究，以期理论研究对未来的构建实践起到先导作用。

构建人类命运共同体首要的内容是国际关系方面的。构建人类命运共同体的国际关系目标是"建设持久和平世界"。相对于其他领域的目标而言，"建设持久和平世界"提出比较早，甚至早于构建人类命运共同体的提出。本章不侧重阐述单一"建设持久和平世界"提出和发展过程，而是侧重阐述构建人类命运共同体视域下"建设持久和平世界"相关内容。

一、"建设持久和平世界"的提出

当今"建设持久和平世界"的提出，具有鲜明的时代背景。不同于以往，当前世界和平面临的威胁和推动世界和平机遇两方面都呈现很强的发展态势,而且处于一种并存的态势。

(一)当今世界面临的和平威胁

当今世界正处于国际格局转换时期,各种力量之间的分化和组合更为频繁,各种力量的较量也更为激烈,世界发展充满不确定性。在国际舞台上,国际格局经历过多次转换:威斯特伐利亚体系下混乱的多极、凡尔赛-华盛顿体系脆弱的多极、雅尔塔体系两极的对峙及冷战后不断深化的多极格局在历史舞台上悉数登场。国际格局的转换方式,除了冷战格局是以一方坍塌的和平方式解体的之外,其他时期的格局转换都是以战争方式进行的。当前的国际格局处于两极格局瓦解、新格局尚未形成的阶段。在这个背景下,大国之间的竞争更为激烈,局部冲突与地区动荡等较比其他时期更为频发,以经济科技为中心的综合国力的竞争加剧,国际环境更为复杂,国际斗争样态更为多元,世界和平形势更为严峻。

传统危害和平的战争因素威胁依然存在,且现代战争的发展使当今世界面临的和平威胁向纵深发展。战争作为威胁世界和平最大的因素,其本身的残酷性、破坏性始终存在,同时其外在形式和手段的发展也带来对世界和平新的威胁。随着现代科技的发展、规模化战争的演化,出现了以彻底打败对手为谋划的总体战争,以及涵盖经济、贸易等多种因素在内的综合战争等。总体战争和综合战争使很多和平问题扩散到安全领域。虽然如此,实质的和平威胁并没有减退,被涵盖在"安全议题"之下的问题实质依然涉及的是世界和平问题。这使得当今世界和平面临的威胁向纵深发展。另外,"核"威胁依然是世界和平挥之不去的"阴影"。核战争乃至核事故是人类无法承受的。而且这个威胁是普遍的,无论是对于拥有核武器的国家还是没有核武器的国家来说,都是同样巨大的威胁。目前,由于"全面彻底"销毁核武器无法操作,"国际社会只能在核军控和核裁军的合作中作一些有限的努力"①。在可预期的未来时间里,人类和平将依然伴随着"核"威胁的阴影。

传统导致主权国家之间冲突的因素,与意识形态因素、非传统威胁因素交织在一起,世界和平的问题变得更为复杂。当今世界,传统导致主权国家之间战争与冲突的主要因素,如民族问题、宗教问题、领土争端等,并没有退出历史舞台,依然是威胁世界一些地区和平的主要因素。同时,第二次世界大战后以不同意识形态为界限的不同集团之间的对抗思维和对抗态势,在今天也依旧存在。同时,当今世界还出现一些新的和平威胁因素。在全球化迅猛发展的今天,世界各国联系和交往日益紧密,各种要素更便捷地在全球范围流动和配置。随之全球范围的贫富分化也日益加剧,并出现一些新的不公正不平等现象,导致一些新的纷争出现。这些问题叠加在原有的问题之上,使既有的对抗性矛盾更突出、更尖锐、更难以从单一角度解决。由此,当今世界和平面临的威胁因素比以往时期更为多样、交织和复杂。

总之,人类"正处在一个挑战层出不穷、风险日益增多的时代。世界经济增长乏力,金融危机阴云不散,发展鸿沟日益突出,兵戎相见时有发生,冷战思维和强权政治阴魂不散,恐怖主义、难民危机、重大传染性疾病、气候变化等非传统安全威胁持续蔓延"②。

(二)当今世界面临的和平机遇

当今世界在面临严峻的和平威胁的同时,维护世界和平的力量也在增长,促进和平的因素在增多,人们对于维护和平、推进和平进程的努力更积极主动。二战后并没有发生世界性战争,世界总体和平。正是这种有利于世界和平的一面,为构建人类命运共同体提出建设持久和平世界的目标提

---

① 李少军:《国际政治学概论》,上海人民出版社,2019年。
② 《习近平谈治国理政》(第二卷),外文出版社,2017年,第538页。

供了客观基础。

第一，经济全球化的加速发展，世界各国相互依赖增强，国际合作比以往任何时候都更加便捷。随着经济全球化的深入发展，越来越多的资本、技术、信息、人员等实现了跨国流动，国家之间已经处于一种相互依存的状态。在这种状态下，超越国家范围的共同利益增多，这是推进世界和平的现实基础。当然，超越国家范围的全球性问题也越来越多。这些共同利益的协调和全球性问题的解决，越来越呼唤全球合作，越来越呼唤全球治理。"没有哪个国家能够独自应对人类面临的各种挑战，也没有哪个国家能够退回到自我封闭的孤岛。"由此，构建人类命运共同体，推动实现世界的深度合作，已经成为一种迫切需要。

第二，世界多极化的发展态势有利于和平力量的增长。"进入21世纪，世界多极化趋势愈加明显并日益向纵深发展……科技进步推动经济全球化、社会信息化、文化多样化向纵深发展，国家间相互联系更为紧密，这些都为世界多极化深入发展提供了更为充分的物质、技术条件。"[①]世界多极化的深入发展表现为："国际力量对比正在发生深刻变化，传统西方少数大国主导的世界权力中心逐渐分散与转移"[②]；国际舞台除了单一的国家行为主体之外，还出现了更多的非国家行为主体，如跨国企业、国际组织、国际社会运动等。世界多极化是建立在多种力量相互依存又相互制约的基础上。与单极世界、两极世界相比，世界多极化更能体现国际社会追求公平正义和多边主义的价值理念，更符合广大发展中国家的利益诉求，更契合维护世界和平与发展的趋势。世界多极化的深入发展还突出表现为：新兴市场国家和发展中国家的群体性崛起，其积极参与二十国集团等国际组织，积极推动相关国

---

① 金鑫、林永亮：《共同推动世界多极化深入发展》，《人民日报》，2019年2月15日。
② 阎学通：《世界权力的转移：政治领导与战略竞争》，北京大学出版社，2015年。

际机构改革,倡导全球经济治理变革,推动全球治理朝着更加公正合理的方向发展;作为世界多极化的坚定支持者和积极推动者的中国不断发展壮大,中国一贯主张各国遵守联合国宪章的宗旨和原则,遵守公认的国际关系准则,强调国家不论大小、强弱、贫富一律平等,倡导各国的事情应由各国人民自己决定,国际规则由各国共同制定,全球事务由各国共同治理,反对一切形式的霸权主义和强权政治。总之,虽然霸权主义依然存在并不断更新自己的名义,世界多极化将是一个漫长曲折的充满复杂斗争的演变过程;但世界多极化是不以人的意志为转移的客观发展趋势,其必将在继续发展之中。世界多极化的发展,有利于遏制单极独霸世界,有利于国际关系的民主化;世界向多极化的发展,符合各国人民的利益,有利于世界的和平与发展。

第三,现有国际法、国际组织、国际会议等是维护当今世界和平秩序的重要基础。当今世界最重要的政府间国际组织是二战之后形成的联合国。联合国的宗旨是:致力于促进各国在国际安全、经济发展、社会进步、人权和世界和平方面的合作。这一组织对战后世界和平与发展的影响深远。虽然联合国在运行过程中存在一些问题,但联合国承载着各国人民对和平的殷切期望,其维和行动等是当今世界维护和平的重要方面。国际组织依然是维护世界和平与安全的重要力量。除此之外,全球各类政府间组织的数量在20世纪经历了迅速增长。二战后,非政府间的国际组织得到很大发展,对国际事务的影响也越来越大。它不仅数量还在逐渐增多,而且它涵盖的领域比较广泛,涉及文化教育、环境、经济发展、救济、人道主义救援等。而且当今很多非政府间国际组织与联合国的一些机构建立了正式关系。虽然它们不具有强制功能,但它们是推动世界和平与发展不可忽视的重要力量。正是在此基础上,国际协商、协调的平台和机制不断丰富,世界对于和平问题的调节机能随之增强。

总之,当今世界发生了前所未有的深刻变化。"全球殖民体系土崩瓦解,冷战对峙不复存在,各国相互联系、相互依存日益加深,和平、发展、合作、共赢的时代潮流滚滚向前,国际力量对比朝着有利于维护世界和平的方向发展,保持国际形势总体稳定、促进各国共同发展具备更多有利条件。"①"人类正处在大发展大变革大调整时期。世界多极化、经济全球化深入发展,社会信息化、文化多样化持续推进,新一轮科技革命和产业革命正在孕育成长,各国相互联系、相互依存,全球命运与共、休戚相关,和平力量的上升远远超过战争因素的增长,和平、发展、合作、共赢的时代潮流更加强劲。"②当今世界的和平威胁呼唤人类共同的命运加快构建,当今世界的和平机遇为构建人类命运共同体提供了基础。

二、国际关系领域的核心问题与基本问题

本书绪论部分提到,开辟具体共同体研究路线需依托具体学科进行。在具体学科或领域基础上探求逻辑起点,从而突破学理困境。具体学科的逻辑起点探求,需围绕学科核心问题探求学科基本问题,并通过对基本问题的剖析确定逻辑起点。"建设持久和平世界"的内容可归属为国际关系学科。

(一)核心问题

国际关系学科一直被认为不是一门成熟的学科。一门学科是否成熟的原因比较复杂,但没有核心问题是重要原因之一。国际关系研究只有有了核心问题,各种研究才有凝聚的方向。正如前文所言,构建人类命运共同体的"建设持久和平世界"切中国际关系研究的核心。而且"建设持久和平世

---

① 习近平:《迈向命运共同体 开创亚洲新未来——在博鳌亚洲论坛2015年年会上的主旨演讲》,《人民日报》,2015年3月29日。

② 《习近平谈治国理政》(第二卷),外文出版社,2018年,第538页。

界"的限定词语"持久""永久"从和平内涵出发,把"和平"与泛泛的"和平协议""和平倡议""和平行动"等区别开来。正如经济学科中的资源配置,并不是一般资源的配置,而是稀缺资源的配置;政治学科中的价值或利益的分配,也不是一般意义上的价值或利益的分配,而是公共权力及权威性价值与利益的分配。所以,国际关系学科的"和平"须是"持久""永久"的和平,须是人类、整个世界的和平。人类命运共同体定位了国际关系研究的核心问题:建设持久和平世界。

(二)基本问题

如果说学科的核心问题具有凝聚研究方向的作用,那么学科的基本问题则具有奠定学科研究基础的作用,关联着学科的本质问题。只有在基本问题基础上,才产生学科的基本概念,形成基本范畴和众多判断,并由此推演出不同的理论面貌。

国际关系学科本质,一度被认为是国际无政府状态。但事实上,"国际无政府状态"只是对国际社会特征的描述。正因为如此,没有形成以这一本质为基础和核心的知识体系。现实情况是,国际关系研究将"国际无政府状态"作为前提悬置,转而进入各种"有"的研究之中,以各种"有"作为知识体系的构建基础,如以"无政府状态下的主权国家"作为基础构建起现实主义国际关系理论体系,如自由制度主义虽然坚持国家是理性、单一的决策单位,但将国际制度视为影响国家行为的重要变量,并逐渐将国际制度从国际经济领域扩展到几乎所有国际关系和国家活动领域。[1]随着国际共生关系越来越多,国际关系研究中的社会视域越来越突出,即国际社会的各种"有"越来越多,进而"溢出国家之间、溢出关系范畴"的研究也越来越多,国际研

---

① 秦亚青:《国际关系理论:反思与重构》,北京大学出版社,2012年,第103页。

究已经从个体、心理到太空、生态领域,无所不包。这就倒逼国际关系研究超越无政府认识、主权国家视域,观照整个国际社会、整个世界历史,从整个世界历史角度理解的世界体系理论,从国际社会视角进行的国际宪政研究。事实上,正是在整体视角的研究基础上,"无政府状态"中关于各种"有"的研究逐渐展开:无政府状态下的等级,无政府状态下的世界体系,无政府状态下的国际社会,无政府状态下的阶级、文化、市场,无政府状态的过程建构等。这种视域不仅是对无政府视域、"主权国家"场域的扬弃,也是对"人类""世界""国际"场域的具象化展现。

构建人类命运共同体视域下"人类""世界""国际"场域的具象化,则世界和平问题越来越具体化为世界体系的和平运行、国际社会的和平秩序、国际关系的和平过程等。由此,对于世界和平问题的追问,就要深入去探求世界体系的和平运行、国际社会的和平秩序、国际关系的和平过程等问题。而要想探求国际社会体系、国际制度、国际秩序等是如何动态运行的,需要首先探求国际社会静态的结构是如何形成的,即国际社会结构的原始形成问题。国际秩序、制度、体系等的来源问题,即是国际社会"是怎么来的"的问题,可以说是我们探求如何维护世界和平问题的根源问题、基本问题。事实上,所有国际关系理论都首先需要回应这个问题,所有国际关系理论都是基于对国际社会来源的认定的基础上展开的。正是在对这一问题的不同回答的基础上,不同的国际关系理论形成了各自不同的体系。或者说,正是由于对这个问题的理解不同,形成了不同的国际关系理论流派。所以,这个问题可视为国际关系理论的基本问题。

三、和平共同体理论逻辑起点与学理展望

(一)逻辑起点

国际社会的存在和起源问题、国际社会的结构样态问题、国际社会如何形成等问题,是国际关系学科的基本问题,是所有国际关系理论要首先回应的。正是在这一问题不同认识基础上,形成不同的国际关系理论流派。概括来说西方国际关系理论对基本问题有三个认识路径:一是从国际行为体内部入手,通过探求国际行为体的特征、行为过程等揭示国际社会的来源和自主性问题。如传统现实主义认为,国际社会遵循权力支配逻辑,这实质是国家决定论;结构现实主义认为,国际社会遵循的是体系支配权力的逻辑,这实质是结构规定论;古典自由主义国际关系思想,如康德永久和平论,认为国家内部的民主制度决定国际社会的样态,这实质是国家内部制度决定论。二是通过探求行为体之间的关系过程揭示国际社会的来源和自主性问题。建构主义国际关系理论强调国际社会的形成是不同行为体之间相互作用的结果。三是主张国际社会来源具有多维性。新自由制度主义虽然立足权力逻辑,但认为国际社会的构成在于行为体之间的依赖关系,尤其霸权国是追求权力与提供公共产品两种行为结合的产物。正是从不同的起源出发即从权力、国际主体间性、国际制度和结构等出发,不同的国际关系理论形成不同的面貌。

构建人类命运共同体并不认同国际社会是国家单纯追求权力的结果,也不认同国际社会是政治投票和公共产品自然供给和运行的结果,而是认为国际社会是国际行为体外部行为选择与内部行为选择结合的产物。同时,人类命运共同体认同国家有不同类型的差异,这些类型国家与国际社会之间形成有不同的交互关系,产生不同的交互效应。由此,构建人类命运共

同体视域下的和平共同体不立足霸权国基础之上,也不立足普遍的国家行为体基础之上,而是立足秉持真正和平理念、遵循和平原则、践行和平行为的和平类型国家或国际社会力量基础之上。以和平类型国家或国际社会力量为逻辑起点,才能推演和平共同体理论。

(二)学理展望

在和平类型国家或国际社会力量的逻辑起点基础上,构建和平理论体系有如下学理路径:

首先,和平共同体逻辑推演研究。进行"和平类型"国家研究、和平文化国际认同研究、和平政治研究,以及国际和平关系结构与关系特点、国际和平公共产品、和平国际体系驱动机制、和平国际体系经验与案例等研究。

和平研究曾经是国际关系研究的一部分,后来单独成为一个领域,当前和平研究面临新的情况。人们对和平议题的关注和研究可以说由来已久,甚至自人类社会伊始人们就从未放弃过这种追求。古希腊时期有探索和平、友爱城邦的思想,近代有德国哲学家康德提出"永久和评论"理念,当代有法国学者德里达提出"新国际"理念等。也就是说,和平研究的思想资源是丰厚的,此前的和平研究一直是国际关系研究的重要内容。1919年国际关系学科确立后,1919—1939年被称为"二十年危机",即资本主义经济危机、国联的困境和最终失败、国际和平与安全的危机,但这二十年也是和平理想主义积极进行和平实践的二十年。虽然二十年国际关系学界的主基调是"和平的失败"、理想主义的失败,但《和平的幻觉:欧洲的国际关系1918—1933》《失去的和平:欧洲国际关系1918—1939》等指称,这个过程恰呈现了一个"缔造和平"的过程。这一时期的和平研究是以这种方式推进的。

1948年现实主义国际关系理论代表著作《国家间政治——权力斗争与和平》出版,该著作定义了国际关系研究范畴,以抽象的人性论作为世界观的理论基础,明确了权力和利益的界定。自此,国际关系研究沿着现实主义路径推进。和平学在此十年之后创立,一定程度上是国际关系研究把"理想主义和平观"置之度外的结果。1959年挪威学者约翰·加尔通创建奥斯陆国际和平研究所和世界上第一本"和平学"杂志《和平研究杂志》,标志这一学科诞生。"和平学"诞生的历史意义远超越了其本身的学术意义。"战争与和平"问题一度是结合在一起的,二者密不可分,"和平"一直被看作与"战争"附属而伴生。"和平学"的创立代表一种认识世界视角的转换,即从以"战争"为视角思考和平问题,转变为以"和平"为视角思考和平问题。和平学"研究的出发点正是:用和平方式实现和平"①。

20世纪70年代,在核威胁和"冷战"背景下安全学科逐渐兴起,和平研究的很多内容被纳入安全学科研究范畴。同时,宏观和平研究议题如"制度和平论",被填充为"民主和平论",从一个理想主义学派变成一个政策论调。而且,由于对"民主"解释的霸权性而导致这个论调成为霸权主义和干涉主义的理论工具,成为危害世界和平的因素。至此,和平研究处于被"窄化"和被"贩卖"的境地。和平研究越来越处于边缘状态。②目前依然保留的有:一是"和平思想"研究,如古希腊的和平思想、康德的国际关系思想、尼采思想中的政治与国际关系思想、孟德斯鸠的民主和平思想、凯恩斯的和平思想

---

① [挪威]约翰·加尔通:《和平论》,陈祖洲等译,南京出版社,2006年,第14页。

② Frankel Joseph, Theory and Explanation in International: Peace or War? *International Affairs*, Volume 50, Issue 2. 1974.

等；^①二是相关和平概念和价值研究，如和平的概念化和演变、对和平概念的批判性分析、政治与国际关系中的友谊概念化，以及和平伦理研究；^②三是国际法中的和平议程研究等。在这种情况下，整体和平学理念、价值研究、和平过程议题等研究，需要与现实国际关系研究结合，才能将和平理念、价值和相关议题研究落到实处；和平理念、价值和相关议题研究只有与"世界""人类"视域结合，才能真正体现和平研究的价值。

综上，构建和平共同体研究主要围绕和平问题展开研究，这种将和平研究纳入国际关系学科研究范畴的做法，也是对和平学的一种拯救。同时，围绕"和平问题"研究是真正围绕国际关系核心问题展开的研究。只有在核心问题基础上研究上述"和平类型"国家研究、和平文化国际认同研究、和平政治研究，以及国际和平关系结构与关系特点、国际和平公共产品、和平国际体系驱动机制、和平国际体系经验与案例等研究，才是生成不偏离国际关系学科旨要的真研究。

其次，和平类型国家和平观及和平实践研究。如社会主义中国和平观与和平实践。中国和平观兼具社会主义性质及中国国家这两大特征。中国和平观的社会主义性质体现为：它是为无产阶级领导的广大受压迫人民谋

---

① Molloy Seán, *Ann Arbor: Kant's International Relations: The Political Theology of Perpetual Peace*, University of Michigan Press, 2017. Jean-François Drolet, *Beyond Tragedy and Eternal Peace:Politics and International Relations in the Thought of Friedrich Nietzsche*, McGillQueen's University Press,2021.Haig Patapan, Democratic international relations: Montesquieu and the theoretical foundations of democratic peace theory, *Australian Journal of International Affairs*, Volume 66, Issue3.2012; Andrea Radasanu, Montesquieu on Ancient Greek Foreign Relations:Toward National Self-Interest and International Peace, *Political Research Quarterly*, Volume 66, Issue 1. 2013.Markwell, Donald:John Maynard Keynes and International Relations: *Economic Paths to War and Peace*, Oxford University Press, 2006.

② Félix E. Martín: Critical analysis of the concept of peace in international relations, *Peace Research*, Volume 37, Issue 2. 2005.Centre for International and Security Studies:The Ethics of Building Peace in International Relations, 2005.

求的和平理论，是坚决反对霸权主义、强权政治的和平理论，它将和平的最终目标确定为人类彻底解放、世界永久和平。[①]中国国家和平观的特色体现为：继承中国传统和平观、中国现实和平主张，并发展出具有时代特色的和平观。这方面内容在后文“中国和平观与推动和平实践”部分展开阐述。

最后，非“和平论”批判研究。如西方推崇的所谓“民主和平论”批判研究。“民主和平论”是西方学者在承袭康德“永久和平论”基础上提出的。1983年迈克尔·多伊尔正式提出“民主和平论”。“民主和平论”提出后得到很多人的认同。随着苏联解体、冷战结束，“民主和平论”的论调进一步得到西方社会的推崇。这一波“民主和平论”被推崇的“潮流”与冷战后民主的扩张有直接关系。“民主和平论”的主要论点有两个：“第一，一个民主国家决不会或者说极少同其他民主国家打仗，第二，当民主国家间发生冲的时候，它们极少威胁要使用武力，因为这样做是非法的。”[②]对于民主和平论者所做的论证主要有两个方面：一方面是统计分析，如有学者专门进行了关于实行民主主义体制的国家参加战争概率低的统计分析。另一方面是关于国内民主制度与战争与和平问题的关系的相关论述。这方面的论述更为丰富，但基本是以“国内因素决定国际关系”的思路论述的。如第一，战争费用是公民以鲜血和财富来支付的，民主制政府之所以不情愿进行战争，是因为它们必须向公民负责。第二，在民主国家，有战争风险的外交决策是公开讨论的，这意味着战争的代价对于公众和决策者来说都是敏感的。第三，民主制政治结构的特征，诸如行政选择、政治竞争和外交决策过程的多元性，具有制衡作用，会使大家受到较大制约。第四，民主制的政治文化，诸如民主规范、惯例、观念及社会风气等，最终会使适用于国内的和平解决问题的方法适用于

① 张钊：《当代中国和平理论》，新华出版社，2015年，第144页。

② 苏长和：《驳“民主和平论”》，《欧洲》，1996年第2期。

与其他国家的关系。①

除了理论论证之外,"民主和平论"在现实方面得到某些西方决策者的认同并进行了政策实践。他们从国家安全角度出发,认为西方国家的安全是否与民主的传播息息相关,实现普遍的民主是阻止战争的根本途径。在今天,"民主和平论"已经成为一些西方大国对外政策的指导思想。

当然,无论是理论层面还是现实政策层面,对于民主和平论的质疑一直存在。在西方学术界内部也存在对这一理论的批评。批评者认为"民主和平论"的分析中所使用的"民主国家"概念混乱,案例取舍上存在不严格的问题。如把18世纪的美国和瑞士列为民主国家,但这两个国家那时还禁止妇女参政,而且当时美国还保留着奴隶制。再如对于"非常贫穷的民主国家"不计入分析范围之内。"民主和平论"者以随意的态度、用人为的"门槛"和模棱两可的概念,来支持他们所提出的命题,在逻辑起点上即犯了致命的错误。同时,被"民主和平论"者剔除的战争还有很多,它们都被看作"例外情况"而不作分析对象。如在所谓的民主国家中,由民意促发的战争不胜枚举:法国大革命后被狂热的民族主义者包围的拿破仑发动对欧洲各国的侵略战争;1914年萨拉热窝事件发生后,英法国内立刻掀起一股"投入战争"的强大潮流;1982年马尔维纳斯群岛被阿根廷占领后,英国首相撒切尔夫人在民意的压力和从国内政治斗争出发,扩大了英阿战争等。针对这种批评,"民主和平论"将其观点由"民主国家很少战争"修改为"民主国家之间很少战争"。

以上批评者主要围绕民主标准、国内民主制度与战争和平关系等问题进行批评,并不针对和平问题进行批评。我们认为民主与和平两方面都需要审视和批判。事实上,民主和平论者所宣扬的和平并不是持久的和平,而

---

① 李少军:《评"民主和平论"》,《欧洲》,1995年第4期。

只是一种短暂的和平;并不是所有国家和民族的和平,而只是局部的和平;是消极的和平观,而不是含有民主、发展、合作内涵的积极和平观。而且,有些国家恰依托所谓"民主和评论""人权高于主权"等论调,干涉别的国家,甚至对别国进行战争,这就在事实上宣告了理论的破产。目前民主和平论已经沦为某些国家的理论工具和当今世界"和平危机"的根源。

综上,"民主和平论"的逻辑起点依然是建立在所谓"民主"类型国家基础上的,不是"和平"类型国家基础上的。这就使得在此基础上生成的理论,实质成为所谓"民主类型国家"的理论工具。

四、中国和平观与推动和平的实践

(一)不断发展的和平观

新中国成立之初,中国在反对霸权主义和帝国主义的同时,积极同世界上爱好和平的国家开展外交关系,维护了世界和平,也为中国赢得了和平国际环境。毛泽东曾说:"中国是农业国,要变为工业国需要几十年,需要各方面帮助,首先需要和平环境。……如果能得到几十年和平就好了。"[①]为此,中国坚持和平外交政策,积极同世界开展外交关系。

20世纪80年代,邓小平基于世界形势的变化作出了"世界大战打不起来"的判断,提出"和平与发展已成为时代主题"。邓小平指出:"中国人不比世界上任何人更少关心和平和国际局势的稳定。中国需要至少二十年的和平,以便聚精会神地搞国内建设。"[②]中国在和平共处五项原则基础上,提出建立国际经济政治新秩序的构想。邓小平指出,中国在国际舞台上还是要

---

① 《毛泽东文集》(第六卷),人民出版社,1999年,第340页。
② 《邓小平文选》(第三卷),人民出版社,1993年,第50页。

有所作为,要积极推动建立国际政治经济新秩序。这一主张是针对二战结束以来,以不合理分工为基础、以霸权主义和强权政治为基础的国际政治经济旧秩序而言的。我们主张,在经济上,每个国家有根据本国国情选择适合自己的发展道路的权利,其他国家不得干涉;在政治上,国家之间关系应当建立在互相尊重主权和领土完整、互不侵犯、互不干涉内政、平等互利、和平共处五项原则基础上。"我们对外政策还是两条,第一条是反对霸权主义、强权政治,维护世界和平;第二条是建立国际政治新秩序和经济新秩序。这两条要反复讲。"①

20世纪90年代,随着冷战结束、两极格局终结,中国坚持走和平发展道路,维护国际公平正义,明确提出建设公正、合理的国际新秩序。党的十六大报告对国际新秩序作了系统阐述:各国政治上应相互尊重,共同协商,而不应把自己的意志强加于人;经济上应相互促进,共同发展,而不应造成贫富悬殊;文化上应相互借鉴,共同繁荣,而不应排除其他民族的文化;安全上应相互信任,共同维护,树立互信、互利、平等和协作的新安全观,通过对话和合作解决争端,而不应诉诸武力或以武力相威胁;建立国际新秩序应该以尊重世界多样性为前提。

进入21世纪,中国提出建设一个民主的世界、和睦的世界、公正的世界、包容的世界,倡导国际社会携手并进,秉持和平、发展、合作、共赢、包容理念,推动建设持久和平、共同繁荣的和谐世界。中国提出用更广阔的视野审视安全,维护世界和平稳定;用更全面的观点看待发展,促进共同繁荣;用更开放的态度开展合作,推动互利共赢;用更宽广的胸襟相互包容,实现和谐共处。2005年9月,胡锦涛在联合国成立60周年首脑会议上发表《努力建设持久和平 共同繁荣的和谐世界》的讲话中指出:"中国的发展不会妨碍任何

---

① 《邓小平文选》(第三卷),人民出版社,1993年,第353页。

人,也不会威胁任何人,只会有利于世界和平稳定";①"中国将坚持把中国人民利益同各国人民共同利益结合起来,以更加积极的姿态参与国际事务,发挥负责任大国作用"。②

当今时代,面对百年未有之大变局,面对当前治理难题和发展困境,中国提出构建人类命运共同体,着眼解决当今世界面临的现实问题、实现人社会持久和平和永续发展,以天下大同为目标,秉持合作共赢理念,摒弃丛林法则,不搞强权独霸,超越零和博弈,开辟合作共赢、共建共享的新道路,为人类发展提供了新的选择。

(二)和平观内容:根本性、综合性、过程性

中国和平观内容很丰富,概括来说,中国和平观强调和平具有根本性、综合性、过程性。

习近平在多次讲话中强调建设持久和平的世界,这一目标的提出源于对和平根本性的认识。2014年12月13日,习近平在南京大屠杀死难者国家公祭仪式上的讲话指出:"自古以来,和平就是人类最持久的夙愿。和平像阳光一样温暖、像雨露一样滋润。有了阳光雨露,万物才能茁壮成长。"③2013年4月7日,习近平在博鳌亚洲论坛2013年年会上的主旨演讲指出:有了和平稳定,人类才能更好实现自己的梦想。"和平犹如空气和阳光,受益而不觉,失之则难存。没有和平,发展就无从谈起。"④ 国家和,则世界安;国家斗,则世界乱。中国对于和平根本性的认识,并不仅仅是建立在对新时期和

---

① 《胡锦涛文选》(第二卷),人民出版社,2016年,第356页。

② 《胡锦涛文选》(第三卷),人民出版社,2016年,第652页。

③ 习近平:《在南京大屠杀死难者国家公祭仪式上的讲话》,《人民日报》,2014年12月14日。

④ 习近平:《共同创造亚洲和世界的美好未来——在博鳌亚洲论坛2013年年会上的主旨演讲》,《人民日报》,2013年4月8日。

平环境珍惜的基础上的,而是建立在对人类历史进程的反思基础上的。"上世纪上半叶以前,人类遭受了两次世界大战的劫难,那一代人最迫切的愿望,就是免于战争、缔造和平。上世纪五六十年代,殖民地人民普遍觉醒,他们最强劲的呼声,就是摆脱枷锁、争取独立。冷战结束后,各方最殷切的诉求,就是扩大合作、共同发展。这一百多年全人类的共同愿望,就是和平与发展。"①

无论从一个国家、一个民族角度出发,还是从地区角度和世界角度出发,以及从人类百年历史进程角度出发,和平的根本性都是最基础的。和平是世界各国发展的前提,是世界人民追求美好生活的前提。持久和平的目标符合世界人民的期待,符合各国发展的目标。同时,建设持久和平世界的愿望并不只是人们的空想,人类为此积累了经验。如不远的先辈就通过建立联合国,为世界赢得了70余年相对和平时期。建设持久和平世界的目标不是一蹴而就的,是需要逐渐推进、不断完善。既需要前人构筑扎实的和平基础,也需要今人在前人基础上根据时代的发展不断完善和平机制和手段,更好地化解纷争和矛盾、消弭战乱和冲突。这一过程需要世界各国人民共同推动完成。国家无论大小、强弱、贫富,都应该做和平的维护者和促进者。

建设持久和平世界的内容不是抽象的,而是具体的、历史的,在新的历史时期,和平与安全、发展等内容的联系越来越紧密。同时,建设持久和平世界的内容也不是孤立和单一的,而是安全共同体、发展共同体的建设内容联系在一起的,三者可以说是相伴生的关系。

和平与发展具有同步性。无论是对具体国家的和平与发展而言,还是对世界范围的和平与发展而言,二者都是互相倚重的关系。习近平指出,没有和平,中国和世界都不可能顺利发展;没有发展,中国和世界也不可能有

---

① 《习近平谈"一带一路"》,中央文献出版社,2018年,第164页。

持久和平。正是基于此,和平与发展这两个议题通常作为一个共同的问题、共同的目标被提出。作为世界范围主要政府间国际组织联合国,既有维护和平与安全事务为核心工作内容的安理会,也有联合国粮食及农业组织、世界银行、国际货币基金组织等促进经济发展的机构。在区域性国际组织方面,推动世界和平与发展更是几乎成为其融合在一起的议题。"中方赞成本组织继续扩大同联合国等国际和地区组织的交流合作,共同致力于促进世界持久和平和共同繁荣的事业。"①"亚欧大陆是我们共同的家园,维护亚欧大陆和平与发展是本地区乃至世界各国的共同期盼,上海合作组织为此肩负着重要职责……推动本组织发展扩员、发挥本组织积极影响,将为维护亚欧大陆以及世界持久和平和共同繁荣注入正能量、创造新活力。"②

另外,中国提出的"一带一路"建设,中国积极推动"一带一路"实践,就是推动和平与发展齐头并进的具体体现。习近平指出,我们携手同行,把"一带一路"同地区实际结合起来,把集体行动同双边合作结合起来,把促进发展同维护和平结合起来,优势互补,合作共赢,造福地区人民和世界人民。

和平与安全问题原来是近乎一体的两个问题,因为传统安全主要指战争与和平问题,联合国的宗旨就是维护国际和平与安全。随着非传统安全威胁的增多,安全问题的研究越来越从中独立出来。但和平与安全问题不是隔绝的,如果没有和平,安全是不存在的;没有安全,则和平的意义是打折扣的。为了促进世界安危与共,中国向全世界提出全球安全倡议,倡议坚持共同、综合、合作、可持续的安全观。基于和平与安全的关系,中国把普遍安全与持久和平作为相辅相成的议题共同观照。习近平指出:"纵观人类文明

---

① 习近平:《团结协作 开放包容 建设安全稳定、发展繁荣的共同家园——在上海合作组织成员国元首理事会第十七次会议上的讲话》,《人民日报》,2017年6月10日。

② 习近平:《把握时代潮流 加强团结合作 共创美好未来——在上海合作组织成员国元首理事会第二十二次会议上的讲话》,人民出版社,2022年,第8~9页。

发展进程,尽管千百年来人类一直期盼永久和平,但战争从未远离,人类始终面临着战火的威胁。人类生存在同一个地球上,一国安全不能建立在别国不安全之上,别国面临的威胁也可能成为本国的挑战。面对日益复杂化、综合化的安全威胁,单打独斗不行,迷信武力更不行。我们应该坚持共同、综合、合作、可持续的新安全观,营造公平正义、共建共享的安全格局,共同消除引发战争的根源,共同解救被枪炮驱赶的民众,共同保护被战火烧灼的妇女儿童,让和平的阳光普照大地,让人人享有安宁祥和。"①

关于和平的过程性,体现在坚持对话协商这一和平原则之中。②这一原则具体包含下面一些内容:完善相关机制和手段,以其化解纷争和矛盾、消弭战乱和冲突;国家之间要构建对话不对抗、结伴不结盟的伙伴关系,尤其大国要尊重彼此核心利益和重大关切,管控矛盾分歧,努力构建不冲突不对抗、相互尊重、合作共赢的新型关系;大国对小国要平等相待,不搞唯我独尊、强买强卖的霸道;任何国家都不能随意发动战争,不能破坏国际法治;应该全面禁止并最终彻底销毁核武器,实现无核世界;要秉持和平、主权、普惠、共治原则,把深海、极地、外空、互联网等领域打造成各方合作的新疆域,而不是相互博弈的竞技场。2023年中国发布关于政治解决乌克兰危机的中国立场文件,提出"尊重各国主权、摒弃冷战思维、停火止战、启动和谈、解决人道危机、保护平民和战俘、维护核电站安全、减少战略风险、保障粮食外运、停止单边制裁、确保产业链供应链稳定、推动战后重建"。其中不仅指出停火止战的结果,而且指出启动和谈:对话谈判是解决乌克兰危机的唯一可行出路,中方愿继续为此发挥建设性作用;提出解决人道危机:一切有利于缓解人道危机的举措都应得到鼓励和支持,支持联合国在对冲突地区人道

① 习近平:《携手建设更加美好的世界——在中国共产党与世界政党高层对话会上的主旨讲话》,人民出版社,2017年,第4~5页。

② 《习近平谈治国理政》(第二卷),外文出版社,2018年,第541页。

援助方面发挥协调作用;提出保护平民和战俘:冲突当事方应严格遵守国际人道法,避免袭击平民和民用设施,应保护妇女、儿童等冲突受害者,尊重战俘的基本权利,中方支持俄乌交换战俘,各方应为此创造更多有利条件;提出维护核电站安全:反对武装攻击核电站等和平核设施;减少战略风险:核武器用不得,核战争打不得,应反对使用或威胁使用核武器,防止核扩散,避免出现核危机,反对任何国家在任何情况下研发、使用生化武器,等等。

(三)推动和平的实践

中国的和平外交政策,为战后国际格局注入了和平能量。20世纪50年代,中国同印度、缅甸共同倡导的互相尊重主权和领土完整、互不侵犯、互不干涉内政、平等互利、和平共处五项原则,成为国际关系基本准则和国际法基本原则。和平共处五项原则在运用过程中,维护了广大发展中国家的权益,为推动建立公正合理的国际政治经济秩序发挥了积极作用。新形势下,和平共处五项原则的精神不是过时了,而是历久弥新;和平共处五项原则的意义不是淡化了,而是历久弥深;和平共处五项原则的作用不是削弱了,而是历久弥坚。[①]近年来,中国着眼国际形势发展变化,提出推动构建人类命运共同体、推动构建新型国际关系、共建"一带一路"、正确义利观、新安全观、全球治理观、文明观等一系列重要理念、重要倡议,为维护世界和平、促进共同发展贡献了中国智慧和中国方案。

中国的和平与发展道路,为维护世界和平、促进共同发展作出了贡献。早在1974年联合国大会第六届特别会议上,邓小平就向全世界宣布,中国永远不称霸。改革开放以来,中国根据国际形势的变化趋势,坚持和平与发展

---

① 习近平:《弘扬和平共处五项原则 建设合作共赢美好世界——在和平共处五项原则发表60周年纪念大会上的讲话》,《人民日报》,2014年6月29日。

是时代主题这一重大战略判断，多次公开阐明：中国过去不称霸，现在不称霸，将来强大了也不称霸。"今天的中国，是世界和平的坚决倡导者和有力捍卫者，中国人民将坚定不移维护人类和平与发展的崇高事业，愿同各国人民真诚团结起来，为建设一个持久和平、共同繁荣的世界而携手努力。"①中国将始终做世界和平的建设者，坚定走和平发展道路，无论国际形势如何变化，无论自身如何发展，中国永不称霸、永不扩张、永不谋求势力范围。②中国将坚定不移走和平发展道路，中国绝不走"国强必霸"的路子。"中国走和平发展道路，不是外交辞令，不是权宜之计，不是战略模糊，而是思想自信和实践自觉的有机统一，是坚定不移的战略选择和郑重承诺。无论国际形势如何变化，无论自身如何发展，中国永不称霸、永不扩张、永不谋求势力范围。"③中国走和平发展道路，来源于中华文明的深厚底蕴。中国走和平发展道路，来源于对实现中国发展目标条件的认知。中国走和平发展道路，来源于对世界发展大势的深刻把握。中国有发展的权利，中国人民有追求美好生活的权利。中国坚定不移走和平发展道路，也希望世界各国共同走和平发展道路。只有各国都走和平发展道路，各国才能共同发展，国与国才能和平相处。

中国为世界和平与发展贡献智慧。中国不仅自身确立和平政策、和平立场，而且始终把自身发展置于人类发展的坐标系中，始终把自身命运与世界各国人民命运紧密相连，始终把中国人民利益同各国人民共同利益结合起来，始终做世界和平的建设者、全球发展的贡献者、国际秩序的维护者。

---

① 习近平：《在南京大屠杀死难者国家公祭仪式上的讲话》，《人民日报》，2014年12月14日。

② 习近平：《携手构建合作共赢新伙伴 同心打造人类命运共同体——在第七十届联合国大会一般性辩论时的讲话》，《人民日报》，2015年9月29日。

③ 中华人民共和国国务院新闻办公室：《新时代的中国与世界》，人民出版社，2019年，第34~35页。

构建人类命运共同体成为中国向世界提出的一种和平范式。正如英国国际关系理念和方案立足社会学和世界历史视角、美国的国际关系理念和方案立足维持其现实霸权体系一样,中国的国际关系理念和方案也存在自己的立足点。中国的立足点是什么? 李爱华提出和平与发展的主题,秦亚青提出"关系过程",赵汀阳提出"天下体系",阎学通提出"道义现实主义",这些理念和方案都依托中国的和平观、和平历史与和平实践。构建人类命运共同体具有沟通上述理念和方案的作用,成为中国和平理念与方案的全球范式引领。

第八章 "建设普遍安全世界"与全球安全共同体理论构建

"建设普遍安全世界"意为建设一个涵盖国家安全、国际安全、全球安全在内各领域都安全的世界。从国际视角来看，国际安全、全球安全相对于国家安全来说更应该是重点，全球安全相对于国际安全来说更应该是重点。全球安全其实是国家安全在国际"社会"层面的反映，也是国际安全在全球范围的扩展。全球安全问题既涉及政治、军事领域的安全问题，也涉经济、文化等很多领域的安全问题，所以"建设普遍安全世界"与"建设持久和平世界""建设共同繁荣的世界"等是密切联系的。

一、"建设普遍安全的世界"的提出

"建设普遍安全世界"的提出伴随着中国总体国家安全观的形成过程，对此我们需要将"建设普遍安全世界"置于这个过程中了解。

(一)从主权安全、经济安全到共享安全

国家层面的安全问题是每个国家都重视的重大问题。维护国家主权、安全问题也是新中国成立之后面临的重大问题。随着20世纪80年代我们对时代主题作出了"和平与发展"的判定，整个国家的发展转到以经济建设

为中心的轨道上来。国家主权安全客观上是国家安全的第一位的,但其他方面的安全越来越受到重视。如1997年召开的党的十五大报告首次提到经济安全:正确处理对外开放同独立自主、自力更生的关系,维护国家经济安全。党的十六大报告中继续强调了经济安全的重要,指出在扩大对外开放中,要十分注意维护国家经济安全。除此之外,党的十六大报告进一步关注了国际范围的安全问题。报告指出:"影响和平与发展的不确定因素在增加。传统安全威胁和非传统安全威胁的因素相互交织,恐怖主义危害上升⋯⋯我们主张建立公正合理的国际政治经济新秩序。各国政治上应相互尊重,共同协商,而不应把自己的意志强加于人;经济上应相互促进,共同发展,而不应造成贫富悬殊;文化上应相互借鉴,共同繁荣,而不应排斥其他民族的文化;安全上应相互信任,共同维护,树立互信、互利、平等和协作的新安全观,通过对话和合作解决争端,而不应诉诸武力或以武力相威胁。反对各种形式的霸权主义和强权政治。"①这里不仅提到传统安全威胁和非传统安全威胁的因素相互交织,而且明确提出树立新安全观,即互信、互利、平等和协作的新安全观。党的十七大报告除了强调传统安全威胁和非传统安全威胁相互交织及推动国际和地区安全合作,还明确了中国维护国家主权、安全、发展利益。党的十七大报告还整体上关注了国家安全问题,报告指出,完善国家安全战略,健全国家安全体制,高度警惕和坚决防范各种分裂、渗透、颠覆活动,切实维护国家安全。党的十八大报告进一步扩大了对国际安全的关注范围,并指出共享安全的理念。报告指出,我国面临的生存安全问题和发展安全问题、传统安全威胁和非传统安全威胁相互交织;全球范围,粮食安全、能源资源安全、网络安全等全球性问题更加突出;我们主张推动国际关系民主化,尊重主权,共享安全,维护世界和平稳定。

---

① 《江泽民文选》(第三卷),人民出版社,2006年,第566~567页。

(二)提出总体国家安全观

党的十八大以来,党中央提出了总体国家安全观,成立了中央国家安全委员会。我们制定了《国家安全战略纲要》,通过了新的《中华人民共和国国家安全法》。总体国家安全观涵盖政治安全、国土安全、军事安全、经济安全、文化安全、社会安全、科技安全、网络安全、生态安全、资源安全、核安全11个重要领域。当然,国家安全体系不只涵盖这11个重要领域,还会有新的安全领域被纳入。总体国家安全观,既重视外部安全,又重视内部安全;既重视国土安全,又重视国民安全;既重视传统安全,又重视非传统安全;既重视发展问题,又重视安全问题;既重视自身安全,又重视共同安全。总体国家安全观要求所有领域的国家安全问题都应该高度关注。

2015年9月,习近平在联合国大会一般性辩论的讲话中提出,要摒弃一切形式的冷战思维,树立共同、综合、合作、可持续安全的新观念。共同,就是尊重和保障每一个国家的安全。安全应当是普遍的、平等的、包容的。不能一个国家安全而其他国家不安全、一部分国家安全而另一部分国家不安全,更不能牺牲别国安全谋求自身的所谓绝对安全。实现共同安全就要恪守尊重主权、独立和领土完整及互不干涉内政等国际关系基本准则,尊重各国自主选择的社会制度和发展道路,尊重并照顾各方合理安全关切。综合,就是统筹维护传统领域安全和非传统领域安全,通盘考虑安全问题的历史经纬和现实状况,多管齐下、综合施策,协调推进世界安全治理。合作,就是通过对话合作促进各国各地区安全,增进战略互信,以合作谋和平、以合作促安全,以和平方式解决争端。可持续,就是坚持发展和安全并重,以实现持久安全;聚焦发展主题,积极改善民生,缩小贫富差距,不断夯实安全根基。①2017年1月,习近平在联合国日内瓦总部"共同构建人类命运共同体"的演讲中明确提出建设一个普遍安全的世界:坚持共建共享,建设一个普遍安全的世界。世上没有绝对安全的世外桃源,一国的安全不能建立在别国的动荡之上,他国的威胁也可能成为本国的挑战。邻居出了问题,不能光想着扎好自家篱笆,而应该去帮一把。"单则易折,众则难摧。"各方应该树立共同、综合、合作、可持续的安全观。

党的十九大报告关于安全问题有三方面内容。一是总结我们坚持了总体国家安全观,提出健全国家安全体系。报告指出,必须坚持国家利益至上,以人民安全为宗旨,以政治安全为根本,统筹外部安全和内部安全、国土安全和国民安全、传统安全和非传统安全、自身安全和共同安全,完善国家安全制度体系,加强国家安全能力建设,坚决维护国家主权、安全、发展利益。国家安全是安邦定国的重要基石,维护国家安全是全国各族人民根本利益所在;要完善国家安全战略和国家安全政策,坚决维护国家政治安全,统筹推进各项安全工作;健全国家安全体系,加强国家安全法治保障,提高防范和抵御安全风险能力;严密防范和坚决打击各种渗透颠覆破坏活动、暴力恐怖活动、民族分裂活动、宗教极端活动;加强国家安全教育,增强全党全国人民国家安全意识,推动全社会形成维护国家安全的强大合力。

二是提出统筹推进传统安全领域和新型安全领域军事斗争准备,发展新型作战力量和保障力量,开展实战化军事训练,加强军事力量运用,加快军事智能化发展,提高基于网络信息体系的联合作战能力、全域作战能力,有效塑造态势、管控危机、遏制战争、打赢战争。

三是重申推动构建人类命运共同体,建设普遍安全的世界。报告指出,

---

① 刘江永:《可持续安全观是照亮世界和平的一盏明灯》,《人民日报》,2017年3月16日。

世界面临的不稳定性不确定性突出,世界经济增长动能不足,贫富分化日益严重,地区热点问题此起彼伏,恐怖主义、网络安全、重大传染性疾病、气候变化等非传统安全威胁持续蔓延,人类面临许多共同挑战。我们呼吁,各国人民同心协力,构建人类命运共同体,建设持久和平、普遍安全、共同繁荣、开放包容、清洁美丽的世界。中国人民的梦想同各国人民的梦想息息相通,实现中国梦离不开和平的国际环境和稳定的国际秩序。必须统筹国内国际两个大局,始终不渝走和平发展道路、奉行互利共赢的开放战略,坚持正确义利观,树立共同、综合、合作、可持续的新安全观,谋求开放创新、包容互惠的发展前景,促进和而不同、兼收并蓄的文明交流,构筑尊崇自然、绿色发展的生态体系,始终做世界和平的建设者、全球发展的贡献者、国际秩序的维护者。

党的二十大报告关于安全问题的内容更加丰富。报告不仅总结贯彻了总体国家安全观,而且把安全问题纳入国家发展的总体目标之中。报告指出,到2035年,经济实力、科技实力、综合国力大幅跃升,人均国内生产总值迈上新的大台阶,达到中等发达国家水平……国家安全体系和能力全面加强,基本实现国防和军队现代化。同时,报告在未来规划中专门列出安全一项内容:推进国家安全体系和能力现代化,坚决维护国家安全和社会稳定。国家安全是民族复兴的根基,社会稳定是国家强盛的前提。必须坚定不移贯彻总体国家安全观,把维护国家安全贯穿党和国家工作各方面全过程,确保国家安全和社会稳定。我们要坚持以人民安全为宗旨、以政治安全为根本、以经济安全为基础、以军事科技文化社会安全为保障、以促进国际安全为依托,统筹外部安全和内部安全、国土安全和国民安全、传统安全和非传统安全、自身安全和共同安全,统筹维护和塑造国家安全,夯实国家安全和社会稳定基层基础,完善参与全球安全治理机制,建设更高水平的平安中国,以新安全格局保障新发展格局。①健全国家安全体系。坚持党中央对国家安全工作的集中统一领导,完善高效权威的国家安全领导体制。强化国家安全工作协调机制,完善国家安全法治体系、战略体系、政策体系、风险监测预警体系、国家应急管理体系,完善重点领域安全保障体系和重要专项协调指挥体系,强化经济、重大基础设施、金融、网络、数据、生物、资源、核、太空、海洋等安全保障体系建设。健全反制裁、反干涉、反"长臂管辖"机制。完善国家安全力量布局,构建全域联动、立体高效的国家安全防护体系。②增强维护国家安全能力。坚定维护国家政权安全、制度安全、意识形态安全,加强重点领域安全能力建设,确保粮食、能源资源、重要产业链供应链安全,加强海外安全保障能力建设,维护我国公民、法人在海外合法权益,维护海洋权益,坚定捍卫国家主权、安全、发展利益。提高防范化解重大风险能力,严密防范系统性安全风险,严厉打击敌对势力渗透、破坏、颠覆、分裂活动。全面加强国家安全教育,提高各级领导干部统筹发展和安全能力,增强全民国家安全意识和素养,筑牢国家安全人民防线。③提高公共安全治理水平。④完善社会治理体系。健全共建共治共享的社会治理制度,提升社会治理效能等。①

报告关于安全的规划体现了国内国际两个大局的统一原则,体现了国家安全与国际安全、全球安全的密切相关性。如明确要统筹外部安全和内部安全、国土安全和国民安全、传统安全和非传统安全、自身安全和共同安全。在健全国家安全体系方面,指出健全反制裁、反干涉、反"长臂管辖"机制,完善国家安全力量布局,构建全域联动、立体高效的国家安全防护体系。在增强维护国家安全能力方面,指出坚定维护国家政权安全、制度安全、意识形态安全,加强重点领域安全能力建设,确保粮食、能源资源、重要产业链

---

① 习近平:《高举中国特色社会主义伟大旗帜 为全面建设社会主义现代化国家而团结奋斗——在中国共产党第二十次全国代表大会上的报告》,人民出版社,2022年,第52~54页。

供应链安全,加强海外安全保障能力建设,维护我国公民、法人在海外合法权益,维护海洋权益,坚定捍卫国家主权、安全、发展利益。

(三)提出全球安全倡议

2021年4月20日习近平在博鳌亚洲论坛上,发表的"同舟共济克时艰,命运与共创未来"视频主旨演讲中面对世界提出全球安全倡议,提出坚持共同、综合、合作、可持续的安全观,共同维护世界和平和安全;坚持尊重各国主权、领土完整,不干涉别国内政,尊重各国人民自主选择的发展道路和社会制度;坚持遵守联合国宪章宗旨和原则,摒弃冷战思维,反对单边主义,不搞集团政治和阵营对抗;坚持重视各国合理安全关切,秉持安全不可分割原则,构建均衡、有效、可持续的安全架构,反对把本国安全建立在他国不安全的基础之上;坚持通过对话协商以和平方式解决国家间的分歧和争端,支持一切有利于和平解决危机的努力,不能搞双重标准,反对滥用单边制裁和"长臂管辖";坚持统筹维护传统领域和非传统领域安全,共同应对地区争端和恐怖主义、气候变化、网络安全、生物安全等全球性问题。

二、全球安全领域的核心问题与基本问题

(一)核心问题

广义的安全学包括国家安全学、人的安全、组织安全;安全共同体,涵盖国家安全、国际安全、全球安全等范畴。

不同门类安全学之间的区别在于它们各自的研究对象不同。国家安全学尤其不同于其他门类的安全学,因为在国家安全学视域下的"安全"含义的特指性很明确。在我国国家安全法中这样定义国家安全:"国家安全是指国家政权、主权、统一和领土完整、人民福祉、经济社会可持续发展和国家其

他重大利益相对处于没有危险和不受内外威胁的状态,以及保障持续安全状态的能力。"①即使当代西方主流国家安全理论的"国际安全"比"国家安全"有更大的影响力,其国家安全学视域下的安全含义依然特指重大利益。国家安全学的研究主要围绕国家重大利益的安全状态问题、国家安全的维护与保障能力问题,它的基本任务是在研究国家重大利益的安全状态问题、国家安全的维护与保障能力基础上,形成国家安全观和国家安全战略,最终服务于提升国家安全维护与保障能力的现实需要。从内容角度,"国家安全"不仅指国家范围内的国民安全、经济安全、政治安全、军事安全、文化安全、科技安全等内容,还包括他国安全、地区安全、国际安全、全球安全等内容。在全球化浪潮的今天,各个国家密切联系在一起,一国安全会在不同程度上受到他国安全、地区安全、国际安全、全球安全的影响,甚至还会涉及自然条件方面的因素,如生态环境及其安全、空间安全等。也就是说,"国家安全"涉及国际安全、全球安全,但这里的国际安全、全球安全仅作为国家安全的一种关联视角被关照。

虽然早期的国际安全概念基本等同于国家安全的概念,但国际关系领域中"国际安全"的内涵,在冷战后,在安全主体和安全领域两个方面都得到了扩展。具体表现为:安全主体由单一国家扩展到了组织、个人等非国家行为体;安全领域从军事扩展到了能源、经济、金融、环境等其他领域。进入21世纪后,专家学者多主张从综合、宏观的角度定义"安全"。当前,随着国际安全形势的发展变化,国际安全概念的内涵仍在持续不断地扩展延伸,几乎涵盖了世界上影响生存的各种关联问题。国际安全的概念内涵的扩大,事实上反映了其从"国际安全"到"全球安全"的演变。这种演变路径呈现了向地区化集中和向全球扩散两个方向。一方面,传统国际安全呈现了地区化

① 《中华人民共和国国家安全法》,人民出版社,2015年,第3页。

趋势。"国际安全地区化是当前国际政治结构性变化和国际安全新秩序形成的一个重要特征。"这里的国际安全议题主要指的是传统的政治、军事等安全议题。也就是说,呈现向地区聚集的安全议题主要是传统安全议题。另一方面,非传统国际安全呈现了向全球扩散的趋势。非传统安全指的是在传统的政治、军事领域之外出现的安全议题,如能源、金融、粮食、生物、网络、环境、移民与难民等。这些非传统安全威胁,有的是来自国家行为的促发结果,有的来自超国家的国际社会领域。后者依然在增多和扩散,如全球疫情、太空战争等。而且传统安全威胁与非传统安全威胁出现相互交织的情形,产生了更为复杂的安全问题。从以上安全议题演变的两种路径和表现形式来看,向全球扩散的非传统安全具有鲜明的全球安全特征,已经与传统的国际安全有很大不同了。

综上,构建全球安全共同体,主要指的应该是全球范围的安全议题,全球范围的安全议题更是构建全球安全共同体的关键。从内容上来说,构建全球安全共同体,不仅涵盖传统安全议题的内容,也涵盖非传统安全议题的内容。构建安全共同体议题范围的广泛性、全球安全问题的普遍性与影响的普遍性,决定了构建安全共同体的核心问题必然是如何实现普遍的安全,而不是只实现局部安全、国家安全或地区安全。

(二)基本问题

国家安全、国际安全、全球范围的安全的基本问题各不相同。

国家安全的基本问题:在于对均衡安全的界定与认同。国家安全学视域下的安全含义,无论是中国国家安全法定义的,还是西方国际关系理论定义的,都特指国家的重大利益。那么,国家安全学的核心问题必然是如何提升国家维护和保障国家重大利益的能力。而要想提升这个能力,从逻辑推演角度,需要首先探求重大利益是什么,需要探求国家基本的维护和保障自身安全的力量基础,并在综合二者基础上分析、确定、提升国家维护和保障重大利益的能力。而国家重大利益与国家基本力量之间的结合点,被称为均衡安全。只有均衡安全得以界定与认同,一系列研究才得以展开,研究方向才可以推进。所以,均衡安全的界定与认同问题是国家安全的基本问题。

国际安全的基本问题:传统的政治、军事安全具有绝对安全的性质,这种安全与国家安全紧密联系。所以,它面临的安全难题是不同国家的核心利益不容侵犯,各自对于核心利益不让步,固守各自核心利益。这就决定了传统国际安全领域要想实现国家间的合作,必须在尊重各自核心利益基础之上才可能推进。这就需要首先明确和认同各自的核心利益,这是国际安全合作的基础。所以,各自核心利益的界定与认同是国际安全的基本问题。

全球范围的安全基本问题:对于全球范围的安全基本问题探求的思路,与国家安全、传统国际安全基本问题探求的思路类同,但全球范围安全问题的实质与国家安全、传统国际安全有很大不同。因为全球范围的安全问题有的来自超国家的国际社会领域,有的不与国家范围的安全利益直接关联。所以,对国家之间共同安全利益的界定就成为构建全球范围安全共同体的基本问题。

三、全球安全共同体理论逻辑起点与学理展望

(一)逻辑起点

从全球安全角度而言,西方传统安全理论并不认同国家之间存在共同安全利益,这种思维是建立在"零和逻辑"基础上的,建立在传统政治、军事安全基础上的。从二战结束到20世纪60年代末期,西方的安全研究仍主要以军事安全作为研究的重点。也就是说,这个层面的国际安全与国家安全研究其实是同一个学理轨道。随着现实国际社会的非传统安全因素增多,

事实上全球范围的共同安全威胁增多,从而应对全球共同安全威胁与维护全球共同安全利益,成为西方安全理论关注的重点。由此,传统的军事安全研究重点,转为多重安全研究重点。具体的认识有以下几种:

一是传统的观点仍然立足国家作为基本行为体的无政府状态体系这一逻辑基础,研究和分析全球性安全问题引起的权力与利益、冲突与合作等问题。如在全球环境安全问题上,围绕的学理问题包括:生态问题以何种方式作用于国际权力的分配,又如何影响联盟与对抗的新模式?在何种程度上生态要素构成了国家间暴力冲突的新来源?国际社会的组织机构和现有机制怎样以国家间合作的方式,促进环保问题上的认同和管理。

二是从行为主体多元化及联系渠道多元化的逻辑基础出发,研究国家安全、地区安全与全球安全之间的协调。在相互依赖条件下,从实现和维护安全的手段来看,传统的军事手段已无法适应多样化的安全目标的维护,需要安全事务上的合作,使各国安全得到共同安全保障。在国际现实中,1976年东盟国家巴厘会议明确提到东盟国家之间实行"安全合作",不是搞"防务合作",并强调把《东南亚友好合作条约》作为地区合作安全的基础。但这一实践目前局限于地区层面。

三是从全球市民社会的逻辑基础出发,研究共同安全治理,塑造世界政治的新观念、新范式、新方法。所谓的"批判主义者"认为:国家主权的逐渐弱化,国际国内界限的日益模糊,由此,在非政府组织(NGO)基础上实现全球范围共同安全治理。当然,这需要塑造以"全球市民社会"为内容的世界政治。

构建人类命运共同体认为,构建安全共同体的逻辑路径在于:全球安全与国家安全、国际安全紧密联系,全球社会力量在安全维护和治理方面发挥越来越大的作用,但"国家行为体"依然对全球安全问题起着基础作用;全球安全涵盖各领域的安全,也涵盖国际安全和国家安全,全球安全需要从整体视角去审视;全球安全不仅对于传统政治、军事力量不发达的国家产生影响,而且对政治、军事力量发达的国家也产生影响。这一切根植于安全的整体性。只有基于安全整体性这一逻辑起点,才能界定全球安全利益的"阈值",才能横向推展出各领域安全、各层次安全、不同程度安全之间的关联程度,才能梳理它们之间的协同性,展现均衡、有效、可持续的安全架构,分析传统领域和非传统领域安全的统筹机制、治理机制等,从而实现全球普遍安全。

(二)学理展望

1.进行全球安全共同体逻辑推演研究

一方面,全球安全的整体性是一个客观事实,需要尊重客观事实,在整体性基础上对全球共同安全利益进行衡量、评估、界定,对全球安全具体类型进行分析;在整体性基础上研究以军事安全为中心的传统安全利益同非传统安全利益的联系性,全球安全与个人安全、团体安全和国家安全的联系性,全球安全与国家安全、国际安全的联系性;在整体性基础上研究全球安全结构、要素、运行机制等。

另一方面,全球安全整体性也是一个主观认同过程,需要进行区别于其他安全利益的认同研究,即安全化过程研究,剖析意识形态、文化差异等因素对于认同的影响研究;需要对共同安全利益进行无差别、不拆分的认同研究,即"去安全化"过程研究;对行为体及其交流渠道进行研究;对全球安全文化进行研究等。

2.进行中国全球安全观和安全实践研究

国家安全的整体性决定了总体国家安全观的确立;全球安全的整体性决定了共同、综合、合作、可持续的安全观的确立。

3.从理论上破解"安全困境"

在国际社会无政府状态下,国家间事实上一直处于缺乏信任的状态。这种状态没有因为冷战的结束而结束,也没有因为全球化拉近各行为体关系而根本消除。国家间事实上一直处于一种"安全竞争""安全困境"之中。

"安全困境"这一概念一般都有两层含义:一是物质的,即无政府状态下的权力分布或国家之间的权力对比关系;二是认知的或心理的,即国家之间关于彼此意图的不确定性的猜疑和恐惧。[①]缓解"安全困境"的安全战略规划有:一是经典现实主义的基本逻辑,即有限权力(相对权力)、有限目标(有限利益)、有限安全(相对安全),在这方面代表的是均势和联盟两大理论,它们发展成为由概念和原则、政策和实践、规则和制度构成的体系。二是科学主义缓解"安全困境"的"安全机制"理论,这些机制主要包括:作为集体安全机制的大国协调,作为经典外交机制的均势,作为大国战略稳定机制的规范、规则和实践,后者包括相互尊重势力范围、尊重大国威望及可信性,承认政治现状并在此基础上进行战略沟通与妥协。三是英国学派的"成熟的无政府",包括关于限制或避免武力运用的规范和机制,体现为"安全复合体"。还有防御性现实主义对于"防御""扩张"意图的认知或心理层面的理论解释和战略规划等。

综上,西方安全理论中并没有提出"安全困境"的根本破解之道。究其根本在于,西方安全理论探索的逻辑起始是无政府状态,是安全领域的"零和博弈"。英国学派的"成熟的无政府"指出了安全困境的根源所在,但只提出了理论设想,并没有指出全球范围"成熟的无政府"如何实现,以及全球范围安全困境的战略规划。英国学派虽然提出了"安全复合体",但其立足"将安全的地区脉动同当下有关全球权力结构的辩论联系起来,力求避免世界

---

① 周桂银:《"安全困境":一项概念史研究》,《南大亚太评论》,2021年第1期。

单极论的极端简化倾向,又避免全球主义者世界新无序论的极端去领土化倾向",导致其最终落脚于地区"安全复合体"。

构建安全共同体的逻辑起点在于安全的整体性"阈值"。一方面,共同安全是客观存在的,是破解基于零和博弈的"安全困境"的基础。另一方面,安全的整体性、共同安全的认同,有利于破解基于彼此不信任的"安全困境"的认知基础。因为认同共同安全,相比认同对方安全利益或识别对方安全战略是防御的还是扩张的,更为容易。也就是说,不立足互相认同,而是立足认同第三方视角,或者认同彼此安全交集利益部分,更有利于破解"安全困境"的认知基础。

四、中国全球安全观与推动全球安全实践

中国特色社会主义安全观,包括以毛泽东同志为代表的中国共产党人为夺取政权所确立的以军事安全、政治安全为核心的传统国家安全观;以邓小平同志为代表的中国共产党人在和平与发展的时代主题下确立的兼顾政治安全与经济安全的综合国家安全观;以江泽民同志为代表的中国共产党人面对日益多元化的安全威胁确立的新综合国家安全观;以胡锦涛同志为代表的中国共产党人在21世纪确立的以科学发展观为统领的,构建和谐社会、和谐世界的新国家安全观;[1]以及习近平提出的共同、综合、合作、可持续的安全观。

---

① 张然、许苏明:《习近平总体国家安全观战略思想探析》,《思想理论教育导刊》,2017年第1期。

（一）共同安全观：安全整体性的基石

习近平在博鳌亚洲论坛2015年年会开幕式的演讲中指出："当今世界，安全的内涵和外延更加丰富，时空领域更加宽广，各种因素更加错综复杂。各国人民命运与共、唇齿相依。当今世界，没有一个国家能实现脱离世界安全的自身安全，也没有建立在其他国家不安全基础上的安全。"[①]共同安全观之"共同"体现为：一是指在国际社会和全球范围，一国安全不仅是本国的事情，也要以他国安全为条件。尤其当今全球化背景下，国内与国外交织的安全问题越来越多，国内与国外交织的安全领域越来越多，各国利益和命运息息相关，很多国家面临相同的安全问题、共同的安全问题。当今时代，任何国家在安全问题上都不可能独善其身，不可避免地要受到安全问题的交互影响。二是指当今时代，只有正视共同安全威胁，维护共同安全利益，才能实现各个国家真正的安全利益。"既重视自身安全，又重视共同安全，打造命运共同体，推动各方朝着互利互惠、共同安全的目标相向而行。"[②]这是当今世界各国必然的战略选择。正是基于对全球安全整体性影响和整体性应对的认识，中国提出共同安全观。

（二）综合安全观：安全整体性的范畴

综合安全观之"综合"主要体现为全球安全构成的综合性。在全球安全领域，一方面传统安全问题没有得到根本解决，另一方面非传统安全问题不

<hr>

① 习近平：《迈向命运共同体 开创亚洲新未来——在博鳌亚洲论坛2015年年会上的主旨演讲》，《人民日报》，2015年3月29日。

② 《习近平主持召开十九届中央国家安全委员会第一次会议并发表重要讲话》，新华社，2018年4月7日，http://www.gov.cn/xinwen/2018-04/17/content_5283445.htm？ivk_sa=1023197a。

断涌现,尤其非传统安全问题几乎涵盖了国际社会各个领域,这就提出了全球安全的综合性认识问题。传统安全是国际关系的主题,主要指国家面临的军事威胁及威胁国际安全的军事因素。按照威胁程度的大小,可以划分为军备竞赛、军事威慑和战争。战争又可以划分为世界大战、全面战争与局部战争,国际战争与国内战争,常规战争与核战争等。第二次世界大战之后,随着两大军事集团对抗的冷战时代的结束,世界范围的大规模战争、军事威慑和军备竞赛等态势相对减弱。但是由于全球发展不平衡的加剧,国际体系和国际秩序深度调整,大国博弈加剧,地区热点争端依然存在。同时,随着世界政治经济联系更加紧密,大量非传统安全问题涌现。当前,非传统安全威胁与传统安全威胁相互交织,如有些非传统安全问题就是传统安全问题直接引发的,如战争造成的难民问题、环境破坏与污染问题等;有些非传统安全问题矛盾激化,也有可能转化为依靠传统安全的军事手段来解决,甚至演化为武装冲突或局部战争。正因为如此,我们无法简单地对待和处理这些安全威胁,需要树立综合安全观,综合进行全球安全问题的治理。另外,从一个国家角度出发,当这个国家越是趋向现代化,就越需要从政治、经济、军事、外交、心理、科技、人才、信息、生态环境、反恐怖主义活动、动乱、灾害等等方面,从国内、国际环境,综合考虑国家安全问题……一个经济日趋发展,开放的大国也不存在独立于世界之外的国家利益与安全。随着我国对外开放程度的加深,范围的扩大,对外依存度增加,中华民族的安全,必须在区域内、世界范围内去予以保证。[①]也就是,在全球化时代,一个国家的安全,需要综合国内安全、周边安全安、全球安全的协同。正是基于对全球安全整体性构成的认识,中国提出综合安全观。

---

① 赵英:《新的国家安全观》,云南人民出版社,1992年,第476页。

(三)合作安全观:安全整体性的原则

无论是共同安全观、综合安全观,都内涵了合作安全观。合作安全观正是由全球综合安全与全球共同安全的现实存在决定的。各领域安全问题都需要合作治理安全,各国都有平等参与地区安全事务的权利,也都有维护地区安全的责任。另外,从全球安全治理的具体行动来说,治理的系统性、突变性、复杂性等也决定了全球合作治理安全问题的必要。2015年9月28日,习近平在纽约联合国总部出席第七十届联合国大会一般性辩论并发表的重要讲话中再次指出:"在经济全球化时代,各国安全相互关联、彼此影响。没有一个国家能凭一己之力谋求自身绝对安全,也没有一个国家可以从别国的动荡中收获稳定。"①在新的时代背景下,世界发展的形势和条件变了,有些国家的安全问题在国际社会已经成为公共性的问题,而且只有通过国际合作才能得到保障,需要国家、区域、世界三位一体的合作安全格局。总的来看,在世界多极化、经济全球化深入发展,安全挑战层出不穷的今天,世界各国正在形成紧密相连的命运共同体。唯有内外统筹、守望相助、同舟共济,才能实现人民安康、国家安全、社会安定;只有放弃冷战思维,建立不冲突、不对抗、相互尊重的新型大国关系和以合作共赢为基础的新型国际关系,国家间的持久和平和共同繁荣才有希望。②正是基于对全球安全整体性解决路径的认识,中国提出共同安全观。

(四)可持续安全观:安全整体性的保障

可持续的安全观是中国安全观的一个创新。一般来说,如果没有发展

---

① 习近平:《携手构建合作共赢新伙伴 同心打造人类命运共同体——在第七十届联合国大会一般性辩论时的讲话》,《人民日报》,2015年9月29日。

② 高飞:《中国的总体国家安全观浅析》,《科学社会主义》,2015年第2期。

作为基础,所有领域的安全都可能无法保障。全球可持续发展是最大的安全,也是解决地区安全问题的总钥匙。只有通过推动共同发展,努力形成经济合作和安全合作良性互动,安全的可持续性才能真正得到保障。冷战的结束与全球化的演进加剧了国际贫富分化与国内社会对立,发展与安全相互交织,催生了"合作安全""人的安全"等发展安全理念。2013年4月7日,习近平在博鳌亚洲论坛年会开幕式发表的主旨演讲中强调:"国际社会应该倡导综合安全、共同安全、合作安全的理念,使我们的地球村成为共谋发展的大舞台。"[①]2014年5月21日,习近平在亚洲相互协作与信任措施会议第四次峰会上的讲话中,再次清晰地阐述了二者的关系,即发展和安全并重才能实现持久安全。习近平在联合国总部出席联合国发展峰会并发表题为"谋共同永续发展做合作共赢伙伴"的讲话中指出:"环顾世界,和平与发展仍然是当今时代两大主题。要解决好各种全球性挑战,包括最近发生在欧洲的难民危机,根本出路在于谋求和平、实现发展。面对重重挑战和道道难关,我们必须攥紧发展这把钥匙。唯有发展,才能消除冲突的根源。唯有发展,才能保障人民的基本权利。唯有发展,才能满足人民对美好生活的热切向往。"[②]可持续安全理念尤其针对非传统安全问题具有更重要的意义,如有些地区因环境恶化、资源贫乏而导致地区国家之间冲突战争频发。可持续安全观不仅主张加强国际合作,而且重视消除世界不安全因素产生的经济与社会根源,强调发展经济与改善民生,尊重多元文明与不同宗教,加强民族团结,反对强权政治,努力消除各种安全隐患。如中国提出的"一带一路"建设,倡导各国实现政策、设施、贸易、资金、人心等各方面的互联互通,目标就

---

① 习近平:《共同创造亚洲和世界美好未来——在博鳌亚洲论坛2013年年会上的主旨演讲》,《人民日报》,2013年4月8日。

② 习近平:《谋共同永续发展做合作共赢伙伴——在联合国发展峰会上的讲话》,《人民日报》,2015年9月27日。

是通过各国的共同发展,推进地区安全问题的解决,共享地区和平和世界和平。再如针对非洲维和问题,中国提出完善维和行动体系,主张维和行动既要同预防外交、建设和平纵向衔接,也要同政治斡旋、推进法治、民族和解、民生改善等横向配合。这就充分体现了可持续、综合安全治理的理念。近年来,一些更具体的问题,如全球城市安全问题、发达国家人口问题、原住民问题、商业利益集团、新全球治理和三方合作等日趋成为影响人类安全的新变量。只有以社会安全为增量,以人类安全为根本,以环境安全为根本,同时兼顾边缘群体安全,不断拓展安全建设新途径,才能实现动态的、可持续的人类安全。

(五)推动全球安全实践

安全共同体,既不同于安全协调,也不同于集体安全,而是一种高层次的安全合作。安全共同体的构建并不是一个自然而然的过程。当前,世界范围有双边、多边、区域的经济一体化性质的经济共同体,以及世界范围的经济协调或经济组织。它们的构建需要有坚实的客观经济基础和经济联系,再加上行为体的主观推动。安全共同体的构建更为艰难。即使有着坚实的客观经济基础,也还需要在安全领域推进共同体意识的形成,而且在具体的协调行动过程中,还有很多环节需要协同。当前已经建成的安全组织,基本局限于区域范围。欧洲安全与合作会议(CSCE)是欧洲国家及北大西洋公约组织非欧洲成员国讨论欧洲安全与合作问题的国际会议,简称欧安会。1973年7月在芬兰首都赫尔辛基举行第一次会议。参加会议的有33个欧洲国家以及美国和加拿大。1995年1月1日起,该组织更名为欧洲安全与合作组织,又简称欧安组织。欧安组织的主要目标是,通过遵守一系列的规范和规则,约束区域行为体(国家)相互之间的冲突行为,以减少(甚至消除)战争的可能性。欧洲安全与合作会议旨在没有共同的外部敌人的情况下,实现区域内行为体之间的安全合作,同时构建一种欧洲安全机制。2015年成立的东盟共同体,则具有全球化时代的特征,具有一种综合共同体的性质。东盟共同体由东盟经济共同体、东盟安全共同体和东盟社会文化共同体三部分组成。东盟共同体的基本架构涉及军事、政治、经济、社会、环境等多维度。东盟安全共同体事实上是超越了"传统安全"范畴,综合了所有安全议题的安全共同体。其涉及的行为主体是多元的,有主权国家、东盟和区域公民社会组织等;实现手段是多样的,包括政治、经济、军事等制度化的合作。

中国根据亚太地区特点提出共同培育一种新型的安全观念,重在通过对话增进信任,通过合作促进安全。在2002年7月东盟地区论坛外长会议上,中国代表团就提交了《中国关于新安全观的立场文件》,全面系统地阐述了中方在新形势下的安全观念和政策主张。[①]文件指出,人类曾经历无数次战争,最近100年更是经历两次世界大战和40年冷战对峙的磨难。历史证明,武力不能从根本上解决争端与矛盾,以行使武力或以武力相威胁为基础的安全观念和体制难以营造持久和平。人们普遍要求摒弃旧的观念,以新的方式谋求和维护安全。在此形势下,以对话与合作为主要特征的新安全观逐渐成为当今时代的潮流之一。新安全观实质是超越单方面安全范畴,以互利合作寻求共同安全。新安全观建立在共同利益基础之上,符合人类社会进步的要求。冷战结束后,国际关系的缓和、世界经济的发展成为国际形势的基本特征。在新的历史条件下,安全的含义已演变为一个综合概念,其内容由军事和政治扩展到经济、科技、环境、文化等诸多领域。寻求安全的手段趋向多元化,加强对话与合作成为寻求共同安全的重要途径。"9·11"事件突出表明,当今世界安全威胁呈现多元化、全球化的趋势,各国在安全上的共同利益增多,相互依存加深。越来越多的国家希望基于以下原则构

---

① 《中国关于新安全观的立场文件》,2002年8月6日,外交部网站。

筑自身和国际安全：在《联合国宪章》、和平共处五项原则及其他公认国际关系准则的基础上开展合作，充分发挥联合国的主导作用；通过谈判和平解决领土、边界争端和其他有争议的问题；本着互惠互利、共同发展的原则，改革和完善现有国际经济与金融组织，寻求共同繁荣；除防止外敌入侵、维护领土主权完整等传统安全领域外，重点对打击恐怖主义、跨国犯罪等非传统安全领域予以关注；根据公正、全面、合理、均衡的原则，在各国普遍参与的基础上，实行有效的裁军和军控，防止大规模杀伤性武器扩散，维护现有国际军控与裁军体系，不搞军备竞赛。

中国认为提出新安全观的核心应是互信、互利、平等、协作。互信，是指超越意识形态和社会制度异同，摒弃冷战思维和强权政治心态，互不猜疑，互不敌视。各国应经常就各自安全防务政策以及重大行动展开对话与相互通报。互利，是指顺应全球化时代社会发展的客观要求，互相尊重对方的安全利益，在实现自身安全利益的同时，为对方安全创造条件，实现共同安全。平等，是指国家无论大小强弱，都是国际社会的一员，应相互尊重，平等相待，不干涉别国内政，推动国际关系的民主化。协作，是指以和平谈判的方式解决争端，并就共同关心的安全问题进行广泛深入的合作，消除隐患，防止战争和冲突的发生。新安全观的合作模式应是灵活多样的，包括具有较强约束力的多边安全机制、具有论坛性质的多边安全对话、旨在增进信任的双边安全磋商，以及具有学术性质的非官方安全对话等。安全合作不仅是指发展模式和观点一致国家之间的合作，也包括发展模式和观点不一致国家之间的合作。

中国是新安全观实践者。中国积极寻求通过和平谈判解决与邻国的争议问题，目前已同绝大多数周边国家解决了陆地边界问题，同越南签署了北部湾划界协定，与东盟就制定《南海地区行为准则》保持磋商。在未决争议问题上，中国与有关各方就在争议地区保持和平稳定、通过和平手段解决问题达成共识。领土、领海争议已不再是中国与周边国家开展正常合作、发展睦邻关系、共筑地区安全的障碍。中国把加强经济交流与合作作为营造周边持久安全的重要途径,积极参与各种形式的地区经济合作,与本地区各国共同努力推动形成多渠道、多层次、多形式经济合作新局面。以东盟与中日韩(10+3)合作为代表的各种地区经济合作机制的发展,不仅给有关国家带来了现实经济利益,也增进了各参与方的相互交流、信任与合作,进而促进了本地区的安全与稳定。中国努力推动地区安全对话合作机制的建设,上海合作组织是对新安全观的成功实践。

从1996年上海五国进程启动以来,中、俄、哈、吉、塔五国先后签署《关于在边境地区加强军事领域信任的协定》和《关于在边境地区相互裁减军事力量的协定》,通过友好协商妥善解决了历史遗留的边界问题,并率先提出打击恐怖主义、分裂主义和极端主义的鲜明主张。上海合作组织成立后,六个成员国相继签署《打击恐怖主义、分裂主义和极端主义上海公约》和《上海合作组织成员国关于地区反恐怖机构的协定》,积极参与国际和地区反恐斗争,稳步推进区域经济合作,大力倡导不结盟、不对抗、不针对其他国家和地区的安全合作模式。"亚太安全"是中国践行新安全观、全球安全战略的落脚点。

早在1990年7月,澳大利亚外长加雷思·埃文斯提出了召开"亚洲安全与合作会议"的倡议。1990年加拿大提出进行"北太平洋合作安全对话"的具体倡议,并在加拿大约克大学举行了有关"北太平洋合作安全对话"的一系列会议。中国一直致力于维护亚太地区的和平与稳定,坚持走和平发展道路,坚持互利共赢的开放战略,坚持在和平共处五项原则基础上同所有国家发展友好合作,全面参与区域合作,积极应对传统安全和非传统安全挑战,为推动建设持久和平、共同繁荣的亚太不懈努力。

2014年5月21日,习近平在亚洲相互促进与信任措施会议第四次峰会的讲话中,倡导共同、综合、合作、可持续的亚洲安全观,提出创新安全理念,搭建地区安全和合作新架构,努力走出一条共建、共享、共赢的亚洲安全之路。

2016年4月28日习近平在亚信第五次外长会议开幕式上发表《凝聚共识 促进对话 共创亚洲和平与繁荣的美好未来》的演讲,倡导坚持和践行亚洲安全观,凝聚共识,促进对话,加强协作,推动构建具有亚洲特色的安全治理模式,共创亚洲和平与繁荣的美好未来。2016年9月,习近平在二十国集团工商峰会开幕式上发表讲话时进一步强调,抛弃过时的冷战思维,树立共同、综合、合作、可持续的新安全观是当务之急。

2017年1月,中国发布亚太安全合作政策白皮书。中国积极参与并推动国际组织发挥在安全治理方面的作用。

2011年中国向联合国大会提交《信息安全国际行为准则》草案,希望在联合国框架内尽早达成协定。当然,由于不存在最高的法律强制权威,世界范围的安全治理很多时候要依靠国家之间的协调。中国发起并建立了一系列促进全球政治安全、经济安全、金融安全和发展安全的制度和机制,例如亚洲基础设施投资银行、金砖国家开发银行、丝绸之路经济带和21世纪海上丝绸之路等。另外,国际援助也是全球安全共建的途径之一。比如中国提出要加大对非洲的帮扶,要提高快速反应水平,为和平争取机会,为生命赢得时间。中国支持非洲国家提高自身维和维稳能力,以非洲方式解决非洲安全问题。

总之,中国倡导的共同、综合、合作、可持续的全球新安全观,是与和平、发展、合作、共赢的时代潮流一致的;共同、综合、合作、可持续的安全建设与维护,也是中国推进中国特色大国外交和建设新型国际关系的方向。新时期中国特色社会主义安全观,丰富和发展了中国国家安全观体系,丰富了国家安全的内涵和外延。这是对国际政治关于"高阶政治"和"低阶政治"简单分野的重大突破。不仅为人类认识国家安全事业指明了方向,而且也为破解或者超越当今世界暂存的种种安全困境提供了有益启示。[1]这也有利于各主权国家基于自身长远利益的考量寻求一种和平、合作、共赢的安全发展道路,解决恐怖暴力、金融危机、人口爆炸、气候变化、环境污染、网络攻击、跨国犯罪等全球性安全问题,打造共同安全新格局。[2]进而有利于推动全球安全治理,有利于共建共享一个普遍安全的世界。

---

① 康红蕾、林志香:《习近平总体国家安全观探析》,《改革与开放》,2017年第1期。
② 张然、许苏明:《习近平总体国家安全观战略思想探析》,《思想理论教育导刊》,2017年第1期。

第九章 "建设共同繁荣的世界"与全球发展共同体理论构建

"建设共同繁荣的世界"是构建人类命运共同体发展领域的目标。世界共同发展、共同繁荣也是其他所有领域共同体构建的基础。所以,构建发展共同体是构建人类命运共同体中最重要的内容之一。

一、"建设共同繁荣世界"的提出

(一)持久和平、共同繁荣并立目标

党的十六大报告多处提到促进世界共同繁荣、共同发展:"我们主张顺应历史潮流,维护全人类的共同利益。我们愿与国际社会共同努力,积极促进世界多极化,推动多种力量和谐并存,保持国际社会的稳定;积极促进经济全球化朝着有利于实现共同繁荣的方向发展,趋利避害,使各国特别是发展中国家都从中受益。我们主张建立公正合理的国际政治经济新秩序。各国政治上应相互尊重,共同协商,而不应把自己的意志强加于人;经济上应相互促进,共同发展,而不应造成贫富悬殊。"①党的十七大报告明确提出建设持久和平、共同繁荣的和谐世界:"我们主张,各国人民携手努力,推动建

---

① 《江泽民文选》(第三卷),人民出版社,2006年,第566~567页。

设持久和平、共同繁荣的和谐世界。为此,应该遵循联合国宪章宗旨和原则,恪守国际法和公认的国际关系准则,在国际关系中弘扬民主、和睦、协作、共赢精神。政治上相互尊重、平等协商,共同推进国际关系民主化;经济上相互合作、优势互补,共同推动经济全球化朝着均衡、普惠、共赢方向发展。"①党的十八大报告中重申"建设持久和平、共同繁荣的和谐世界":和平发展是中国特色社会主义的必然选择。要坚持开放的发展、合作的发展、共赢的发展,通过争取和平国际环境发展自己,又以自身发展维护和促进世界和平,扩大同各方利益汇合点,推动建设持久和平、共同繁荣的和谐世界……人类只有一个地球,各国共处一个世界。历史昭示我们,弱肉强食不是人类共存之道,穷兵黩武无法带来美好世界。要和平不要战争,要发展不要贫穷,要合作不要对抗,推动建设持久和平、共同繁荣的和谐世界,是各国人民共同愿望。②

(二)面向世界共同发展的问题

习近平在联合国日内瓦总部的演讲"共同构建人类命运共同体",把"建设共同繁荣的世界"作为构建人类命运共同体的重要内容之一进行了阐述。习近平指出,坚持合作共赢,建设一个共同繁荣的世界。发展是第一要务,适用于各国。各国要同舟共济,而不是以邻为壑。各国特别是主要经济体要加强宏观政策协调,兼顾当前和长远,着力解决深层次问题。要抓住新一轮科技革命和产业变革的历史性机遇,转变经济发展方式,坚持创新驱动,进一步发展社会生产力、释放社会创造力。要维护世界贸易组织规则,支持开放、透明、包容、非歧视性的多边贸易体制,构建开放型世界经济。如果搞

---

① 《胡锦涛文选》(第二卷),人民出版社,2016年,第650页。
② 《胡锦涛文选》(第三卷),人民出版社,2016年,第624、651页。

贸易保护主义、画地为牢，损人不利己。经济全球化是历史大势，促成了贸易大繁荣、投资大便利、人员大流动、技术大发展。

21世纪，在联合国主导下，借助经济全球化，国际社会制定和实施了千年发展目标和2030年可持续发展议程，推动11亿人口脱贫，19亿人口获得安全饮用水，35亿人口用上互联网等，还将在2030年实现零贫困。这充分说明，经济全球化的大方向是正确的。当然，发展失衡、治理困境、数字鸿沟、公平赤字等问题也客观存在。这些是前进中的问题，我们要正视并设法解决，但不能因噎废食。我们要从历史中汲取智慧。历史学家早就断言，经济快速发展使社会变革成为必需，经济发展易获支持，而社会变革常遭抵制。我们不能因此踟蹰不前，而要砥砺前行。我们也要从现实中寻找答案。2008年爆发的国际金融危机启示我们，引导经济全球化健康发展，需要加强协调、完善治理，推动建设一个开放、包容、普惠、平衡、共赢的经济全球化，既要做大蛋糕，更要分好蛋糕，着力解决公平公正问题。2016年9月，二十国集团领导人杭州峰会聚焦全球经济治理等重大问题，通过《创新增长蓝图》，首次将发展问题纳入全球宏观政策框架，并制定了行动计划。[①]党的十九大报告、党的二十大报告重申了这一主张。

(三)提出构建全球发展共同体

2021年9月21日，习近平在第七十六届联合国大会一般性辩论上提出全球发展倡议。"全球发展倡议，最根本的目标是加快落实联合国2030年可持续发展议程，最核心的要求是坚持以人民为中心，最重要的理念是倡导共建团结、平等、均衡、普惠的全球发展伙伴关系，最关键的举措在于坚持行动

---

① 《习近平谈治国理政》(第二卷)，外文出版社，2018年，第543页。

导向,推动实现更加强劲、绿色、健康的全球发展,共建全球发展共同体。"[①]总之,这一提出过程经历了从共同繁荣、共同发展,到开放的发展、合作的发展、共赢的发展,到推动建设共同繁荣的世界,到全球发展倡议,推动构建全球发展共同体。

二、全球发展核心问题与基本问题

(一)核心问题

世界经济是国际分工、国际贸易、生产国际化和投资国际化的产物。它既涵盖世界各国的经济运行,又涵盖在各国经济联系基础上形成的全球经济体系。随着各国经济的国际化进程,尤其自20世纪90年代以来,全球化加速发展,世界经济全球层面的联系呈现急速扩展的态势,各国之间的相互依存空前深化,并出现了不同程度的区域经济合作和经济一体化组织。在这样的背景下,各国内部的发展问题逐渐向全球范围扩散,全球经济发展过程中也形成一些全球层面的发展问题。

2015年10月15日第七十届联合国大会通过《2030年可持续发展议程》的成果文件[②],该文件提出17个世界可持续发展目标:在全世界消除一切形式的贫困;消除饥饿,实现粮食安全,改善营养状况和促进可持续农业;确保健康的生活方式,促进各年龄段人群的福祉;确保包容和公平的优质教育,让全民终身享有学习机会;实现性别平等,增强所有妇女和女童的权能;为所有人提供水和环境卫生并对其进行可持续管理;确保人人获得负担得起的、可靠和可持续的现代能源;促进持久、包容和可持续的经济增长,促进充

---

① 《携手构建人类命运共同体:中国的倡议与行动》,人民出版社,2023年,第36页。

② 《2030年可持续发展议程》,外交部网站。

分的生产性就业和人人获得体面工作;建造具备抵御灾害能力的基础设施,促进具有包容性的可持续工业化,推动创新;减少国家内部和国家之间的不平等;建设包容、安全、有抵御灾害能力和可持续的城市和人类住区;采用可持续的消费和生产模式;采取紧急行动应对气候变化及其影响;保护和可持续利用海洋和海洋资源以促进可持续发展;保护、恢复和促进可持续利用陆地生态系统,可持续管理森林,防治荒漠化,制止和扭转土地退化,遏制生物多样性的丧失;创建和平、包容的社会以促进可持续发展,让所有人都能诉诸司法,在各级建立有效、负责和包容的机构;加强执行手段,重振可持续发展全球伙伴关系。这些目标事实上也反映的是全球发展中存在的问题,即这些目标正是目前存在的没有解决、待解决的问题。

习近平在2017年世界经济论坛的主旨演讲中指出世界经济领域三大突出矛盾:一是全球增长动能不足,难以支撑世界经济持续稳定增长。世界经济正处在动能转换的换挡期,传统增长引擎对经济的拉动作用减弱,人工智能、3D打印等新技术虽然不断涌现,但新的经济增长点尚未形成。世界经济仍然未能开辟出一条新路。二是全球经济治理滞后,难以适应世界经济新变化。新兴市场国家和发展中国家对全球经济增长的贡献率已经达到80%。过去数十年,国际经济力量对比深刻演变,而全球治理体系未能反映新格局,代表性和包容性很不够。三是全球发展失衡,难以满足人们对美好生活的期待。这是当今世界面临的最大挑战,也是一些国家社会动荡的重要原因。这些问题反映出,当今世界经济增长、治理、发展模式存在必须解决的问题。①

对于全球发展问题,无论是叫可持续发展问题,还是总结为全球增长动

---

① 习近平:《共担时代责任 共促全球发展——在世界经济论坛2017年年会开幕式上的主旨演讲》,《人民日报》(海外版),2017年1月17日。

能不足、全球经济治理滞后、全球发展失衡等三大问题，核心都是现有发展不足和不平衡问题，这两个问题影响未来全球发展问题，是全球发展的核心问题。

(二)基本问题

解决全球经济现有发展不足和存在不平衡这两个核心问题，一是需要世界各国合作，解决不平衡问题，共同推进全球发展；一是需要推进世界经济整体向前发展，而推进整个世界经济向前发展也需要国际合作推动。所以，合作发展、共同发展是推动全球发展的基础问题，是探讨全球发展理论的基本问题。

事实上，"2030年可持续发展议程"中"重振可持续发展全球伙伴关系"这项内容已经指出上述目标暨解决上述问题的手段：①筹资：通过向发展中国家提供国际支持等方式，以改善国内征税和提高财政收入的能力，加强筹集国内资源。发达国家全面履行官方发展援助承诺，包括许多发达国家向发展中国家提供占发达国家国民总收入0.7%的官方发展援助，以及向最不发达国家提供占比0.15%至0.2%援助的承诺；鼓励官方发展援助方设定目标，将占国民总收入至少0.2%的官方发展援助提供给最不发达国家。从多渠道筹集额外财政资源用于发展中国家。通过政策协调，酌情推动债务融资、债务减免和债务重组，以帮助发展中国家实现长期债务可持续性，处理重债穷国的外债问题以减轻其债务压力。采用和实施对最不发达国家的投资促进制度。②技术：加强在科学、技术和创新领域的南北、南南、三方区域合作和国际合作，加强获取渠道，加强按相互商定的条件共享知识，包括加强现有机制间的协调，特别是在联合国层面加强协调，以及通过一个全球技术促进机制加强协调。以优惠条件，包括彼此商定的减让和特惠条件，促进发展中国家开发以及向其转让、传播和推广环境友好型的技术。促成最不发达国家的技术库和科学、技术和创新能力建设机制到2017年全面投入运行,加强促成科技特别是信息和通信技术的使用。③能力建设:加强国际社会对在发展中国家开展高效的、有针对性的能力建设活动的支持力度,以支持各国落实各项可持续发展目标的国家计划,包括通过开展南北合作、南南合作和三方合作。④贸易:通过完成多哈发展回合谈判等方式,推动在世界贸易组织下建立一个普遍、以规则为基础、开放、非歧视和公平的多边贸易体系。大幅增加发展中国家的出口,尤其是到2020年使最不发达国家在全球出口中的比例翻番。按照世界贸易组织的各项决定,及时实现所有最不发达国家的产品永久免关税和免配额进入市场,包括确保对从最不发达国家进口产品的原产地优惠规则是简单、透明和有利于市场准入的。⑤系统性问题。政策和机制的一致性问题:加强全球宏观经济稳定,包括为此加强政策协调和政策一致性;加强可持续发展政策的一致性;尊重每个国家制定和执行消除贫困和可持续发展政策的政策空间和领导作用。多利益攸关方伙伴关系问题:加强全球可持续发展伙伴关系,以多利益攸关方伙伴关系作为补充,调动和分享知识、专长、技术和财政资源,以支持所有国家,尤其是发展中国家实现可持续发展目标;借鉴伙伴关系的经验和筹资战略,鼓励和推动建立有效的公共、公私和民间社会伙伴关系。数据、监测和问责:到2020年,加强向发展中国家,包括最不发达国家和小岛屿发展中国家提供的能力建设支持,大幅增加获得按收入、性别、年龄、种族、民族、移徙情况、残疾情况、地理位置和各国国情有关的其他特征分类的高质量、及时和可靠的数据;到2030年,借鉴现有各项倡议,制定衡量可持续发展进展的计量方法,作为对国内生产总值的补充,协助发展中国家加强统计能力建设。

上述"重振可持续发展全球伙伴关系"中,从筹资、技术、能力建设、贸易,到系统性问题,都是围绕发达国家与发展中国家之间的关系展开,体现合作发展、共同发展的原则。所以,从解决全球可持续发展问题角度,依然需要遵从合作发展、共同发展。合作发展、共同发展是推动全球发展的基础问题,是探讨全球发展理论的基本问题。

三、全球发展共同体理论逻辑起点与学理展望

(一)逻辑起点

如何实现全球范围的合作发展?实现全球范围的合作发展有哪些路径?探讨和追问合作发展的下一个层次的内容是什么。

历史上世界合作发展经历了不同的阶段。世界经济本就是不可分割的整体,国际生产、国际贸易、国际投资等作为世界经济的协调机制,相互之间形成一种联动性。只不过这些协调机制和联动性在不同时期有不同的表现。殖民扩张时期,世界范围的经济活动扩大,世界地区间的经济联系增多起来,但西方国家以殖民国家作为自己的原料来源地和市场,所以这时的世界合作发展并不是一种基于合作的基础,而是以西方国家掠夺和强迫殖民地国家的方式推进的。虽然这种方式给落后国家带来先进生产方式,促进了殖民地经济某一方面发展,世界市场进一步得到拓展。但殖民主义者对殖民地的野蛮掠夺和奴役,给殖民地人民带来巨大灾难,打断了殖民地国家的历史发展进程,造成这些地区处于全球经济体系的"边缘地带"。所以,殖民扩张造成了全球发展的不平衡,并形成了以西方国家为主导的不公正不合理的国际政治经济秩序。殖民时代结束以后,这种不平衡发展状况和旧的国际秩序还在影响后来的世界经济发展,乃至今天有些"合作"依然是以不公平不平等的经济秩序为起点的。

20世纪50年代,欧洲内部开始出现国家之间的合作发展。1957年法国、联邦德国、意大利、荷兰、比利时和卢森堡六国在罗马签订了《建立欧洲经济共同体条约》,目标是通过共同市场的建立和各成员国经济政策的逐步

接近,在整个共同体内促进经济活动的协同发展。该条约标志欧洲经济共同体的正式诞生。1992年根据《马斯特里赫特条约》,欧洲经济共同体更名为"欧洲共同体"。1993年11月1日,《马斯特里赫特条约》正式生效,欧盟正式诞生。欧洲经济一体化进程以关税同盟为起点,通过实施共同市场、统一大市场、货币联盟,最终实现全面的经济联盟。2002年1月1日,欧元纸币和硬币正式流通。2002年3月1日,欧元区各国原货币停止流通,欧元正式成为欧元区国家(现有12个国家)的唯一法定货币。欧洲是世界上最早实现经济共同体的区域,这一经济共同体促进了西欧区域内各国的合作发展、共同发展。但这些成员国都是发达国家,实质是发达国家之间的合作发展。所以,相对于世界范围的合作发展、共同发展来说,这种世界经济合作是以区域范围的共同性为起点的,缺乏更大的开放性、包容性、普惠性等。

2015年12月31日,以政治安全共同体、经济共同体和社会文化共同体三大支柱为基础的东盟共同体宣布建成,同时通过了愿景文件《东盟2025:携手前行》。东盟经济共同体的目标是让东盟十国之间能够展开自由贸易、自由投资及劳动力的自由流动。东盟共同体成立,同样具有历史、区域、文化等因素的推动,但它不仅是一种单纯的经济互助形式,而且实现了政治、安全等多领域的合作。这种合作发展有利于实现区域的平衡发展、区域的共同发展。这种合作发展仍是以区域为着眼点,以区域范围的共同性为起点。

构建人类命运共同体倡导的合作发展、共同发展,不是历史上掠夺、霸权式的所谓"合作"发展,而是建立在平等公正公平秩序基础上的合作发展;不局限地区范围,而是涵盖世界所有地区和国家在内,尤其涵盖发达国家和发展中国家,中国的"一带一路"建设超越亚洲、欧洲、非洲、拉美等区域界限;不仅是经济方面的合作,而且涵盖社会发展和绿色发展在内,是开放、包容、普惠、平衡、共赢的发展;不是帮扶式合作,而是以创新为驱动实现世界的共同发展、跨越式发展；不是单一式的合作，而是涵盖各种层面的合作，如双边合作、多边合作、政府间的合作、非政府合作等。平等合作是合作发展的基础，是共同内在发展、共同全面发展的基础，因此是探讨建设共同繁荣世界的合作发展、共同发展的逻辑起点。

(二)学理推展

1.发展共同体构建的逻辑推演研究

研究平等合作的内涵、不同文明在平等合作方面的理念；研究不同地区实现平等合作方面的历史经验和政策原则，研究从区域平等合作到世界平等合作的推展机制，研究从经济领域的平等合作到各领域平等合作以及世界各领域平等合作的机制；研究公正平等的经济秩序的建立原则；研究合作发展中主体，如国家的角色与责任、国际机构的角色与责任、国际社会力量的角色与责任等。

2."一带一路"发展学构建

2023年10月18日新华社国家高端智库发布《"一带一路"发展学——全球共同发展的实践和理论探索》智库报告。报告指出，共建"一带一路"正在孕育产生一种更具包容性、实效性的发展学——"一带一路"发展学。"一带一路"发展学是以"一带一路"建设的基本理念和高质量共建的实践经验为基础，以促进全球共同发展为主要目标的国际合作理论。其基本要义是：顺应经济全球化潮流，以尊重各国制度、文化多样性为前提，遵循互利共赢、以人为本两大价值坐标，通过对政府、资本、社会、生态四大发展要素定位和功能的再优化，实现发展资源更加有效公平的配置，助力参与方获得更多进入市场、发展产业、改善民生的机会。以"联通"(Connection)、"赋能"(Enablement)、"协同"(Coordination)为动力支撑的发展动力模型(CEC发展动力模型)是"一带一路"发展学的核心内容，它致力于解决全球发展两大关键问题——增长动力不足与发展持续失衡。该报告认为,CEC发展动力模型对基础设施、产业发展以及政府作用的重视,与经济学家们对新自由主义经济政策的反思形成了呼应。从某种程度上说,"一带一路"发展学是中国在与世界密切互动中所取得的发展经验共享。它强调的是各合作方发展目标的协同,是"合唱"而不是"独奏";它从古丝绸之路的历史中汲取精神养分,主张文明因交流而多彩,因互鉴而丰富,寻求通过开放合作创造新机遇,拓展发展新空间。作为广受欢迎的国际公共产品、构建人类命运共同体的重要实践平台,"一带一路"推动平等互利的国际合作、完善全球治理体系、促建"以合致和"新型国际关系,为推动全球发展提供了新路径、贡献了新方案。①

3.片面发展观批判

当代西方发展观经历了单纯经济增长的发展观、整体发展观、可持续发展观三个阶段。单纯经济增长的发展观,注重经济增长的单一指标,忽视了社会体制、政治制度、文化等因素,因而带来社会层面的革命等,西方的发展陷入危机。之后所谓整体发展观虽然兼顾了社会体制、文化发展等因素,但由于忽视了社会与自然环境的协调发展,造成了严重的生态问题。再之后可持续发展观兼顾经济发展、社会发展与自然环境的协调,注重了发展的可持续性。但无论是单纯经济增长的发展观,还是整体发展观、可持续发展观,都是以西方国家利益为导向的,忽视了全球的平衡发展问题。或者说,西方发展观以西方国家发展为导向,不以全球发展为导向,甚至通过不平等不公正的规则,变相剥削、压制全球其他地区的发展。

片面发展观批判目前的三个向度:一是以全球为视角批判其片面性。如"世界体系理论"将整个世界作为一个经济、政治、文化诸因素统一的体系

---

① 《"一带一路"发展学——全球共同发展的实践和理论探索》,智库报告。

来考察,认为世界体系是资本主义生产的内在逻辑充分展开的结果,当今国际事务、国家行为和国际关系都是这一逻辑的外在表现。资本主义经济关系首先在西欧发达国家确立并巩固,在西欧发达国家的推动下,这一体系不断向外扩张,将美洲、非洲、亚洲等世界各个国家、地区纳入体系中,最终形成了覆盖全球的一体化的资本主义世界经济体。在这一体系中,西欧发达国家处于体系的中心,亚非拉等第三世界国家处于受控制、受奴役的边缘地位。"依附论"持类似的观点,把西方发达国家视为全球发展的"中心国家",把非西方不发达国家视为全球发展的"边缘国家",认为发达国家的发展是建立在对边缘国家的殖民统治和经济掠夺基础上的,并造成了后者对前者的依赖性和从属性。因此,非西方国家已不可能在同样的初始条件下重演西方国家的现代化道路。

二是专门批判"新自由主义"发展观。20世纪后半叶兴起的"新自由主义"提出一套全球化理论,认为国际经济的联系为所有参与者提供了机遇,使经济体更为紧密并不是一个复杂的过程,只需要缩小政府的活动范围而已,减弱或消除政府的障碍,全面推动市场运作机制,随着这种最为有效的机制的扩散,最不发达的经济区域也会繁荣起来。贫困国家只要降低贸易和投资的门槛,资本就会流入贫困国家,进而带来这个地区的发展。按照"新自由主义"的理论逻辑,不太发达的国家的机制将愈益类似于发达国家的机制,与发达国家财富的差距也会越来越小。然而"新自自由主义"的推行并没有使世界经济变得统一和繁荣。从20世纪80年代开始,大多数发展中国家经济增长率严重下降,有些国家还出现了负增长。拉美有些国家情况更加严重。"新自由主义"所谓全球共同发展观,实质带来的却是相反的发展后果。

三是对西方发展观中的平等、公平、正义等内涵进行批判。这种批判总体上是对西方文明批判的一部分。

四、中国全球发展观与构建发展共同体实践

中国发展观是不断丰富和发展的。改革开放以来，邓小平在和平与发展的时代主题背景下，提出"发展才是硬道理"。江泽民提出"发展是党执政兴国的第一要务"。21世纪胡锦涛提出科学发展观。习近平提出全面建成小康社会的奋斗目标，推动经济社会持续健康发展，必须坚持的六个原则，即坚持人民主体地位、坚持科学发展、坚持深化改革、坚持依法治国、坚持统筹国内国际两个大局、坚持党的领导。进一步地，习近平明确指出：破解发展难题，厚植发展优势，必须牢固树立并切实贯彻落实的新发展理念即"创新、协调、绿色、开放、共享"。在中国特色社会主义发展观中，"世界性"观照是其内在涵盖的。2015年9月26日，习近平在联合国发展峰会作了"谋共同永续发展，做合作共赢伙伴"的讲话，以中国视角和中国理念阐述了在全球化大背景下，全球事业需要新的发展态度和发展模式及发展观念。[①]这次带有中国色彩的"发展讲话"是习近平对我国新时代经济社会"发展观"的一次展示和外化，是把国内发展观向国际社会的延伸和扩展，充分体现了我国对"发展观"理论的自信和担当。

（一）开放发展：合作发展、共同发展的前提

开放发展是推动中国自身健康发展的重要方面。只有向世界开放、向世界看齐、顺应世界大势，发展才能在比较与交流中推进。改革开放的总设计师邓小平在对国际国内形势的深刻认识和把握基础上，提出并推动了

---

① 习近平：《谋共同永续发展 做合作共赢伙伴——在联合国发展峰会上的讲话》，《人民日报》，2015年9月27日。

中国改革开放的伟大进程。任何一个国家要发展,孤立起来,闭关自守是不可能的,"中国长期处于停滞和落后状态的一个重要原因是闭关自守。经验证明,关起门来搞建设是不能成功的,中国的发展离不开世界。"①正是在改革开放的指引下,中国实现了从"站起来"到"富起来"。 开放是国家繁荣发展的必由之路。实践告诉我们,要发展壮大,必须主动顺应经济全球化潮流,坚持对外开放,充分运用人类社会创造的先进科学技术成果和有益管理经验。今天,改革开放仍是决定当代中国命运的关键一招,是决定实现"两个一百年"奋斗目标、实现中华民族伟大复兴的关键一招。改革开放大政方针深入人心,获得广泛共识。开放发展逐步升华为一种发展理念。

开放发展理念准确把握了当今世界和我国发展大势,体现了党对经济社会发展规律认识的深化,是对外开放思想的丰富和发展。开放发展理念,核心是解决发展内外联动问题,目标是提高对外开放质量、发展更高层次的开放型经济。"世界经济进入深度调整期,国际经济合作和竞争格局发生深刻变化,各国既需要携手应对发展问题和经济全球化进程中的各种挑战,又存在抢占科技制高点、整合全球价值链、重构国际经贸规则的激烈竞争。我国已成为世界第二大经济体和世界经济增长重要引擎,肩负更多的国际责任和期待。同我国在世界经济中扮演的新角色相比,我国对外开放水平总体不够高的矛盾非常突出。只有发展更高层次的开放型经济,才能更好顺应和平、发展、合作、共赢的世界潮流,才能有效应对发达国家再工业化以及TPP、TTIP等高标准区域贸易协定谈判带来的挑战……它所倡导的对外开放,不是对过去做法的简单重复,而是要以新思路、新举措发展更高水平、更高层次的开放型经济;既立足国内,充分发挥我国资源、市场、制度等优势,又更好利用国际国内两个市场、两种资源,以开放促改革、促发展、促创新,

---

① 《邓小平文选》(第三卷),人民出版社,1993年,第78页。

与世界各国互利共赢、共享发展成果。"①

开放发展必将推动世界的合作发展、共同发展,它是合作发展、共同发展的前提。从国家角度来如我国说,奉行开放发展理念,"就必须顺应我国经济深度融入世界经济的趋势,奉行互利共赢的开放战略,坚持内外需协调、进出口平衡、引进来和走出去并重、引资和引技引智并举,发展更高层次的开放型经济,积极参与全球经济治理和公共产品供给,提高我国在全球经济治理中的制度性话语权,构建广泛的利益共同体"②。奉行互利共赢的开放战略,反对保护主义,主张构建开放型世界经济,维护和加强多边贸易体制,为世界各国发展提供充足空间;主张区域自由贸易安排对多边贸易体制形成有益补充,推动经济全球化朝着普惠共赢的方向发展;以开放发展为各国创造更广阔的市场和发展空间,促进形成各国增长相互促进、相得益彰的合作共赢新格局。

(二)合作共赢:合作发展、共同发展的基础

在世界多极化、经济全球化、社会信息化和文化多样化的背景下,各国之间的相互依存度不断地加深与扩展,面对世界共生的客观事实,没有一个国家可以置身于世界之外,合作与共赢是当今世界各国的追求。习近平在博鳌亚洲论坛2013年年会上讲道:"共同发展是持续发展的重要基础,符合各国人民长远利益和根本利益。我们生活在同一个地球村,应该牢固树立命运共同体意识,顺应时代潮流,把握正确方向,坚持同舟共济,推动亚洲和世界发展不断迈上新台阶。"习近平在联合国总部出席联合国发展峰会上发

---

① 任理轩:《"五大发展理念"解读:坚持开放发展》,《人民日报》,2015年12月23日。

② 中共中央宣传部:《习近平总书记系列重要讲话读本(2016年版)》,学习出版社、人民出版社,2016年,第135~136页。

表讲话的标题就是"谋共同永续发展,做合作共赢伙伴"。

中国提出的"一带一路"建设,除了秉承世界的开放发展,同样秉承了世界合作发展、世界共同发展理念。2013年9月7日习近平在哈萨克斯坦纳扎尔巴耶夫大学发表演讲时倡议"为了使我们欧亚各国经济联系更加紧密、相互合作更加深入、发展空间更加广阔,我们可以用创新的合作模式,共同建设'丝绸之路经济带'"[①]。丝绸之路经济带与21世纪的海上丝绸之路,是中国推动国际合作发展、共同发展的具体行动。为了更好地加深同新兴市场国家的合作与沟通,通过设立金砖国家开发银行,打造开放、包容、合作、共赢的金砖精神,促进同金砖国家的友好交往,携手共同发展;倡导设立亚投行,并愿同联合国、世界银行等国际组织加强合作,就是要同世界各国分享中国的发展机遇,助力2030年可持续发展议程。

(三)公正公平、普惠包容发展:合作发展的保障

世界经济发展到今天,一方面,物质财富不断积累,科技进步日新月异,人类文明发展到历史最高水平;另一方面,地区冲突频繁发生,恐怖主义、难民潮等全球性挑战此起彼伏,贫困、失业、收入差距拉大,世界面临的不确定性上升。全球最富有的1%人口拥有的财富量超过其余99%人口财富的总和,收入分配不平等、发展空间不平衡令人担忧。全球仍然有7亿多人口生活在极端贫困之中。这是当今世界面临的最大挑战,也是一些国家社会动荡的重要原因。全球经济总量在增加,发展中国家在全球经济格局中地位不断上升,但是全球经济发展依然不平衡,不稳定性在加大,而且世界贫富差距明显;全球可再生能源不断发展,但是以煤炭为主的能源结构没有根本

---

① 习近平:《弘扬人民友谊共创美好未来——在纳扎尔巴耶夫大学的演讲》,《人民日报》,2013年9月8日。

性改变,气候变化问题突出,而且一些国家生态环境问题仍然较为严重;世界总人口数不断增加,各国就业水平难以提高,各国教育水平非常不均衡,而且欠发达国家人均医疗卫生支出水平低,居民健康状况堪忧。[①]

促进世界的公平公正发展,需均衡、普惠和共赢发展,这是合作发展的保障。对于世界发展中一些"不平衡、不公平、不公正"的现象,有人将其归咎于经济全球化。经济全球化是社会生产力发展的客观要求和科技进步的必然结果,不是哪些人、哪些国家人为造出来的。经济全球化为世界经济增长提供了强劲动力,促进了商品和资本流动、科技和文明进步、各国人民交往。世界经济全球化的进程与趋势不可改变。经济全球化的确是一把"双刃剑",既带来正效应,也带来负效应。正效应主要体现在增长方面,负效应主要集中在分配问题上。从不同国家看,发达经济体在经济全球化中处于主动和强势地位,其获益要远大于新兴经济体和广大发展中国家。而一些发展中国家则长期处于能源原材料输出国地位,贸易条件恶化、债务负担沉重、金融风险增加。不少发展中国家在国际分工体系中被长期锁定在中低端环节。随着国际力量对比发生深刻变化、新兴市场和发展中国家群体性崛起,经济全球化进入金融全球化和全球价值链构建的新阶段,现有的全球经济治理体系改革明显滞后,存在有效性不足、包容性不足、安全性不足等问题,已难以适应经济全球化持续健康发展的需要。我们需要做的不是单纯质疑和抵制经济全球化的负效应,而是积极推动全球社会朝向均衡、普惠和共赢的方向发展。2015年9月26日习近平在联合国发展峰会上发表的《谋共同永续发展,做合作共赢伙伴》讲话指出:"我们要坚持开放的发展,让发展成果惠及各方。在经济全球化时代,各国要打开大门搞建设,促进生产

---

① 曾贤刚、周海林:《全球可持续发展面临的挑战与对策》,《中国人口·资源与环境》,2012年第5期。

要素在全球范围更加自由便捷地流动。各国要共同维护多边贸易体制,构建开放型经济,实现共商、共建、共享。要尊重彼此的发展选择,相互借鉴发展经验,让不同发展道路交汇在成功的彼岸,让发展成果为各国人民共享。"

(四)构建全球发展共同体的实践

1.中国自身发展对全球发展的贡献

中国坚持以自身发展促进世界发展。中国经济增长对全球经济的贡献率。经过40多年的改革开放,中国经济总量跃居世界第二。按照国家统计局数据计算,1980—2015年间,中国实际国内生产总值(GDP)年均增长速度达到9.70%,而同期世界经济增速仅为2.78%,约为中国的1/4,中国对世界GDP增长的累积贡献率超过13%。根据国际货币基金组织的测算结果,2015年,中国GDP占世界经济比重达到15.5%,对世界经济增长的贡献率超过25%的水平,已超过其他任何国家。而截至2016年,中国为全球经济增速贡献了1.2个百分点,同期美国只贡献0.3个百分点,欧洲贡献0.2个百分点。这意味着,中国对世界经济增长的贡献超过发达国家之和,在全球首屈一指,对世界经济的增长起到了显著的促进和推动作用。①中国的经济增长为消除世界贫困作出了突出贡献。据联合国《千年发展目标报告(2015年)》显示,1990—2015年,全球贫困人口从19亿减少到8.36亿,中国贡献率超过了70%。而根据世界银行的另一项统计结果显示,2015年全球极端贫困人口共计7.02亿,占世界人口的比例为9.6%,中国2015年极端贫困人口仅占全国人口的4%,约为5575万。进一步与发达国家相对比,美国的贫困率和贫困人口多年来并无显著降低,2013年美国贫困率为14.5%,2014年这一数字

---

① 万相昱、张涛:《中国的经济增长为世界经济作出了重要贡献》,《红旗文稿》,2017年第13期。

为14.8%,贫困人口总数为4670万人;日本贫困人口数量在2010年就已经达到16%,此后贫困问题一直困扰着日本经济;作为欧元区经济核心动力的德国,2014年的贫困人口比例已高达15.4%,贫困问题也不容乐观。与此同时,非洲国家及其他发展中国家的贫困问题也没有找到很好的解决办法,仍是世界性难题。世界贫困问题的解决,不仅高度依赖中国的社会经济发展的直接贡献,更不能忽视中国经验的总结与推广。中国发展为世界发展提供机遇。14亿多中国人整体迈进现代化社会,意味着几乎再造一个相当于现有发达国家规模总和的市场,为各国各方共享中国大市场提供更多机遇。中国开创性举办中国国际进口博览会、中国国际服务贸易交易会、中国进出口商品交易会、中国国际消费品博览会等重大展会。中国推动各国各方共享中国制度型开放机遇,稳步扩大规则、规制、管理、标准等制度型开放。同时,"中国坚定推动建设开放型世界经济。中国已经成为140多个国家和地区的主要贸易伙伴,同28个国家和地区签署了21个自贸协定。高质量实施《区域全面经济伙伴关系协定》,积极推进加入《全面与进步跨太平洋伙伴关系协定》和《数字经济伙伴关系协定》,扩大面向全球的高标准自由贸易区网络。推动人民币国际化,提升金融标准和国际化水平,更好实现中国和其他国家利益融合。"[①]

2.推动共建"一带一路"国家和区域共同发展

共建"一带一路"旨在促进经济要素有序自由流动、资源高效配置和市场深度融合,推动沿线各国实现经济政策协调,开展更大范围、更高水平、更深层次的区域合作,共同打造开放、包容、均衡、普惠的区域经济合作架构。2015年3月国家发展改革委、外交部、商务部联合发布了《推动共建丝绸之路

---

① 《携手构建人类命运共同体:中国的倡议与行动》,人民出版社,2023年,第38~39页。

经济带和21世纪海上丝绸之路的愿景与行动》,再具体落实"一带一路"建设,从而加快了这一倡议的落地实施。"一带一路"建设秉持的是共商、共建、共享原则,不是封闭的,而是开放包容的;不是中国一家的独奏,而是沿线国家的合唱。"一带一路"合作倡议契合中国、沿线国家和本地区发展需要,符合有关各方共同利益,顺应了地区和全球合作潮流。

中国在第三届"一带一路"国际合作高峰论坛上提出支持高质量共建"一带一路"的八项行动①:第一,构建"一带一路"立体互联互通网络。中方将加快推进中欧班列高质量发展,参与跨里海国际运输走廊建设,办好中欧班列国际合作论坛,会同各方搭建以铁路、公路直达运输为支撑的亚欧大陆物流新通道。积极推进"丝路海运"港航贸一体化发展,加快陆海新通道、空中丝绸之路建设。第二,支持建设开放型世界经济。中方将创建"丝路电商"合作先行区,同更多国家商签自由贸易协定、投资保护协定。全面取消制造业领域外资准入限制措施。主动对照国际高标准经贸规则,深入推进跨境服务贸易和投资高水平开放,扩大数字产品等市场准入,深化国有企业、数字经济、知识产权、政府采购等领域改革。中方将每年举办"全球数字贸易博览会"。未来5年(2024—2028年),中国货物贸易、服务贸易进出口额有望累计超过32万亿美元、5万亿美元。第三,开展务实合作。中方将统筹推进标志性工程和"小而美"民生项目。中国国家开发银行、中国进出口银行将各设立3500亿元人民币融资窗口,丝路基金新增资金800亿元人民币,以市场化、商业化方式支持共建"一带一路"项目。本届高峰论坛期间举行的企业家大会达成了972亿美元的项目合作协议。中方还将实施1000个小型民生援助项目,通过鲁班工坊等推进中外职业教育合作,并同各方加强对

---

① 习近平:《建设开放包容、互联互通、共同发展的世界——在第三届"一带一路"国际合作高峰论坛开幕式上的主旨演讲》,2023年10月18日,https://www.gov.cn。

共建"一带一路"项目和人员安全保障。第四,促进绿色发展。中方将持续深化绿色基建、绿色能源、绿色交通等领域合作,加大对"一带一路"绿色发展国际联盟的支持,继续举办"一带一路"绿色创新大会,建设光伏产业对话交流机制和绿色低碳专家网络。落实"一带一路"绿色投资原则,到2030年为伙伴国开展10万人次培训。第五,推动科技创新。中方将继续实施"一带一路"科技创新行动计划,举办首届"一带一路"科技交流大会,未来5年把同各方共建的联合实验室扩大到100家,支持各国青年科学家来华短期工作。中方将在本届论坛上提出全球人工智能治理倡议,愿同各国加强交流和对话,共同促进全球人工智能健康有序安全发展。第六,支持民间交往。中方将举办"良渚论坛",深化同共建"一带一路"国家的文明对话。在已经成立丝绸之路国际剧院、艺术节、博物馆、美术馆、图书馆联盟的基础上,成立丝绸之路旅游城市联盟。继续实施"丝绸之路"中国政府奖学金项目。第七,建设廉洁之路。中方将会同合作伙伴发布《"一带一路"廉洁建设成效与展望》,推出《"一带一路"廉洁建设高级原则》,建立"一带一路"企业廉洁合规评价体系,同国际组织合作开展"一带一路"廉洁研究和培训。第八,完善"一带一路"国际合作机制。中方将同共建"一带一路"各国加强能源、税收、金融、绿色发展、减灾、反腐败、智库、媒体、文化等领域的多边合作平台建设。继续举办"一带一路"国际合作高峰论坛,并成立高峰论坛秘书处。

3.中国积极落实全球发展议程、积极参与全球发展治理

中国每年发布落实2030年可持续发展议程进展报告。2016年4月,中国发布《落实2030年可持续发展议程中方立场文件》;9月发布《中国落实2030年可持续发展议程国别方案》。中国将落实2030年议程同执行"十三五"规划、"十四五"规划和2035年远景目标纲要等中长期发展战略有机结合,成立由45家政府机构组成的跨部门协调机制,推动多个可持续发展目标取得积极进展。中方发布三期《中国落实2030年可持续发展议程进展报

告》,两次参加落实2030年议程国别自愿陈述,同各国分享落实经验,为其他发展中国家落实议程提供力所能及的帮助,助力全球早日实现可持续发展目标。中国"坚持以人民为中心的发展思想,完整准确全面贯彻创新、协调、绿色、开放、共享的新发展理念,积极构建新发展格局,不断推动经济社会发展,为推动全球实现可持续发展目标贡献出宝贵的智慧"[①]。

全球发展领域存在的问题反映出深层次的全球治理问题。一方面体现在不公正不合理的国际分工体系,使得广大的发展中国家长期处于全球价值链低端;另一方面体现在不公正不合理的国际规则,发展中国家在发展合作中处在不利地位。一方面"逆全球化"暗流涌动和保护主义日益盛行使得全球发展环境日益恶化;另一方面资本和劳动的报酬不平衡引发国家内部分化加剧。

中国积极倡导推动正确、均衡的全球化方向。经济全球化是历史大势,促成了贸易大繁荣、投资大便利、人员大流动、技术大发展。21世纪,在联合国主导下,借助经济全球化,国际社会制定和实施了千年发展目标和2030年可持续发展议程,推动11亿人口脱贫,19亿人口获得安全饮用水,35亿人口用上互联网等,还将在2030年实现零贫困。这充分说明,经济全球化的大方向是正确的。要让经济全球化的正面效应更多释放出来,帮助新兴市场国家和发展中国家,特别是非洲国家和最不发达国家有效参与国际产业分工,共享经济全球化的红利。

中国积极倡导发展中国家参与全球治理。长期以来,发达国家一直处于全球治理的主导地位,掌控全球治理规则的制定权,而广大的发展中国家不得不成为国际规则的接受者,在全球治理领域的话语权和影响力非常有

[①] 中国国际发展知识中心:《中国落实2030年可持续发展议程进展报告》,2023年。

限。国际货币基金组织、世界银行等传统全球治理机制弊端日益暴露，但在既得利益国家和国家集团的阻碍下，难以推行深入的治理结构调整与改革；新兴国家创立的新组织和新机制，在现有的全球治理体系中难以发挥更为重要的作用。

在全球治理领域享受较多权力和利益的发达国家尽力推脱应尽的义务，而一些新兴国家由于无法获得与其自身实力相适应的权力，在承担国际责任上缺乏动力。习近平提出："如果奉行你输我赢、赢者通吃的老一套逻辑，如果采取尔虞我诈、以邻为壑的老一套办法，结果必然是封上了别人的门，也堵上了自己的路，侵蚀的是自己发展的根基，损害的是全人类的未来。"中国提出的"一带一路"建设，是全球发展治理的中国方案。

4.构建高质量伙伴关系 共创全球发展新时代

习近平在全球发展高层对话会上发表"构建高质量伙伴关系 共创全球发展新时代"的讲话指出，这是一个充满挑战的时代，也是一个充满希望的时代。我们要认清世界发展大势，坚定信心，起而行之，拧成一股绳，铆足一股劲，推动全球发展，共创普惠平衡、协调包容、合作共赢、共同繁荣的发展格局。第一，我们要共同凝聚促进发展的国际共识。只有各国人民都过上好日子，繁荣才能持久，安全才有保障，人权才有基础。我们要把发展置于国际议程中心位置，落实联合国2030年可持续发展议程，打造人人重视发展、各国共谋合作的政治共识。第二，我们要共同营造有利于发展的国际环境。保护主义是作茧自缚，搞"小圈子"只会孤立自己，极限制裁损人害己，脱钩断供行不通、走不远。我们要真心实意谋发展、齐心协力促发展，建设开放型世界经济，构建更加公正合理的全球治理体系和制度环境。第三，我们要共同培育全球发展新动能。创新是发展的第一动力。我们要推进科技和制度创新，加快技术转移和知识分享，推动现代产业发展，弥合数字鸿沟，加快低碳转型，推动实现更加强劲、绿色、健康的全球发展。第四，我们要共同构建全球发展伙伴关系。合作才能办成大事,办成好事,办成长久之事。发达国家要履行义务,发展中国家要深化合作,南北双方要相向而行,共建团结、平等、均衡、普惠的全球发展伙伴关系,不让任何一个国家、任何一个人掉队。要支持联合国在全球发展合作中发挥统筹协调作用,鼓励工商界、社会团体、媒体智库参与全球发展合作。①

---

① 习近平:《构建高质量伙伴关系 共创全球发展新时代——在全球发展高层对话会上的讲话》,《人民日报》,2022年6月25日。

第十章 "建设清洁美丽世界"与全球生态共同体理论构建

在中国之前提出的"建设和谐世界"内容体系中,和平与发展就是主要构成议题。生态方面的内容是随着构建人类命运共同体的提出而提出的,是构建人类命运共同体中特有的内容之一。

一、"建设清洁美丽世界"的提出

(一)构筑全球生态体系

2015年习近平在第七十届联合国大会一般性辩论的讲话中初步阐发这一思想。习近平指出:"我们要构筑尊崇自然、绿色发展的生态体系。人类可以利用自然、改造自然,但归根结底是自然的一部分,必须呵护自然,不能凌驾于自然之上。我们要解决好工业文明带来的矛盾,以人与自然和谐相处为目标,实现世界的可持续发展和人的全面发展。建设生态文明关乎人类未来。国际社会应该携手同行,共谋全球生态文明建设之路,牢固树立尊重自然、顺应自然、保护自然的意识,坚持走绿色、低碳、循环、可持续发展之路。在这方面,中国责无旁贷,将继续作出自己的贡献。同时,我们敦促发达国家承担历史性责任,兑现减排承诺,并帮助发展中国家减缓和适应气候变化。"①2016年习近平在访问秘鲁时重申了这一思想。习近平指出:"世界各国共同努力,建立平等相待、互商互谅的伙伴关系,公道正义、共建共享的安全格局,开放创新、包容互惠的发展前景,和而不同、兼收并蓄的文明交流,尊崇自然、绿色发展的生态体系……国际社会应该共谋全球生态文明建设之路,牢固树立尊重自然、顺应自然、保护自然的意识,坚持走绿色、低碳、循环、可持续发展之路。"②

2017年习近平在联合国日内瓦总部发表"共同构建人类命运共同体"的演讲,系统阐述了这一思想,并明确提出,坚持绿色低碳,建设一个清洁美丽的世界。习近平指出:"人与自然共生共存,伤害自然最终将伤及人类。空气、水、土壤、蓝天等自然资源用之不觉、失之难续。工业化创造了前所未有的物质财富,也产生了难以弥补的生态创伤。我们不能吃祖宗饭、断子孙路,用破坏性方式搞发展。绿水青山就是金山银山。我们应该遵循天人合一、道法自然的理念,寻求永续发展之路。我们要倡导绿色、低碳、循环、可持续的生产生活方式,平衡推进2030年可持续发展议程,不断开拓生产发展、生活富裕、生态良好的文明发展道路。《巴黎协定》的达成是全球气候治理史上的里程碑。我们不能让这一成果付诸东流。各方要共同推动协定实施。中国将继续采取行动应对气候变化,百分之百承担自己的义务。"③建设生态文明是关系人民福祉、关乎民族未来的大计,也是关乎人类未来生存与发展的大计。2017年党的十九大报告提出构筑尊崇自然、绿色发展的生态体系。

---

① 习近平:《携手构建合作共赢新伙伴 同心打造人类命运共同体——在第七十届联合国大会一般性辩论时的讲话》,《人民日报》,2015年9月29日。

② 习近平:《同舟共济、扬帆远航,共创中拉关系美好未来——在秘鲁国会的演讲》,《光明日报》,2016年11月23日。

③ 《习近平谈治国理政》(第二卷),外文出版社,2018年,第544页。

(二)构建人与自然生命共同体

2021年在第七十六届联合国大会一般性辩论的讲话中,习近平结合全球疫情对全球生态建设思想进行了进一步阐发,强调要坚持人与自然和谐共生,完善全球环境治理,积极应对气候变化,构建人与自然生命共同体。加快绿色低碳转型,实现绿色复苏发展。

概括来说,关于全球生态建设,习近平的讲话中有三种提法:一是构建尊崇自然、绿色发展的生态体系;二是构建人与自然生命共同体;三是坚持绿色低碳,建设清洁美丽的世界。也就是说,习近平的讲话原文中并没有"全球生态共同体"的提法,但相关研究普遍使用"全球生态共同体"提法。如中央党校赵建军教授在文章中使用"全球生态共同体",并界定了全球生态共同体的内涵:"生活在地球上的所有国家和民族共同拥有同一个地球家园,我们都是"地球村"的村民。我们共同遭遇着工业化、城市化、现代化发展带来的资源日益枯竭和环境持续恶化的压力和挑战。面对这样一个共同问题,我们确实需要以地球村的概念,把所有的国家、所有的民族、所有的国际组织等联合起来,形成全球共同的价值观、共同的利益观、共同的命运观,以谋求我们共同的美好未来。"赵文还指出:"习近平总书记在不同场合多次强调,要构建人类命运共同体。从生态发展之于可持续发展的关系来看,我认为生态共同体是人类命运共同体的基础和保障,应该受到广泛重视。"

本书采用"全球生态共同体"提法。一者是因为学界研究已经普遍使用这一提法。二者是因为这一提法并不违背习近平全球生态建设思想和构建人类命运共同体思想,并且可以将现有的三个提法综合在一起:关于构建尊崇自然、绿色发展的生态体系,这一提法有一定的环境科学的内涵,缺乏"共同体""国际合作"的意蕴;构建人与自然生命共同体,虽然有明确的"共同体""国际合作"意蕴,但"生命共同体"提法略显狭窄,并缺乏对国家、国际政治层面的观照;坚持绿色低碳,建设清洁美丽的世界,宏观上体现了这一思想内容,但内涵界定不够清晰。当然,"全球生态共同体"也并不是最贴切的提法,因为与"发展共同体、安全共同体"对照来看,"发展共同体、安全共同体"的依托力量主要是主权国家,而"全球生态共同体"的依托力量则是整个国际社会。所以,"全球生态共同体"并没有作为向世界各国发出倡议的明确用语。本书也仅为一般性叙述方便,采用"全球生态共同体"提法。另外,本书对环境问题与生态问题并不做严格区分。

二、全球生态领域核心问题与基本问题

(一)核心问题

全球范围的生态治理经历了一个逐渐深入的过程:从应对、解决生态危机问题,到治理破坏生态的行为,到世界联合治理生态问题等。这些在生态治理过程中出现的问题,至今依然存在,依然是全球生态治理的核心问题。

环境问题一直在人类社会中存在,比如由自然因素引起的火山、地震、海啸等自然灾害。但我们通常所说的环境问题,多指人为因素引起的环境污染或自然资源与生态环境的破坏等问题。20世纪50年代以后,系列环境问题、复杂环境问题、全球环境问题逐渐出现,如"温室效应"、大气臭氧层破坏、酸雨污染、有毒化学物质扩散、人口爆炸、土壤侵蚀、森林锐减、陆地沙漠化扩大、水资源污染和短缺、生物多样性锐减等全球性环境问题。这些问题一开始就是以全球性的形态出现的。全球性环境问题的出现威胁着整个人类的生存和文明的持续发展。《寂静的春天》等这些较早揭示环境问题的著作也是以全球性为视角的。由此,人类对于环境问题的治理,从一开始就属于全球治理的范畴。人类的环境治理一直循着两个脉络在推进:一是在国家范围内的环境治理活动,二是在国际社会范围的环保运动和相关生态保

护活动等。

在国家范围的环境治理活动,逐渐与国家治理关联并经历了不断深入的过程。面对全球生态危机问题,人们首先想到的是运用科学技术手段解决"温室效应"、大气臭氧层破坏、酸雨污染、森林锐减、陆地沙漠化扩大、水资源污染和短缺等问题。这种方式对于解决生态危机问题起到了一定的积极作用。但随着生态危机的进一步恶化,人们认识到仅靠技术上对生态危机进行修补和挽救是不够的,必须有政治的参与。因为生态危机问题的产生就有政治参与和推动的因素,所以生态问题的解决如果脱离政治的框架,是难以得到根本解决的。在这一思路下,生态治理从治理生态问题,逐渐转变为由国家从政治层面进行治理。于是,相关环境保护、环境治理的政策,以及惩罚破坏环境行为的法规等出台。20世纪六七十年代,随着生态问题开始受到更多大众层面的关切,新社会运动与绿党政治兴起,生态治理更进一步与国家生活紧密联系。从70年代中期到90年代初,西方发达国家的环境治理取得一定成效。当然,这种成效也有时代背景的因素:一方面,随着信息时代的来临,少数欧美发达国家先后步入后工业社会阶段,其经济社会结构发生变化,新兴产业较比传统产业带来的环境问题减少;另一方面,西方发达国家把传统产业转移到发展中国家,环境问题随之也被更多转嫁给发展中国家。

在全球层面,相关国际组织、世界范围的民间环境治理组织、环保运动等,为全球生态治理做出了重要贡献。20世纪六七十年代生态运动兴起于美国,并结合六七十年代的世界反战、反核运动扩展到全世界。生态运动主要主张通过变革生产、消费、生活方式维持人类发展与生态系统的平衡,即希望在保护生态系统平衡的前提下谋求社会发展。生态活动唤起了更多民众的环保意识,并催生了一些非政府环保组织。绿色和平组织,目前是全球最有影响力的环保组织之一。自70年代成立以来,绿色和平组织在世界40

多国家和地区有分部,有超过300万支持者。绿色和平组织通过"非暴力直接行动",为维护生态作出了具体贡献,如禁止输出有毒物质到发展中国家;阻止商业性捕鲸,在南太平洋建立一个禁止捕鲸区;50年内禁止在南极洲开采矿物;禁止向海洋倾倒放射性物质、工业废物和废弃的采油设备等环保方面的成就。但随着经济全球化的发展,生态危机在全球层面的扩展速度加快,影响范围越来越大,社会环保力量越来越认识到全球生态治理需要国家、国际社会层面,政府间国际组织、非政府组织等合作推进。一些国际社会环保个人与社会团体也因此逐渐放弃直接行动,采取政治游说或科学手段推进环境治理。由此,全球环境治理进入一个新的发展阶段。但应对全球层面的环境治理依然是核心问题。

(二)基本问题

从根源上来说,生态问题的产生与工业文明直接关联。当人类处于农业文明阶段,人类的生存主要依托于自然环境和自然条件。在这一阶段人类与自然的关系表现为:人类依附于自然,人类在摆脱自然、战胜自然过程中推进文明的发展。在人类进入工业文明阶段,人类的科技与生产力得到前所未有的发展。在这一阶段人类与自然的关系表现为:一方面,工业文明成为人类战胜自然、克服和超越自然条件限制、实现更好生存的手段;另一方面,人类在运用科学技术和发展生产力过程中也导致生态环境被破坏,导致一系列生态问题产生。"人类的不合理活动引发生态结构损坏、自组织功能失灵以及生命系统肢解,导致的一系列生态环境恶果严重威胁到人类自身的生存与发展。"[1]工业化创造了前所未有的物质财富,也给世界带来了难

---

① 王向明、段光鹏:《全球生态治理的资本批判与样态探索》,《北京社会科学》,2022年第4期。

以弥补的生态创伤。

西方发达国家在推进现代化、工业化、城市化的进程之中,除了对本国生态环境造成破坏之外,还向发展中国家转嫁生态危机。西方发达国家利用处在全球工业价值链和生态链上游的优势,或掠夺他国的自然资源,或将能源消耗型产业转移到发展中国家,或把产生的实际污染、生态灾难直接推向发展中国家。西方发达国家通过这种做法,一方面自身获得了代际生态利益,另一方面导致生态危机在全球范围蔓延。所以,生态环境表面上是一个客观的、超越国家与国家之间界限的世界性存在,无论发展中国家还是发达国家都是全球生态治理系统工程中重要的一分子,都有不可推卸的责任;但事实上西方发达国家是生态问题更早的制造者,理应比发展中国家承担更多的治理责任。

概括来说,全球生态领域的基本问题是工业生产方式的改变问题,以及不同国家对于生态治理的责任问题。因为"工业生产方式的改变以及不同国家对于生态治理责任问题",是一个将生态治理问题落实于具体治理领域和具体治理主体的问题,并将生产方式转变与国家责任承担问题融合在一起,也涵盖了国家范围和全球范围生态治理问题。由此,它成为全球生态领域的基本问题。

三、全球生态共同体理论的逻辑起点与学理展望

(一)逻辑起点

对于"工业生产方式的改变以及不同国家对于生态治理责任问题"这一基本问题的探求,世界各国基本达成一致认识,即最终落脚于低碳。

低碳是转变工业生产方式的重要落脚点。低碳,意指温室气体(二氧化碳为主)的排放量降低。大气中的二氧化碳气体含量急剧增加,主要是由于

开采、燃烧煤炭等化石能源,而这一点是现代工业的直接产物。由此,降低碳排放量倒逼工业生产方式的转变。在工业生产方式转变基础上,整个经济运行践行低碳原则,则形成低碳发展模式。同时,不仅在生产领域,在生活领域同样也可以践行低碳原则。

低碳也是衡量或划分国家责任和国际合作模式的重要指标落脚点。全球气候谈判自1991年国际气候公约谈判启动,到2021年已持续30年。在全球气候谈判的进程中,最初发展中国家集体强调发达国家在气候变化问题上的历史责任,要求在公约有关对策实施条款中明确体现南北间的公平和"共同但有区别责任"的原则。到了2015年《巴黎协定》时,该文件不再强调南北国家的区分,而是一致表述为"国际自主决定的贡献",形成新的全球气候治理范式。虽然不再强调南北国家的区分,但西方发达国家对于气候治理的"责任现在论"、发展中国家对于"责任原始论"的主张仍是全球气候谈判中分歧的根源。最终,这一分歧依然要落实到不同国家承担的具体低碳指标上。

(二)学理展望

1.全球生态共同体逻辑演进研究

进行低碳指标研究:关于碳排放,国际上有很多通用公式,这些公式由联合国及一些环保组织共同制作,各国需要在这些公式基础上结合各个国家国情,计算出更符合实际的碳排放指标。进行低碳生产方式研究:低碳生产是相对于大量消耗煤炭、石油等化石能源、高能耗、高碳排放、高污染为特点的"高碳生产"而言的,低碳生产的核心是减少碳基化合物排放,达到生产活动不超过环境容量、不损害环境弹性的目标。进行低碳发展模式研究:这是在低碳生产的基础上,倡导整体发展都坚持走绿色、低碳、循环、可持续发展之路,包括建立绿色低碳发展的经济体系,实现整个经济社会发展全面绿色转型。进行低碳生活方式研究：这主要指在生活中践行绿色、低碳、循环、可持续的生活原则。进行全球生态共同体构建中国家、国际组织、国际社会力量的角色与责任研究。

2.低碳与内容体系

对现实不同类型国家如发达国家、发展中国家生态观和推动低碳发展实践进行梳理；对不同生态文明进行比较和总结人类生态文明共有的价值、理念和经验等。

3.低碳与西方"平等责任观"批判

发展中国家一直主张，应该恪守共同但有区别的责任原则，希望发达国家承担历史性责任，兑现减排承诺，并帮助发展中国家减缓和适应气候变化。虽然发展中国家这一阵营内部在具体问题的主张上还有很多差异，如77国集团内部在气候变化问题上，内部产生了非洲国家、小岛屿发展中国家（SIDS）和最不发达国家（LDCs）等谈判集团；但在恪守共同但有区别责任原则上，发展中国家的立场是一致的。未来在世界气候谈判或全球环境治理方面，除了需要在国际谈判平台上实际增强发展中国家的力量之外，还需要增强这方面的研究，尤其增强对西方"平等责任观"的批判研究。

四、中国全球生态观与构建全球生态体系实践

中国的生态文明观是构建人类命运共同体全球生态观的基础，中国全球生态观是在中国生态文明观的基础上提出的。

（一）把生态文明和绿色发展置于战略高度

党的十八大报告提出，建设生态文明，是关系人民福祉、关乎民族未来的长远大计。必须树立尊重自然、顺应自然、保护自然的生态文明理念，把

生态文明建设放在突出地位,融入经济建设、政治建设、文化建设、社会建设各方面和全过程,努力建设美丽中国,实现中华民族永续发展。坚持节约资源和保护环境的基本国策,坚持节约优先、保护优先、自然恢复为主的方针,着力推进绿色发展、循环发展、低碳发展,形成节约资源和保护环境的空间格局、产业结构、生产方式、生活方式,从源头上扭转生态环境恶化趋势,为人民创造良好生产生活环境,为全球生态安全作出贡献。党的十八届五中全会明确提出了"创新、协调、绿色、开放、共享"的新发展理念。党的十九大报告在绿色生产、绿色金融、绿色发展方式、绿色生活方式、绿色家庭、绿色学校、绿色社区和绿色出行等方面都有论述。报告指出,必须树立和践行绿水青山就是金山银山的理念,坚持节约资源和保护环境的基本国策,像对待生命一样对待生态环境,统筹山水林田湖草沙系统治理,实行最严格的生态环境保护制度,形成绿色发展方式和生活方式,坚定走生产发展、生活富裕、生态良好的文明发展道路,建设美丽中国,为人民创造良好生产生活环境,为全球生态安全作出贡献。

(二)倡导人与自然和谐共生和生命共同体意识

中国生态文明观认为,生态文明建设绝不是单纯就环境来解决环境问题,而是在新文明观指导下的经济方式、生活方式、社会发展方式、文化与科技范式等的系统性革命。党的二十大报告将"推动绿色发展,促进人与自然和谐共生"视为全面建设社会主义现代化国家的内在要求。中国全球生态观建立在中国生态文明观的基础上。中国全球生态观是坚持人与自然和谐统一的生态文明观,即实现自然生态平衡与实现人类自身经济目标协调统一;注重协同协生态与发展的关系;倡导生态建设和绿色发展的生命共同体意识等。这些观念对于构建全球生态共同体的重大意义。习近平指出,建设生态文明关乎人类未来。国际社会应该携手同行,共谋全球生态文明建设之路"。要树立生态建设和绿色发展的大局观、长远观、整体观,就必须牢固树立生命共同体意识。这里的生命共同体意识有三个层面的含义:一是自然本身是一个共同体,二是人与自然的生命共同体,三是全球生态共同体。

协同生态与发展之间的关系。"保护生态环境就是保护生产力,改善生态环境就是发展生产力。保护生态环境应该而且必须成为发展的题中应有之意。"①生态文明建设在中国现代化建设全局中居于突出地位,生态文明建设被融入经济建设、政治建设、文化建设、社会建设各方面和全过程。习近平指出,大力弘扬绿色文化,将绿色文化与社会意识形态和价值观融为一体是全面建成小康社会、实现"两个一百年"奋斗目标和实现中华民族伟大复兴的必要条件和思想基础。中国坚持节约资源和保护环境的基本国策,坚定走生产发展、生活富裕、生态良好的文明发展道路,推动形成人与自然和谐发展现代化建设新格局。中国加快推进生态文明建设,加快绿色经济转型,加快绿色环境改善;把环境资源作为社会经济发展的内在要素,把实现经济、社会和环境的可持续发展作为绿色发展的目标,把经济活动过程和结果的"绿色化""生态化"作为绿色发展的主要内容和途径;牢牢守住发展和生态两条底线,把转变发展方式、调整经济结构、发展绿色经济作为抢抓未来发展新机遇的重要手段,把绿色发展转化为新的综合国力和国际竞争优势,占领世界绿色发展制高点。

提出绿色发展和环境治理的国际合作倡议。习近平在西雅图出席主题为"清洁能源与经济发展"的第三届中美省州长论坛,发表讲话强调:"中国正在大力推进生态文明建设。中国有需要、有市场,美国有技术、有经验。

---

① 中共中央宣传部:《习近平总书记系列重要讲话读本(2016年版)》,学习出版社、人民出版社,2016年,第234页。

华盛顿州在环保、海岸带保护等方面有优势,就可以同中国一些环保投入大省或沿海省份加强合作。两国地方环保领域交流合作理应成为中美合力应对气候变化、推进可持续发展的一个重要方面。"2013年10月,习近平在亚太经合组织工商领导人峰会上演讲时强调:我们不再简单以国内生产总值增长率论英雄,而是强调以提高经济增长质量和效益为立足点。事实证明,这一政策是负责任的,既是对中国自身负责,也是对世界负责。2015年习近平发表《携手构建合作共赢新伙伴同心打造人类命运共同体》的演讲,提出构筑尊崇自然、绿色发展的生态体系。

(三)构建全球生态体系的实践

中国生态文明建设是对全球生态建设的贡献。中国在1973年召开第一次全国环保工作会议,1979年通过第一部环境保护法。但这一时期我们对于环境的认识,仍然是将其作为经济发展的附属来看待的。1983年将环境保护列为基本国策。1994年审议通过《中国21世纪议程》,成为世界上第一个制定实施本国可持续发展战略的国家。2000年将保护生态环境全面纳入国民经济与社会发展规划。党的十七大报告首次写入"生态文明"。党的十八大以来,生态文明建设被纳入"五位一体"总体布局,并坚持生态文明建设是关系中华民族永续发展的千年大计、根本大计的历史地位;以创新协调开放绿色共享的新发展理念为引领,将绿色发展、绿色化、产业生态化、生态产业化内化为生态文明建设融入经济建设、政治建设、文化建设和社会建设的全过程;以绿水青山就是金山银山为核心理念,并在《中国共产党章程(修正案)》总纲中又明确写入"中国共产党领导人民建设社会主义生态文明。树立尊重自然、顺应自然、保护自然的生态文明理念,增强绿水青山就是金山银山的意识"。中国将生态文明理念和生态文明建设写入宪法。2013年以来中国全面加快推进生态文明建设。目前已经形成了资源节约和环境保护法律体系,包括32部法律、48部行政法规、85件部门规章。共有各级环保系统机构14257个。截至2015年底,全国森林面积达2.08亿公顷,森林覆盖率达21.66%,草原综合植被覆盖率达54%,城市建成区绿化覆盖率为40.1%。自然保护区建设实现统筹发展,全国自然保护区总数达到2740个,总面积约14703万公顷。中国正在建设全世界最大的国家公园体系。"中国站在对人类文明负责的高度,积极参与全球环境治理,向世界承诺力争于2030年前实现碳达峰、努力争取2060年前实现碳中和,以'碳达峰碳中和'目标为牵引推动绿色转型,以更加积极的姿态开展绿色发展双多边国际合作,推动构建公平合理、合作共赢的全球环境治理体系,为全球可持续发展贡献智慧和力量。"①正是在生态文明建设成果基础上,中国面向世界提出建设清洁美丽世界、构建人类生态共同体。2013年2月,联合国环境规划署第27次理事会通过了推广中国生态文明理念的决定草案,这标志着国际社会的认同和支持。2016年,联合国环境规划署又发布《绿水青山就是金山银山:中国生态文明战略与行动》报告。中国的生态文明建设理念和经验,正在为全世界可持续发展提供重要借鉴。总之,中国独特的生态文明建设和绿色发展实践之路,是有别于西方传统工业文明、超越中国传统增长模式的绿色发展道路。这条道路正在广泛而深刻地改变着中国经济社会发展面貌,同时,也将为全球生态安全和可持续发展作出应有贡献。

1.中国坚定践行多边主义,努力推动构建公平合理、合作共赢的全球环境治理体系

"合作是应对全球气候变化挑战的有力武器。气候变化带给人类的挑战是现实的、深刻的、长远的。要携手合作,不要相互指责;要持之以恒,不

---

① 中华人民共和国国务院办公室:《新时代的中国绿色发展》,人民出版社,2023年,第5页。

要朝令夕改;要重信守诺,不要言而无信。只要以国际法为基础、以公平正义为要旨、以有效行动为导向,维护以联合国为核心的国际体系,同舟共济、守望相助,人类必将能够应对好全球气候环境挑战,共同构建人与自然生命共同体。"中国成功承办联合国《生物多样性公约》第十五次缔约方大会。中国积极开展应对气候变化国际合作,共同推进经济社会发展全面绿色转型。中国坚持共同但有区别的责任原则,积极参与国际谈判,推动建立公平合理的应对气候变化国际制度;加强气候变化领域国际交流和战略政策对话,在科学研究、技术研发和能力建设等方面开展务实合作,推动建立资金、技术转让国际合作平台和管理制度;为发展中国家应对气候变化提供支持和帮助;中国主张深化气候变化多双边对话交流与务实合作,为推动建设清洁美丽的世界作出了贡献。

2.中国通过履行国际公约推进全球绿色发展

中国率先制定实施应对气候变化国家方案,先后向国际社会承诺2020年应对气候变化目标任务和2030年国家自主贡献。颁布实施《中国淘汰消耗臭氧层物质国家方案》;超额完成《蒙特利尔议定书》规定的含氢氟烃第一阶段淘汰任务,累计淘汰的消耗臭氧层物质约占发展中国家的50%;在《斯德哥尔摩公约》26种受控持久性有机污染物中已全面淘汰了17种的生产、使用和进出口,三个行业二噁英排放强度降低超过15%;发布实施《中国生物多样性保护战略与行动计划(2011—2030年)》;签署并批准《关于汞的水俣公约》。积极建设性参加气候变化国际谈判,认真履行《联合国气候变化框架公约》,积极推动《巴黎协定》的达成和生效;充分发挥气候变化南南合作基金作用,支持其他发展中国家加强应对气候变化能力;出台构建绿色金融体系的指导性文件,并在二十国集团(G20)领导人杭州峰会上首次将绿色金融引入议程,等等。

3.中国通过"一带一路"建设推动沿线国家绿色发展的国际合作

第一,在"一带一路"顶层设计与政策制定过程中就坚持绿色原则。《愿景与行动》文件明确提出要"共建绿色丝绸之路"的理念和要求,要在投资贸易中突出生态文明理念,加强生态环境、生物多样性和应对气候变化合作。《愿景与行动》文件确定的重点建设领域,包括加强生态环境保护及能源资源开发合作;加大煤炭、油气、金属矿产等传统能源资源勘探开发合作,积极推动水电、核电、风电、太阳能等清洁、可再生能源合作,推进能源资源就地就近加工转化合作,形成能源资源合作上下游一体化产业链。具体地,生态环境部环境工程评估中心已在推动"一带一路"重点区域环境风险防范项目立项、研究工作。

第二,通过制定绿色产业标准约束具体经济活动。目前,国际环境条约已超过500个。2015年9月联合国通过的2030年可持续发展议程强调了资源和环境面临的挑战,提出绿色化要求。当前,重要多双边贸易规则中环境规则和议题也成为必然内容。可以说,发达国家正充分利用其"再工业化"进程,推动绿色经济和绿色技术的新转移,建立国际绿色发展市场。"一带一路"建设的沿线国家的环境法律法规和标准,也有明确的环境保护指标,一些国家的环境标准甚至高于我国。我国推进"一带一路"建设工作领导小组办公室已经发布了《标准联通"一带一路"行动计划(2015—2017)》。全面对接《愿景与行动》,深化与沿线重点国家标准化互利合作,加快推进标准互认;促进共同制定国际标准,提升标准国际化水平。在标准联通过程中,绿色标准必然被涵盖其中。

第三,让绿色低碳环境技术与产业发展,成为支撑"一带一路"建设的重要方向和内容。如中国广核集团与马来西亚埃德拉全球能源公司签署了埃德拉公司下属电力项目公司股权及新项目开发权的股权收购协议。协议覆盖了分布在马来西亚、埃及、孟加拉国、阿联酋、巴基斯坦5个共建"一带一路"国家的 13 个清洁能源项目,标志着我国清洁能源产业"走出去"的步伐。①

中国倡导绿色生活方式、发展方式的国际传播。绿色生活方式是以绿色增长、共建共享的理念引导民众使用绿色产品、参与绿色志愿服务,将绿色消费、绿色出行、绿色居住转化为自觉的行动。绿色生活方式推动消费理念和生产领域的深刻变革,推动绿色发展方式和生活方式,是实现人与自然和谐共处的必然选择。在绿色生产生活的国际传播方面,除了外交、宣传部门承担着这方面的任务,中国"走出去"的企业也是展示中国绿色生产生活方式的重要载体。中国还有很多从事环境保护与绿色发展事业的民间非营利性公益组织,如中华环保联合会,其职责之一就是确立中国环保社团应有的国际地位,参加双边、多边与环境相关的国际民间交流与合作,维护我国良好的国际环境形象,推动全人类环境事业的进步与发展。

总之,生态共同体是人类命运共同体的一部分。相对来说,它超越国家范围和国家利益的特征最为突出,它涵盖世界各国共同利益的部分最为明显。所以,生态共同体容易率先实现。同时,世界已经普遍认识到传统工业化对于环境和生态的负面影响,绿色发展和可持续发展已经成为世界发展潮流。所以,生态共同体的构建已经有了一定的共识性基础。中国将积极引导应对气候变化国际合作,作全球生态文明建设的重要参与者、贡献者、引领者。中国特色社会主义生态文明观和绿色发展理念,将结合中国发展战略,在人类生态共同体、绿色共同体视域下继续丰富和发展。

---

① 孙伟:《民心相通:21世纪海上丝绸之路东南亚视角》,吉林大学出版社,2017年。

第十一章 "建设开放包容的世界"与推进世界多样性

"建设开放包容的世界"并不针对一个具体的领域,而是指整个国际社会应该保持开放包容的样态,坚持不同文明之间的交流互鉴,维护世界的多样性存在与发展,推进国际关系的民主化等。

一、"建设开放包容世界"的提出

(一)基于世界多样性基础

"建设开放包容世界"是 2017 年 1 月 18 日,习近平在联合国日内瓦总部的演讲中完整提出的。习近平指出:"坚持交流互鉴,建设一个开放包容的世界。'和羹之美,在于合异'。人类文明多样性是世界的基本特征,也是人类进步的源泉。世界上有 200 多个国家和地区、2500 多个民族、多种宗教。不同历史和国情,不同民族和习俗,孕育了不同文明,使世界更加丰富多彩。文明没有高下、优劣之分,只有特色、地域之别。文明差异不应该成为世界冲突的根源,而应该成为人类文明进步的动力。每种文明都有其独特魅力和深厚底蕴,都是人类的精神瑰宝。不同文明要取长补短、共同进步,让文明交流互鉴成为推动人类社会进步的动力、维护世界和平的纽带。"①

在2017年12月1日中国共产党与世界政党高层对话会上,习近平发表主旨讲话,进一步阐述了"建设开放包容世界"。在这里,习近平强调的是:远离封闭、开放包容。习近平指出:"我们要努力建设一个远离封闭、开放包容的世界。中国有句古话:'万物并育而不相害,道并行而不相悖。'文明的繁盛、人类的进步,离不开求同存异、开放包容,离不开文明交流、互学互鉴。历史呼唤着人类文明同放异彩,不同文明应该和谐共生、相得益彰,共同为人类发展提供精神力量。我们应该坚持世界是丰富多彩的、文明是多样的理念,让人类创造的各种文明交相辉映,编织出斑斓绚丽的图画,共同消除现实生活中的文化壁垒,共同抵制妨碍人类心灵互动的观念纰缪,共同打破阻碍人类交往的精神隔阂,让各种文明和谐共存,让人人享有文化滋养。"②

在2022年6月22日金砖国家工商论坛开幕式上,习近平再一次阐述这一议题,强调包容并蓄,共同扩大开放融合。习近平指出:"冷战结束后,经济全球化迅猛发展,极大促进了商品和资本流动、科技和文明进步。一个更加开放包容的世界,能给各国带来更广阔的发展空间,给人类带来更繁荣的未来。"③2023年3月15日晚,习近平在中国共产党与世界政党高层对话会上发表题为"携手同行现代化之路"的主旨讲话,首次提出"全球文明倡议"。

(二)"开放包容"理念内涵

在习近平的表述中,"开放包容"理念的侧重点各有不同。事实上,"开

---

① 《习近平谈治国理政》(第二卷),外文出版社,2018年,第543~544页。

② 习近平:《携手建设更加美好的世界——在中国共产党与世界政党高层对话会上的主旨讲话》,人民出版社,2017年,第5~6页。

③ 习近平:《把握时代潮流 缔造光明未来——在金砖国家工商论坛开幕式上的主旨演讲》,《人民日报》,2022年6月23日。

放"与"包容"是两个不同的理念。

　　关于"开放"理念,中国提出得比较早,而且含义明确具体,即中国面向外部世界实行开放的政策。"实行开放政策"不仅指经济领域,也包括其他领域都实行面向世界的开放政策,体现的是中国对待与世界关系的一种态度和原则。也就是说,"开放"既指一种具体的政策,也指一种理念和原则。

　　关于"包容"理念的提出是近年的事。最初"包容"理念是从国内意识形态建设角度提出的。党的十七大报告中有"包容多样"的提法,原文是:"积极探索用社会主义核心价值体系引领社会思潮的有效途径,既尊重差异、包容多样,又有力抵制各种错误和腐朽思想的影响。"①2007年9月16日,胡锦涛在第五届亚太经合组织人力资源开发部长级会议开幕式的致辞中提道"包容性增长"。这里"包容性增长"的内涵,是指社会和经济协调发展、可持续发展,让更多的人享受全球化成果,让弱势群体得到保护,强调投资和贸易自由化,反对投资和贸易保护主义等。党的十八大报告中有"包容互鉴"的提法,原文是:"我们主张,在国际关系中弘扬平等互信、包容互鉴、合作共赢的精神,共同维护国际公平正义……包容互鉴,就是要尊重世界文明多样性、发展道路多样化,尊重和维护各国人民自主选择社会制度和发展道路的权利,相互借鉴,取长补短,推动人类文明进步。"②这里的"包容"理念指的是维护世界文明多样性之意。在这些含义基础上,"包容"的理念既指一种发展理念,同时也指一种推动世界文化多样性的原则。与"开放"理念相对应意义上的"包容"理念,应该指推动世界文化多样性的原则。后来的报告和文件中,"包容"基本都指向的是文化多样性问题。

---

① 《胡锦涛文选》(第三卷),人民出版社,2016年,第164页。
② 《胡锦涛文选》(第三卷),人民出版社,2016年,第651页。

二、世界多样性核心问题与基本问题

(一)核心问题:生物多样性、文化多样性、发展多样性

从广义上说,世界多样性内含着生物多样性。生物多样性(biodiversity),简单来说,指生物(动物、植物、微生物)与环境形成的生态复合体和与此相关的各种生态过程的总和,包括生态系统、物种和基因三个层次。生物多样性的重大意义在于:首先,它为人类提供优良的自然生态环境,这是人类生存最基本的一项保障。其次,它可以为工业提供原料,如胶、油脂、芳香油、纤维等。再如,许多野生动植物本身是珍贵的药材,为人类治疗疾病提供重要的药物来源。最后,它还可以为人类提供各种特殊的基因,使培育动植物新品种成为可能。但随着环境的污染与破坏,世界上的生物物种正在以每天几十种的速度消失。人类都在呼吁保护生物多样性并为之付诸行动。在维护生物多样性方面,1972年,联合国召开人类环境会议,与会各国共同签署了《人类环境宣言》,生物资源保护被列入26项原则之中。1993年,《生物多样性公约》正式生效,公约确立了保护生物多样性、可持续利用其组成部分和公平合理分享由利用遗传资源而产生的惠益三大目标,全球生物多样性保护开启了新纪元。2021年10月12日,《生物多样性公约》第十五次缔约方大会确立以"生态文明:共建地球生命共同体"为主题。

从狭义上说,世界多样性仅指世界文明多样性、文化多样性。各国文明的多样性,是人类社会的基本特征,也是推动世界文明进步的重要动力。世界上不同的民族、宗教、文明都为人类发展作出了自己的贡献。当今世界拥有60亿人口,200多个国家和地区,2500多个民族,5000多种语言。这种文明的多样性是在历史长河中形成的,并将长期存在下去。文化多样性是指文明多样性的具体形式。文化多样性不仅体现在人类文化遗产通过丰富多

彩的文化表现形式来表达、弘扬和传承的多种方式,也体现在借助各种方式和技术进行的艺术创造、生产、传播、销售和消费的多种方式。文化概念本身有广义和狭义之说,从广义上而言,文化类同于文明的指称。正是从广义角度,有人指出,应把文化视为某个社会或某个社会群体特有的精神与物质,智力与情感方面的不同特点之总和。除了文学和艺术外,文化还包括生活方式、共处的方式、价值观体系、传统和信仰等。正是从广义意义上,我们以"文化多样性"统称文明多样性。

发展多样性是文化多样性的一个延伸出来的议题。习近平在多次讲话中提到发展多样性问题,其主要侧重阐述的是"尊重多样性"。如2013年3月25日习近平在坦桑尼亚尼雷尔国际会议中心的演讲:"世界上没有放之四海而皆准的发展模式,各方应该尊重世界文明多样性和发展模式多样化。中国将继续坚定支持非洲国家探索适合本国国情的发展道路,加强同非洲国家在治国理政方面的经验交流,从各自的古老文明和发展实践中汲取智慧,促进中非共同发展繁荣。"[1]再如2017年习近平在"一带一路"国际合作高峰论坛开幕式上的演讲指出:"中国愿在和平共处五项原则基础上,发展同所有'一带一路'建设参与国的友好合作。中国愿同世界各国分享发展经验,但不会干涉他国内政,不会输出社会制度和发展模式,更不会强加于人。我们推进'一带一路'建设不会重复地缘博弈的老套路,而将开创合作共赢的新模式;不会形成破坏稳定的小集团,而将建设和谐共存的大家庭。"[2]在这里,习近平侧重讲的是发展模式的内容,即对发展模式多样性要给予尊重。

---

① 习近平:《永远做可靠朋友和真诚伙伴——在坦桑尼亚尼雷尔国际会议中心的演讲》,《人民日报》,2013年3月26日。

② 习近平:《携手推进"一带一路"建设——在"一带一路"国际合作高峰论坛开幕式的演讲》,《人民日报》,2017年5月15日。

(二)基本问题:文化多样性

在这一系列多样性问题之中,生物多样性问题,无论从尊重生物多样性的理念,还是对于生物多样性的维护角度而言,基本都属于生态范畴,不直接涉及文明或文化问题。文明多样性和发展多样性,都可以由广义的文化多样性承载。所以,文化多样性是对于建设一个开放包容世界具有基础性意义的问题。

文化多样性对于促进世界和平具有重要意义。世界上很多冲突都与信仰、文明和文化层面的问题有关。弥合不同文化间的分歧对于世界和平至关重要,而弥合不同文化间的分歧,不能靠消灭不同文化,不能靠一种文化统治另一种文化来实现;而要通过跨文化对话、尊重不同文化样态、沟通交流互鉴来实现。不同文化都有对人类理想世界的共同追求,正因为如此,人类文明才共同走到今天。"人类文明多样性赋予这个世界姹紫嫣红的色彩,多样带来交流,交流孕育融合,融合产生进步。文明相处需要和而不同的精神。只有在多样中相互尊重、彼此借鉴、和谐共存,这个世界才能丰富多彩、欣欣向荣。不同文明凝聚着不同民族的智慧和贡献,没有高低之别,更无优劣之分。文明之间要对话,不要排斥;要交流,不要取代。人类历史就是一幅不同文明相互交流、互鉴、融合的宏伟画卷。我们要尊重各种文明,平等相待,互学互鉴,兼收并蓄,推动人类文明实现创造性发展。"[1]"尽管文明冲突、文明优越等论调不时沉渣泛起,但文明多样性是人类进步的不竭动力,不同文明交流互鉴是各国人民共同愿望。"[2]正如《世界文化多样性宣言》指

---

① 习近平:《携手构建合作共赢新伙伴 同心打造人类命运共同体——在第七十届联合国大会一般性辩论时的讲话》,《人民日报》,2015年9月29日。

② 习近平:《弘扬"上海精神",构建命运共同体——在上海合作组织成员国元首理事会第十八次会议上的讲话》,《人民日报》,2018年6月11日。

出：“文化之广泛传播以及为争取正义、自由与和平对人类进行之教育为维护人类尊严不可缺少的举措，亦为一切国家关切互助之精神，必须履行之神圣义务”；在相互信任和理解氛围下，尊重文化多样性、宽容、对话及合作是国际和平与安全的最佳保障之一；在承认文化多样性、认识到人类是一个统一的整体和发展文化间交流的基础上开展更广泛的团结互助。”①

文化多样性对于促进世界发展具有重要意义。文化多样性是发展的动力源泉之一，这不仅体现在经济增长方面，而且在引导人们从智力、情感、道德和精神方面过上更充实生活的一种手段。文化对于困难和危机时期提升社会凝聚力、生产教育资源和维护个体福祉具有不可替代的价值。同时，文化行业对于推动经济增长具有重要潜力。正因为如此，文化多样性也因此成为减贫和实现可持续发展的不可或缺的重要方面。2005年10月20日通过的《联合国教科文组织保护和促进文化表现形式多样性公约》四项目标是：支持可持续的文化治理系统；实现文化产品和服务的均衡流动，增强艺术家和文化专业人员的行动能力；在可持续发展框架内整合文化；促进人权和基本自由。2015年，联合国大会通过了《2030可持续发展议程》，并于同年12月通过了关于文化和可持续发展的决议，进一步确认世界自然和文化多样性，确认了文化对于可持续发展作出的贡献，确认通过利用世界各文化的创造潜力，参与持续对话，可以更好地落实2030可持续发展目标。

三、世界多样性理论的逻辑起点与学理展望

（一）逻辑起点

对于文化多样性的推进和维护，总体上有两种不同的立场和主张。对

---

① 2001年联合国教科文组织：《世界文化多样性宣言》。

文化支撑力量更为强大和雄厚的西方发达国家,站在"西方中心论"的立场。这种立场必然带着"西方文化优越论"的先天心理基础来认知和审视其他文化。事实上,在西方资本主义兴起之后一直到今天的历史进程中,"西方中心论"一直处于文化认知、文化评价、文化输出的主导地位。在"资本主义程度""经济发展程度""西方现代化程度"等条件被视为文化评价标准的前提下,那些相对不发达的地区或国家的文化随之被定义为落后的文化;同时,这些地区或国家自己也逐渐对自身的文化产生了"不自信"。在这种情况下,这些国家自身的文化发展也相对滞后,西方主导的所谓对这些地区或国家的文化维护也相对滞后。而且西方发达国家借此向欠发达地区或国家进行所谓的"先进文化"输出,妄图通过这种方式消除既有的多样态文化。所以,所谓对文化多样性本身的认定,事实上并不是在平等基础上进行的;对文化多样性维护的相关规则也存在不平等、不公正的情况。所以,推进和维护世界多样性,从逻辑上来说,应该先从批判"西方中心论"开始。

构建人类命运共同体,将推进和维护世界多样性作为建设的内容之一。在构建人类命运共同体视域下,每种文明、文化都有其独特魅力和深厚底蕴,都是人类的精神瑰宝。2014年习近平在联合国教科文组织总部发表重要演讲,阐述了推动文明交流互鉴需要秉持的态度和原则。这些态度和原则,事实上也是认知文明多样性、文化多样需要秉持的态度和原则。这些态度和原则与"西方中心论"不同,包含了认同、平等、包容的文明观:"第一,文明是多彩的,人类文明因多样才有交流互鉴的价值。阳光有七种颜色,世界也是多彩的。一个国家和民族的文明是一个国家和民族的集体记忆。人类在漫长的历史长河中,创造和发展了多姿多彩的文明。从茹毛饮血到田园农耕,从工业革命到信息社会,构成了波澜壮阔的文明图谱,书写了激荡人心的文明华章。""第二,文明是平等的,人类文明因平等才有交流互鉴的前提。各种人类文明在价值上是平等的,都各有千秋,也各有不足。世界上不存在十全十美的文明,也不存在一无是处的文明,文明没有高低、优劣之分。""第三,文明是包容的,人类文明因包容才有交流互鉴的动力。海纳百川,有容乃大。人类创造的各种文明都是劳动和智慧的结晶。每一种文明都是独特的。在文明问题上,生搬硬套、削足适履不仅是不可能的,而且是十分有害的。一切文明成果都值得尊重,一切文明成果都要珍惜。"①

(二)学理展望

1."西方中心论"与世界多样性关系研究

揭示"西方中心论"在文明发展、文化发展的历史进程中对于不同文明的认知经验、对于落后地区文化殖民的历史过程、对于其他地区进行文化输出的表现等。揭示冷战后"西方中心论"的表现:西方国家借助其经济实力,对外文化输出、文化渗透更便捷、更加无孔不入,有的国家甚至奉行文化霸权主义,贬低其他民族的文化,强力推行西方的文化、价值观和人权观等。

揭示西方多样性理念与世界多样性危机的关系:包括"西方中心论"的心理基础(如认为东方文化没有历史,因为东方的理性处于沉睡状态)、历史基础(如认为人类的历史起源于西方、围绕西方文化展开的)、现实基础(如认为西方社会制度、生产方式、发展模式等是先进的代表);西方多样性理念与各领域多样性危机的关系;西方多样性理念中包容、开放思想的辨识。

维护世界多样性,不仅要摒弃"西方中心论"观点,也要摒弃"文明冲突论"观点。

2.构建人类命运共同体与维护世界多样性研究

首先,倡导"站在对人类文明负责的高度""从人类生存和发展高度"进行维护世界多样性研究。2020年9月30日,习近平在联合国生物多样性峰

---

① 习近平:《在联合国教科文组织总部的演讲》,《人民日报》,2014年3月28日。

会上指出,要站在对人类文明负责的高度,探索人与自然和谐共生之路,凝聚全球治理合力,提升全球环境治理水平。其次,构建人类命运共同体维护世界多样性内容研究。从构建人类命运共同体倡导多种文明或文化相互平等、相互尊重、共生共存、共同发展的理念出发,围绕构建人类命运共同体倡导的交流互鉴、包容开放、创新发展展开研究。最后,新时代多样性问题与构建人类命运共同体研究。如在生物多样性方面,在今天全球物种灭绝速度不断加快,生物多样性丧失和生态系统退化严重,这是一个生物多样性危机比较紧迫的时期,也是人类生存和发展因此受到重大威胁的时期。在文化多样性方面,今天不同文明越来越不可避免地进行更多交流,同时不同文明也更加注重维护自身文明的独特性。在发展多样性方面,西方发展样式已经呈现其全部过程,西方以外的国家已经探索出更多样的发展道路,而且这种探索依然在不断拓展中。综合上述,进行构建人类命运共同体维护新时期世界多样性的价值和模式研究等。

四、建设开放包容世界的主张与实践

(一)中国维护生物多样性主张与实践

中国形成了具有自身特色的生物多样性保护理念和保护之路。"中国幅员辽阔,陆海兼备,地貌和气候复杂多样,孕育了丰富而又独特的生态系统、物种和遗传多样性,是世界上生物多样性最丰富的国家之一。"中国秉持人与自然和谐共生理念:坚持尊重自然、保护优先,坚持绿色发展、持续利用,坚持制度先行、统筹推进,坚持多边主义、合作共赢。中国也积累了丰富的生物多样性保护的经验,形成了具有自身特色的生物多样性保护之路。中国不仅一贯高度重视生物多样性保护,大力倡导生物多样性保护;同时,中国不断提升生物多样性的治理能力:完善政策法规,强化能力保障,加强执法监督,倡导全民行动。如中国把生态文明建设写入宪法,并形成了一系列法规。我国先后制定修订了50多部与生物多样性保护相关的法律法规,不仅涵盖生态系统保护、防止外来物种入侵、生物遗传资源保护、生物安全等多领域,而且涉及法律、行政法规、部门规章和地方性法规等多层次立法。

在法律框架已经基本成型的背景下,辅以系统化的法律制度体系。"基于生物多样性保护领域的共通性,目前已经形成了相对成熟且日趋完善的具体法律制度,如行政许可制度、风险评估制度和环境监测制度等。其中行政许可制度作为运用最为广泛的制度之一,是一种事前预防性手段,能够有效地防范可能造成生物多样性减损的风险因素。除上述共性制度外,还形成了许多具备领域特色的专门制度。生态保护领域的分区管理制度,防止外来物种入侵领域的环境影响评价制度、检验检疫制度,生物遗传资源保护领域的确权制度,生物安全领域的转基因生物强制性标识制度等,都为生物多样性保护法律体系提供有力的制度保障。"[1]中国民众普遍对生物多样性和生态文明的认同程度比较高。中国传统文化的"天人合一""道法自然"等思想和理念体现了朴素的生物多样性保护意识。

积极履行国际公约,增进国际交流合作。作为最早签署和批准《生物多样性公约》的缔约方之一,中国按时高质量提交国家报告,2019年7月提交了《中国履行〈生物多样性公约〉第六次国家报告》,同年10月提交了《中国履行〈卡塔赫纳生物安全议定书〉第四次国家报告》。2019年以来,中国成为《生物多样性公约》及其议定书核心预算的最大捐助国,并已成为全球环境基金最大的发展中国家捐资国。中国促进生物多样性相关公约协同增效,如持续推进《濒危野生动植物种国际贸易公约》《联合国气候变化框架公约》《联合国防治荒漠化公约》《关于特别是作为水禽栖息地的国际重要湿地公约》

---

① 秦天宝:《中国生物多样性立法现状与未来》,《中国环境报》,2021年10月19日。

《联合国森林文书》等进程，与相关国际机构合作建立国际荒漠化防治知识管理中心，与新西兰共同牵头组织"基于自然的解决方案"领域工作，并将其作为应对气候变化、生物多样性丧失的协同解决方案。中国自发布《中国生物多样性保护战略与行动计划（2011—2030年）》以来，设立陆地自然保护区、恢复和保障重要生态系统服务、增加生态系统的复原力和碳储量三项目标超额完成，生物多样性主流化、可持续管理农林渔业、可持续生产和消费13项目标取得良好进展。中国借助"一带一路""南南合作"等多边合作机制，为发展中国家保护生物多样性提供支持，努力构建地球生命共同体。

（二）中国维护文明多样性主张与实践

中国倡导多种文明或文化相互平等、相互尊重、共生共存、共同发展的理念。一是尊重各国各民族文明。"本国本民族要珍惜和维护自己的思想文化，也要承认和尊重别国别民族的思想文化。……每个国家、每个民族不分强弱、不分大小，其思想文化都应该得到承认和尊重。"①二是在尊重基础上欣赏不同文明、共存共生。"坚持美人之美、美美与共。每一种文明都是美的结晶，都彰显着创造之美。一切美好的事物都是相通的。人们对美好事物的向往，是任何力量都无法阻挡的！各种文明本没有冲突，只是要有欣赏所有文明之美的眼睛。我们既要让本国文明充满勃勃生机，又要为他国文明发展创造条件，让世界文明百花园群芳竞艳。"②三是摒弃傲慢和偏见，对不同文明给以正确认知和包容。"每一种文明都扎根于自己的生存土壤，凝聚着一个国家、一个民族的非凡智慧和精神追求，都有自己存在的价值。人类只有肤色语言之别，文明只有姹紫嫣红之别，但绝无高低优劣之分。认为自

---

① 习近平：《在纪念孔子诞辰2565周年国际学术研讨会暨国际儒学联合会第五届会员大会开幕会上的讲话》，《人民日报》，2014年9月25日。

② 习近平：《论党的宣传思想工作》，中央文献出版社，2020年，第401页。

己的人种和文明高人一等，执意改造甚至取代其他文明，在认识上是愚蠢的，在做法上是灾难性的！"①

同时，中国倡导交流互鉴、包容开放、创新发展。这里侧重强调的是发展问题。一是交流互鉴会促进不同文明的发展。"坚持开放包容、互学互鉴。一切生命有机体都需要新陈代谢，否则生命就会停止。文明也是一样，如果长期自我封闭，必将走向衰落。交流互鉴是文明发展的本质要求。只有同其他文明交流互鉴、取长补短，才能保持旺盛生命活力。"②我们对人类社会创造的各种文明，都应该采取学习借鉴的态度，都应该积极吸纳其中的有益成分，使人类创造的一切文明中的优秀文化基因与当代文化相适应、与现代社会相协调，把跨越时空、超越国度、富有永恒魅力、具有当代价值的优秀文化精神弘扬起来。

二是平等的交流会促进不同文明共同发展。"历史反复证明，任何想用强制手段来解决文明差异的做法都不会成功，反而会给世界文明带来灾难。"③

三是坚持与时俱进，推动文明创新发展。"文明永续发展，既需要薪火相传、代代守护，更需要顺时应势、推陈出新。世界文明历史揭示了一个规律：任何一种文明都要与时偕行，不断吸纳时代精华。我们应该用创新增添文明发展动力、激活文明进步的源头活水，不断创造出跨越时空、富有永恒魅力的文明成果。激发人们创新创造活力，最直接的方法莫过于走入不同文明，发现别人的优长，启发自己的思维。"④同时，要坚持古为今用、以古鉴今，

---

① 《习近平谈治国理政》（第三卷），外文出版社，2020年，第468页。

② 《习近平谈治国理政》（第三卷），外文出版社，2020年，第469页。

③ 习近平：《在纪念孔子诞辰2565周年国际学术研讨会暨国际儒学联合会第五届会员大会开幕会上的讲话》，《人民日报》，2014年9月25日。

④ 《习近平谈治国理政》（第三卷），外文出版社，2020年，第470页。

善于把弘扬优秀传统文化和发展现实文化有机统一起来、紧密结合起来,在继承中发展,在发展中继承,坚持有鉴别的对待、有扬弃的继承,努力实现传统文化的创造性转化、创新性发展。①

中国积极参与国际合作、国际交流活动。1997年10月27日,中国签署《经济、社会及文化权利国际公约》。2001年联合国大会通过《世界文化多样性宣言》。2005年联合国教科文组织通过了《保护和促进文化表现形式多样性公约》作为支持《世界文化多样性宣言》的法律文件和国际规范。公约的主要目标是保护和促进文化表现形式多样性,鼓励通过对话和国际合作提高发展中国家保护和促进文化表现形式多样性的能力,并重申各国拥有在其领土上采取保护和促进文化表现形式多样性的政策和措施的主权。该公约和《保护非物质文化遗产公约》《保护世界文化和自然遗产公约》共同构成了保护物质和非物质文化遗产、保护世界文化多样性的国际法体系。中国批准了这三个公约。中国签署这些公约,有利于维护中国文化安全,保护和促进中国文化产业的发展和壮大,促进文化产品和服务走向世界,有利于维护世界文化多样性发展。

(三)中国维护发展多样性主张与实践

2013年习近平在莫斯科国际关系学院发表演讲指出:道路关乎国家前途、民族命运、人民幸福。"我们主张,各国和各国人民应该共同享受尊严。要坚持国家不分大小、强弱、贫富一律平等,尊重各国人民自主选择发展道路的权利,反对干涉别国内政,维护国际公平正义。'鞋子合不合脚,自己穿了才知道'。一个国家的发展道路合不合适,只有这个国家的人民才最有发

---

① 习近平:《在纪念孔子诞辰2565周年国际学术研讨会暨国际儒学联合会第五届会员大会开幕会上的讲话》,《人民日报》,2014年9月25日。

言权。"不同国家选择的发展道路是不同的。"在世界发生翻天覆地变化的今天，无论什么主义、什么制度、什么模式、什么道路，都在经历时代和实践的检验。各国国情千差万别，世界上不存在最好的、万能的、一成不变的发展模式，只有最适合本国国情的发展道路。"①不同国家走向社会主义的道路也是不同的。中国社会主义道路是把马克思主义的基本原理同中国的具体实际结合的产物。"把马克思主义的普遍真理同我国的具体实际结合起来，走自己的道路"②，这是一代又一代中国共产党人解放思想、实事求是、与时俱进，历经艰难曲折，付出巨大牺牲，在人民创造历史的伟大实践中得出来的基本结论。中国特色社会主义道路正体现了"发展多样性"。相比其他国家，中国选择的社会主义道路是一条适合自己国家的发展道路。"中国特色社会主义发展道路之所以令人瞩目，最根本的原因就在于中国拒绝照搬照抄别国经验，坚持从本国实际出发走出了一条独立自主的发展道路。中国特色社会主义发展道路，不仅坚持从国情出发、从实际出发，而且坚持不断汲取世界上一切先进经验和有益成果，并将其融入本国发展的具体实践当中。"③中国对自身发展道路的探索过程，有利于启发世界其他国家坚持走适合自己国情的发展道路，推动世界发展多样性。

中国倡导开放包容的发展理念，奉行互利共赢的开放战略。尤其在推动世界经济发展方面，中国支持多边贸易体制，主张发展开放型世界经济。习近平指出："要放眼长远，努力塑造各国发展创新、增长联动、利益融合的世界经济，坚定维护和发展开放型世界经济。"各国经济，相通则共进，相闭

---

① 《中国的和平发展》，人民出版社，2011年，第26页。

② 中共中央宣传部：《习近平总书记系列重要讲话读本（2016年版）》，学习出版社、人民出版社，2016年，第23页。

③ 秦刚：《中国特色社会主义理论体系的世界视野》，《马克思主义与现实》，2012年第6期。

则各退。我们必须顺应时代潮流,反对各种形式的保护主义……维护自由、开放、非歧视的多边贸易体制。"①我们要坚定不移推动发展开放型世界经济,在开放中分享机会和利益,在开放中实现互利共赢。"搞保护主义如同把自己关进黑屋子,看似躲过了风吹雨打,但也隔绝了阳光和空气。建设开放型世界经济大方向,这是应对国际金融危机的重要经验,也是推动世界经济增长的重要路径。""开放"既是中国发展理念和战略原则,也是中国对世界发展提出的倡议。中国倡议和推动的"一带一路"建设,就是秉承了和平合作、开放包容、互学互鉴、互利共赢的理念,面向世界推动开放的发展、合作的发展、共赢的发展。中国不仅致力于倡导构建开放的世界经济格局,而且致力于建立发展创新、增长联动、利益融合的开放型区域经济格局,如主张塑造更加开放的亚洲经济格局。亚洲国家要坚持开放的区域主义,不搞封闭性集团,不针对第三国,推动域内外国家各尽其能、优势互补、利益共享。开放型亚太经济格局需要携手打造。"无论过去、现在、将来,开放都是亚太实现可持续增长的重要前提。既要深化对内开放,让劳动、知识、技术、管理、资本的活力竞相迸发,也要扩大对外开放,把成员多样性和差异性转化为发展潜力和动力;既要把区域经济一体化提升到新高度,启动亚太自由贸易区进程,也要坚持开放的区域主义理念,推动建设开放型经济新体制和区域合作构架,让亚太的大门始终向全世界敞开。"②

(四)中国倡导国际关系民主化法治化

国际关系民主化倡议涵盖了政治、经济、文化等多方面内容,可以说是

---

① 习近平:《共同维护和发展开放型世界经济——在二十国集团领导人峰会第一阶段会议上关于世界经济形势的发言》,《人民日报》,2013年9月6日。

② 习近平:《谋求持久发展　共圆亚太梦想——在亚太经合组织工商领导人峰会开幕式上的演讲》,《人民日报》,2014年11月10日。

中国关于国际社会生活领域多样化的主张。

政治上：中国主张相互尊重，平等相待，求同存异。经济上：中国主张互利合作，优势互补，共同发展。安全上：中国主张相互信任，平等协商，坚持用和平方式解决国际争端。文化上：中国主张相互借鉴，和谐共生，共同促进人类文明繁荣进步。①随着经济、文化、安全方面的内容分别得到丰富，中国将"国际关系民主化"主张落实到单一的国际关系领域，并增加了"法治化"的内容。由此，"国际关系民主化"仅指中国对于国际关系领域的多样化主张。

中国不仅是国际关系民主化、法治化的倡导者，也是践行者。中国弘扬《联合国宪章》宗旨和原则，倡导共商、共建、共享的全球治理理念，主张建立反映世界多极化现实的新型国际关系，强调以规则制度来协调国际关系，而不是通过强硬手段干涉国际关系发展。党的十九大报告指出："中国秉持共商共建共享的全球治理观，倡导国际关系民主化，坚持国家不分大小、强弱、贫富一律平等，支持联合国发挥积极作用，支持扩大发展中国家在国际事务中的代表性和发言权。中国将继续发挥负责任大国作用，积极参与全球治理体系改革和建设，不断贡献中国智慧和力量。"②党的二十大报告重申："中国积极参与全球治理体系改革和建设，践行共商共建共享的全球治理观，坚持真正的多边主义，推进国际关系民主化，推动全球治理朝着更加公正合理的方向发展。坚定维护以联合国为核心的国际体系、以国际法为基础的国际秩序、以联合国宪章宗旨和原则为基础的国际关系基本准则，反对一切形式的单边主义，反对搞针对特定国家的阵营化和排他性小圈子。推动世界贸易组织、亚太经合组织等多边机制更好发挥作用，扩大金砖国家、

---

① 任晶晶：《新世纪以来中国推动国际关系民主化的理论与实践》，《当代中国史研究》，2011年第6期。

② 《习近平谈治国理政》（第三卷），外文出版社，2020年，第47页。

上海合作组织等合作机制影响力,增强新兴市场国家和发展中国家在全球事务中的代表性和发言权。中国坚持积极参与全球安全规则制定,加强国际安全合作,积极参与联合国维和行动,为维护世界和平和地区稳定发挥建设性作用。"①

2023年中国提出全球文明倡议,共同倡导尊重世界文明多样性,共同倡导弘扬全人类共同价值,共同倡导重视文明传承和创新,共同倡导加强国际人文交流合作。全球文明倡议向全世界发出增进文明交流对话、在包容互鉴中促进人类文明进步的真挚呼吁,为推动构建人类命运共同体注入了精神动力。中国提出的全球文明倡议的四项主张:"共同倡导尊重世界文明多样性,坚持文明平等、互鉴、对话、包容,以文明交流超越文明隔阂、文明互鉴超越文明冲突、文明包容超越文明优越。共同倡导弘扬全人类共同价值,和平、发展、公平、正义、民主、自由是各国人民的共同追求,要以宽广胸怀理解不同文明对价值内涵的认识,不将自己的价值观和模式强加于人,不搞意识形态对抗。共同倡导重视文明传承和创新,充分挖掘各国历史文化的时代价值,推动各国优秀传统文化在现代化进程中实现创造性转化、创新性发展。共同倡导加强国际人文交流合作,探讨构建全球文明对话合作网络,丰富交流内容,拓展合作渠道,促进各国人民相知相亲,共同推动人类文明发展进步。"②

---

① 习近平:《高举中国特色社会主义伟大旗帜 为全面建设社会主义现代化国家而团结奋斗——在中国共产党第二十次全国代表大会上的报告》,人民出版社,2022年,第62页。

② 《携手构建人类命运共同体:中国的倡议与行动》,人民出版社,2023年,第44页。

第十二章　人类命运共同体次级共同体　构建研究

构建人类命运共同体是一项系统工程。除了五大领域的共同体建设之外,构建人类命运共同体还有其他领域的共同体建设。这些领域命运共同体构建同样值得关注,它们对于推动整个人类命运共同体的构建同样具有重要的作用。这里举三个领域为要。

一、构建网络空间命运共同体

(一)构建网络空间共同体的提出

2014年第一届世界互联网大会在中国乌镇举行。大会主题是"互联互通·共享共治",大会就国际互联网治理、移动互联网、互联网新媒体、网络空间法治化、网络名人、跨境电子商务、网络安全、打击网络恐怖主义等10多个分议题进行了深入交流。习近平向大会致贺词:"当今时代,以信息技术为核心的新一轮科技革命正在孕育兴起,互联网日益成为创新驱动发展的先导力量,深刻改变着人们的生产生活,有力推动着社会发展。互联网真正让世界变成了地球村,让国际社会越来越成为你中有我、我中有你的命运共同体。同时,互联网发展对国家主权、安全、发展利益提出了新的挑战,迫切需要国际社会认真应对、谋求共治、实现共赢。中国正在积极推进网络建设,让互联网发展成果惠及13亿中国人民。中国愿意同世界各国携手努力,本着相互尊重、相互信任的原则,深化国际合作,尊重网络主权,维护网络安全,共同构建和平、安全、开放、合作的网络空间,建立多边、民主、透明的国际互联网治理体系。"①

2015年第二届世界互联网大会的主题是"互联互通·共享共治——共建网络空间命运共同体",大会围绕全球互联网治理、网络安全、互联网与可持续发展、互联网知识产权保护、技术创新,以及互联网哲学等诸多议题进行探讨交流。习近平在第二届世界互联网大会上发表主旨演讲,向全世界发出了共同"构建网络空间命运共同体"的倡议,提出了全球互联网发展治理的"四项原则""五点主张"。2016年第三届世界互联网大会的主题是"创新驱动 造福人类——携手共建网络空间命运共同体",大会围绕互联网经济、互联网创新、互联网文化、互联网治理和互联网国际合作五个方面进行探讨交流。习近平在第三届世界互联网大会开幕式上发表视频讲话中重申共同"构建网络空间命运共同体"的倡议,并宣告中国愿同国际社会一道,坚持以人类共同福祉为根本,坚持网络主权理念,推动全球互联网治理朝着更加公正合理的方向迈进,推动网络空间实现平等尊重、创新发展、开放共享、安全有序的目标。

之后历届世界互联网大会都以构建网络空间命运共同体作为主题,2017年第四届世界互联网大会的主题是"发展数字经济促进开放共享——携手共建网络空间命运共同体",2018年第五届世界互联网大会主题是"打造互信共治的数字世界——共建网络空间未来共同体",2019年第六届大会主题是"智能互联 开放合作——携手共建网络空间命运共同体",2020年第七届大会主题是以"数字赋能 共创未来——携手构建网络空间命运共同

---

① 《习近平致首届世界互联网大会开幕贺词》,www.gov.cn,2014年11月19日。

体",2021年第八届大会主题是:迈向数字文明新时代——携手构建网络空间命运共同体。2022年第九届大会主题是:"共建网络世界 共创数字未来——携手构建网络空间命运共同体"。2019年世界互联网大会组委会发布《携手构建网络空间命运共同体》概念文件,宣布"构建网络空间命运共同体"成为世界互联网大会永久主题。

(二)网络空间与构建人类命运共同体

构建网络空间命运共同体关乎全人类的前途命运,是顺应信息时代发展潮流的必然选择,也是应对网络空间风险挑战的迫切需要。构建网络空间命运共同体,是构建人类命运共同体理念在网络空间的具体体现和重要实践。"网络空间命运共同体所包含的关于发展、安全、治理、普惠等方面的理念主张,与人类命运共同体理念既一脉相承,又充分体现了网络空间的客观规律和鲜明特征。同时,推动构建网络空间命运共同体,将为构建人类命运共同体提供充沛的数字化动力,构筑坚实的安全屏障,凝聚更广泛的合作共识。"①

互联网发展日新月异,极大拓展了人类生产生活空间,也让各国政治、经济、文化、军事、教育等各个领域变得更加联通,国际社会因为互联网愈加在客观上形成"你中有我、我中有你"的命运与共关系。同时,各国也需要面对网络空间安全与治理问题。互联网技术与人工智能、社交媒体、大数据等技术叠加,在促进经济和社会发展的同时,也给人类社会带来前所未有的风险和挑战。比如,"互联网领域发展不平衡、规则不健全、秩序不合理等问题日益凸显。网络空间霸权主义、强权政治依然存在,保护主义、单边主义不

---

① 中华人民共和国国务院新闻办公室:《携手构建网络空间命运共同体》,人民出版社,2022年。

断抬头,不同国家和地区之间数字鸿沟不断拉大,世界范围内侵犯个人隐私、侵犯知识产权、推行种族主义、散布虚假信息、实施网络诈骗、网络恐怖主义活动等违法犯罪行为已成为全球公害。"①

互联网技术的发展为构建人类网络空间命运共同体提供了现实基础。互联网技术在各国政治、经济、文化、军事、教育等各个领域广泛应用,已经成为世界各国重要的数字基础设施。各国之间的交往和沟通在互联网时代更为便捷。由此,人类网络空间命运共同体的构建较比其他领域共同体的构建更为便捷,世界各国合力构建人类网络空间命运共同体比其他领域更具有现实基础。网络空间是人类共同的活动空间,网络空间前途命运应由世界各国共同掌握,各国应该加强沟通、扩大共识、深化合作,共同构建网络空间命运共同体。

(三)核心问题与基本问题

对于构建什么样的网络空间命运共同体,2015年互联网大会提出构建和平、安全、开放、合作的网络空间,后来增加"有序"字样,即"建设和维护一个和平、安全、开放、合作、有序的网络空间"②。对于如何构建网络空间命运共同体,中国提出"坚持共商共建共享的全球治理观,推动构建多边、民主、透明的国际互联网治理体系,努力实现网络空间创新发展、安全有序、平等尊重、开放共享的目标,做到发展共同推进、安全共同维护、治理共同参与、成果共同分享"。对于构建网络空间命运共同体的核心问题、核心任务、核心内容,我们可以将其概括为:构建网络空间的发展、安全、责任、利益共同体。

---

① 2019年世界互联网大会组委会发布:《携手构建网络空间命运共同体 概念文件》,2022年11月。

② 中国网络空间研究院:《世界互联网发展报告2021》,电子工业出版社,2021年。

在网络空间的发展、安全、责任、利益共同体中,对于构建整个网络空间命运共同体具有基础意义的问题,当属安全共同体问题。安全共同体是构建网络空间其他共同体的基础,也是网络空间治理面临的基本问题。围绕网络安全共同体的主要问题有:网络空间主权问题、网络空间和平安全问题、网络空间的合作与秩序问题等。其中网络空间主权问题又是其他问题的基础,是网络社会"无主空间"探讨的起点。当然,对于网络空间来讲,由于其发展刚刚起步,且在世界范围网络空间的发展水平存在着严重的不平衡,所以,共同促进网络空间的发展也是当前各国面临的重要问题,但这一点并不影响网络安全更具有基础意义。

(四)构建网络空间命运共同体的中国实践

中国推动网络空间发展和治理体系变革,提出构建网络空间共同体的方案。2015年,习近平在第二届世界互联网大会提出"四项原则"和"五点主张",倡导尊重网络主权,推动构建网络空间命运共同体,为全球互联网发展治理贡献了中国智慧、中国方案。习近平提出的五点主张包括:第一,加快全球网络基础设施建设,促进互联互通;第二,打造网上文化交流共享平台,促进交流互鉴;第三,推动网络经济创新发展,促进共同繁荣;第四,保障网络安全,促进有序发展;第五,构建互联网治理体系,促进公平正义。2019年,第六届世界互联网大会组委会发布《携手构建网络空间命运共同体》概念文件、《携手构建网络空间命运共同体行动倡议》,进一步阐释了这一理念。2020年中国发出《全球数据安全倡议》,2022年中国政府发布《携手构建网络空间命运共同体》白皮书,系统阐发了网络空间治理的基本原则主张:一是尊重网络主权,二是维护和平安全,三是促进开放合作,四是构建良好秩序。[①]

中国推动网络空间发展和治理体系变革,深化网络空间国际交流合作。中国秉持共商共建共享理念,加强双边、区域和国际对话与合作,致力于与国际社会各方建立广泛的合作伙伴关系,深化数字经济国际合作,共同维护网络空间安全,积极参与全球互联网治理体系改革和建设,促进互联网普惠包容发展,与国际社会携手推动构建网络空间命运共同体。具体实践如下[②]:

1.不断拓展数字经济合作

中国积极参与数字经济国际合作,大力推进信息基础设施建设,促进全球数字经济与实体经济融合发展,携手推进全球数字治理合作,为全球数字经济发展作出了积极贡献。携手推进全球信息基础设施建设:中国同国际社会一道,积极推进全球信息基础设施建设,推动互联网普及应用,努力提升全球数字互联互通水平。数字技术助力全球经济发展:中国积极发挥数字技术对经济发展的放大、叠加、倍增作用,持续深化全球电子商务发展合作,助推全球数字产业化和产业数字化进程,倡导与各国一道推进数字化和绿色化协同转型。积极参与数字经济治理合作:中国积极参与国际和区域性多边机制下的数字经济治理合作,推动发起多个倡议、宣言,提出多项符合大多数国家利益和诉求的提案,加强同专业性国际组织合作,为全球数字经济治理贡献力量。

2.持续深化网络安全合作

维护网络安全是国际社会的共同责任。中国积极履行国际责任,深化

---

① 《携手构建网络空间命运共同体》白皮书,2022年11月,中央政府门户网站www.gov.cn。

② 《携手构建网络空间命运共同体》白皮书,2022年11月,中央政府门户网站www.gov.cn。

网络安全应急响应国际合作,与国际社会携手提高数据安全和个人信息保护合作水平,共同打击网络犯罪和网络恐怖主义。深化网络安全领域合作伙伴关系:中国积极推动金砖国家网络安全领域合作,积极开展网络安全应急响应领域的国际合作。提高数据安全和个人信息保护合作水平:中国坚持以开放包容的态度推动全球数据安全治理、加强个人信息保护合作。共同打击网络犯罪和网络恐怖主义:中国一贯支持打击网络犯罪国际合作,支持在联合国框架下制定全球性公约。

3.积极参与网络空间治理

网络空间是人类共同的活动空间,需要世界各国共同建设,共同治理。中国积极参与全球互联网治理机制,搭建起世界互联网大会等国际交流平台,加强同各国在网络空间的交流合作,推动全球互联网治理体系改革和建设。积极参与全球互联网治理:中国坚定维护以联合国为核心的国际体系、以国际法为基础的国际秩序、以《联合国宪章》宗旨和原则为基础的国际关系基本准则,并在此基础上,制定各方普遍接受的网络空间国际规则。广泛开展国际交流与合作:中国秉持相互尊重、平等相待的原则,加强同世界各国在网络空间的交流合作,以共进为目的,以共赢为目标,走出一条互信共治之路。搭建世界互联网大会交流平台:2014年以来,中国连续8年在浙江乌镇举办世界互联网大会,搭建中国与世界互联互通的国际平台和国际互联网共享共治的中国平台。

4.促进全球普惠包容发展

中国坚持以人为本、科技向善,积极响应国际社会需求,携手推动落实《联合国2030年可持续发展议程》,共同致力于弥合数字鸿沟,推动网络文化交流与文明互鉴,加强对弱势群体的支持和帮助,促进互联网发展成果惠及不同国家和地区的人民。积极开展网络扶贫国际合作:中国始终把自身命运与世界各国人民命运紧密相连,致力于做国际减贫事业的倡导者、推动者和贡献者,在利用网络消除自身贫困的同时,采取多种技术手段帮助发展中国家提高最贫困地区居民和人口密度低的地区居民的宽带接入,努力为最不发达国家提供普遍和可负担得起的互联网接入,以消除因网络设施缺乏所导致的贫困。助力提升数字公共服务水平:中国积极研发数字公共产品,提升数字公共服务合作水平。推动网络文化交流与文明互鉴:打造网上文化交流平台,促进文明交流互鉴。

二、构建太空命运共同体

人类利用太空的历史已经近一个世纪。从1957年苏联发射卫星开始,人类已经登陆了月球,无人飞行器已经飞入了深空,探索了火星,并记录了来自外太阳系的信号等。随着人类太空探索的进程,太空安全问题、太空合作问题也应运而生。

(一)构建太空命运共同体的提出

2018年纪念联合国探索与和平利用外层空间会议50周年高级别会议通过的成果文件,纳入中国提议,即呼吁在和平利用外空领域加强国际合作,以实现命运共同体愿景,为全人类谋福利与利益。中国提出的外空命运共同体理念得到了与会国家的广泛支持。

2020年习近平在给探月工程嫦娥五号任务取得圆满成功的贺电中指出:"大力弘扬追逐梦想、勇于探索、协同攻坚、合作共赢的探月精神,一步一个脚印开启星际探测新征程,为建设航天强国、实现中华民族伟大复兴再立新功,为人类和平利用太空、推动构建人类命运共同体作出更大的开拓性贡献。"①

《2021 中国的航天》白皮书明确提出在外空领域推动构建人类命运共同体。白皮书指出,中国航天事业的发展宗旨是:"探索外层空间,扩展对地球和宇宙的认识;和平利用外层空间,维护外层空间安全,在外空领域推动构建人类命运共同体,造福全人类;满足经济建设、科技发展、国家安全和社会进步等方面的需求,提高全民科学文化素质,维护国家权益,增强综合国力。"②

(二)太空探索与构建人类命运共同体

太空探索是人类共同的事业,太空探索不仅关乎人类生活,更关乎生命起源与地球命运。要以人类命运共同体意识推动太空探索。

太空安全是一个涉及整个人类安全的问题。就目前太空卫星而言,由于各国卫星都是按照自己的规则飞行,如果卫星出现故障,偏离轨道;或者出现对某些卫星弃之不顾,随之而产生的碎片会在太空不断相撞,增加太空垃圾,危及太空其他飞行器安全。同时,目前太空中"已知的个头大过一个苹果的垃圾数量大约在 2 万个。可以肯定的是,太空垃圾还会越来越多,太空也会越来越挤"③。目前世界上许多国家已经参与太空垃圾治理。太空安全涉及整个人类的命运,需要人类共同面对。

太空竞争成为国际竞争的新领域。从开发价值角度,临近地球轨道是目前最重要的太空战略资源,主要包括:轨道资源、频率资源、军事资源等。

---

① 《习近平致电代表党中央、国务院和中央军委祝贺探月工程嫦娥五号任务取得圆满成功的贺电》,《人民日报》,2020 年 12 月 17 日。

② 《2021 中国的航天》白皮书,2022 年 1 月,中央政府门户网站 www.gov.cn。

③ 《日本计划和联合国合作清理》,http://news.cri.cn/20200210/8606dc3f-2ea4-cc6d-d1f3-7219de14255a.html。

冷战结束后至今,国际太空竞逐呈现出新特点:从单纯以发射卫星数量取胜转向航天产业整体发展的竞争,在技术研发和对外交流中强调航天技术附带的政治价值和外交目的;太空活动主体从国家主导向企业参与转向,商业太空探索公司增多;太空领域的军事能力对抗有增无减,如美国开展了"施里弗"系列太空战模拟演习,俄罗斯于2011年成立"空天防御兵"等。①

1959年联合国和平利用外层空间委员会(United Nations Committee on the Peaceful Uses of Outer Space,COPUOS)成立,该委员会是联合国大会设立的特别委员会。联合国和平利用外层空间委员会的使命是:考察在外层空间和平利用方面的国际合作,设计在联合国的框架下的有关该领域的项目,鼓励关于外层空间的持续的科学研究以及信息共享,研究在外层空间探索方面存在的法律问题。1963年联合国大会通过了《各国在探索与利用外层空间活动的法律原则的宣言》,确定了"外层空间供一切国家自由探测和使用",以及"不得由任何国家据为己有"原则。但在此国际宣言正式通过13年后,巴西、哥伦比亚、刚果等8个赤道国家发表《波哥大宣言》,主张"各赤道国家上空的那一段地球静止轨道属于各国的主权范围",从而使外空划界问题复杂化。2009年,美国发布的《国家安全战略报告》将太空纳入"全球公域"范畴,指出其"不为任何国家控制但又为所有国家所依赖的领域或区域";而后,美国又于2015年提出"全球公域介入与机动联合概念",将包括太空在内的全球公域视为军事竞逐的高地。虽然联合国层面从20世纪60年代开始,就陆续出台了《外太空条约》《外太空的利益宣言》《向外太空发射物体的登记公约》《联合国太空碎片减缓指南》《太空和人类发展维也纳宣言》等一系列国际准则,在一定程度上规范了人类的外空行为;但这些准则多数都不具有强制性的法律效力,在具体实施中主要靠当事国的自觉履约。为此,国际社会迫切呼唤更为全面、更具约束力的外空行为法律尽快出台。

(三)核心问题与基本问题

当前,太空探索还有很多未知领域,尤其需要各国合力推进探索,而不是各自为战。国际合作是太空探索的大方向,也是太空命运共同体构建的核心问题。

单纯从技术层面看,国际合作是太空探索的方向和太空命运共同体构建的核心。太空探索耗资大、门槛高、周期长,开展国际合作,有利于集中资源、提升研究效率。例如探测中航天器需要多国技术、零部件与原材料的组合才能制成,空间飞行阶段更离不开多国地面的测控协调与支持。目前中国参与的太空国际合作有:中欧双星计划、中法海洋卫星、中俄国际月球科研站等国际合作项目。中国政府在开展航天国际交流合作中,采取以下基本政策:维护联合国在外空事务中的核心作用,遵循联合国《关于各国探索和利用包括月球和其他天体在内外层空间活动的原则条约》,重视联合国相关原则、宣言、决议的指导意义,积极参与外空国际规则制定,促进外空活动长期可持续发展;加强空间科学、技术及应用等领域的国际交流与合作,与国际社会一道提供全球公共产品与服务,为人类应对共同挑战作出贡献;加强基于共同目标、服务"一带一路"建设的空间合作,使航天发展成果惠及沿线国家,特别是发展中国家;支持亚太空间合作组织发挥重要作用,重视在金砖国家合作机制、上海合作组织框架、二十国集团合作机制下的空间合作;鼓励和支持国内科研机构、企业、高等院校、社会团体,依据有关政策和法规,开展多层次、多形式的国际空间交流与合作。

对于太空命运共同体建设而言,具有基础意义的基本问题,如同网络空间命运共同体一样,是涵盖主权问题、开放合作等问题在内的安全问题。其中太空主权问题是系列问题的基础,是探索太空安全共同体构建研究的逻辑起点。

(四)中国构建太空命运共同体的实践

中国倡导世界各国推动构建人类命运共同体。中国主张在坚持平等互利、和平利用、包容发展原则的基础上,深入开展国际交流合作;坚持和平利用外层空间,反对外空武器化、战场化和外空军备竞赛,合理开发和利用空间资源,切实保护空间环境,维护一个和平、清洁的外层空间,使航天活动造福全人类;坚持独立自主与开放合作相结合,深化高水平国际交流与合作,拓展航天技术和产品全球公共服务,积极参与解决人类面临的重大挑战,助力联合国2030年可持续发展议程目标实现。

1980年6月,中国派出观察员代表团参加了外空委员会第23届会议。1980年11月3日,联合国正式接纳中国为该委员会成员国。中国始终把发展航天事业作为国家整体发展战略的重要组成部分,始终坚持为和平目的探索和利用外层空间。中国着眼和平利用太空,积极参与国际太空合作,加快发展相应的技术和力量,统筹管理天基信息资源,跟踪掌握太空态势,保卫太空资产安全,提高安全进出、开放利用太空能力。

2016年以来,中国与19个国家和地区、4个国际组织,签署46项空间合作协定或谅解备忘录;积极推动外空全球治理;利用双边、多边合作机制,开展空间科学、空间技术、空间应用等领域国际合作,取得丰硕成果。具体实践如下[①]:

1.外空全球治理

参加联合国框架下外空活动长期可持续性、空间资源开发利用、防止外

---

① 《2021中国的航天》白皮书,2022年1月,中央政府门户网站 www.gov.cn。

空军备竞赛等议题磋商,共同创建空间探索与创新等新议题,持续推进联合国空间2030议程。支持联合国灾害管理与应急反应天基信息平台北京办公室工作,深度参与联合国全球卫星导航系统国际委员会各项活动,加入空间任务规划咨询组和国际小行星预警网等国际机制。发挥亚太空间合作组织东道国作用,支持《亚太空间合作组织2030年发展愿景》。利用中俄航天合作分委会空间碎片工作组、中美空间碎片与空间飞行安全专家研讨会等机制加强在空间碎片、外空活动长期可持续等领域的交流。支持国际电信联盟、地球观测组织、机构间空间碎片协调委员会、国际空间数据系统咨询委员会、国际空间探索协调组、机构间互操作顾问委员会等国际组织活动。

2.开展国际空间交流与合作

在联合国框架下,积极参与外空国际规则制定,共同应对外空活动长期可持续发展面临的挑战。积极参与空间环境治理、近地小天体监测与应对、行星保护、太空交通管理、空间资源开发利用等领域国际议题讨论和机制构建。开展空间环境治理合作,提高太空危机管控和综合治理效能,支持与俄、美等国及有关国际组织开展外空治理对话,推动亚太空间合作组织空间科学观测台建设。

未来5年,中国将以更加积极开放的姿态,拓展双边、多边合作机制,开展载人航天、北斗导航、深空探测、空间技术、资源系列后续卫星合作、空间科学等国际空间交流与合作。

当今世界,越来越多的国家重视并大力发展航天事业,世界航天进入大发展大变革的新阶段,这将对人类社会发展产生重大而深远的影响。站在全面建设社会主义现代化国家新征程的历史起点上,中国将加快推进航天强国建设,秉持人类命运共同体理念,继续同各国一道,积极参与外空全球治理与交流合作,维护外空安全,促进外空活动长期可持续发展,为保护地球家园、增进民生福祉、服务人类文明进步作出新的更大贡献。

三、构建卫生健康共同体

（一）构建卫生健康共同体的提出

2020年3月，习近平向法国总统马克龙致慰问电时，首次提出"打造人类卫生健康共同体"。2021年5月21日，习近平以视频方式在全球健康峰会上发表讲话，明确指出：中国坚定不移推进抗疫国际合作，共同推动构建人类卫生健康共同体。在全球健康峰会上，习近平针对全球抗击疫情提出5点意见：第一，坚持人民至上、生命至上；第二，坚持科学施策，统筹系统应对；第三，坚持同舟共济，倡导团结合作；第四，坚持公平合理，弥合"免疫鸿沟"；第五，坚持标本兼治，完善治理体系。同时，习近平阐述了中国开展的全球人道主义行动，并宣布中国继续支持全球团结抗疫的举措：中国将在未来3年内再提供30亿美元国际援助，用于支持发展中国家抗疫和恢复经济社会发展。中国已向全球供应3亿剂疫苗，将尽己所能对外提供更多疫苗。中国支持本国疫苗企业向发展中国家进行技术转让，开展合作生产。中国已宣布支持新冠肺炎疫苗知识产权豁免，也支持世界贸易组织等国际机构早日就此作出决定。中国倡议设立疫苗合作国际论坛，由疫苗生产研发国家、企业、利益攸关方一道探讨如何推进全球疫苗公平合理分配。①

习近平在讲话中明确提出要秉持人类卫生健康共同体理念。习近平指出：这场疫情再次昭示我们，人类荣辱与共、命运相连。面对传染病大流行，我们要秉持人类卫生健康共同体理念，团结合作、共克时艰，坚决反对各种政治化、标签化、污名化的企图。搞政治操弄丝毫无助于本国抗疫，只会扰

---

①　习近平：《携手共建人类卫生健康共同体——在全球健康峰会上的讲话》，《人民日报》，2021年5月22日。

乱国际抗疫合作,给世界各国人民带来更大伤害。习近平在讲话的最后发出推动构建人类卫生健康共同体的倡议:让我们携手并肩,坚定不移地推进抗疫国际合作,共同推动构建人类卫生健康共同体,共同守护人类健康美好未来!

(二)世界卫生安全与构建人类命运共同体

世界卫生安全涉及整个人类的安全问题。在全球公共卫生领域,包括2009年的甲型H1N1流感、2014年的脊髓灰质炎疫情、2014年西非的埃博拉疫情等是全人类共同的敌人。病毒没有国界,疫病不分种族。人类文明史也是一部同疾病和灾难的斗争史。

面对全球公共卫生安全危机,人类又一次站在了何去何从的十字路口。坚持科学理性还是制造政治分歧? 加强团结合作还是寻求脱钩孤立? 推进多边协调还是奉行单边主义? 这是迫切需要各个国家作出选择的重大问题。事实上,无论是阻击病毒的传播蔓延,还是抵御不断恶化的全球经济衰退,都需要国际社会团结合作。世界各国唯有加强国际合作,积极开展药物研发合作,才能加快构筑人类卫生健康共同体。

(三)核心问题与基本问题

"推动构建人类卫生健康共同体"提出的背景是全球公共卫生危机事件导致全球疫情的蔓延,"推动构建人类卫生健康共同体"的内容以此为主,但并没有局限于此。

"推动构建人类卫生健康共同体"的基本问题蕴含在"推动构建人类卫生健康共同体"原则之中。推动构建人类卫生健康共同体的基本原则:构建人类卫生健康共同体,坚持以民为本、生命至上;加强国际合作;坚持公平合理,弥合"免疫鸿沟";坚决反对污名化和疫情政治化;坚持标本兼治,完善治理体系,健全完善惠及全人类、高效可持续的全球公共卫生体系;合作应对疫情给世界经济带来的影响,正视和推动经济全球化;加快形成绿色发展方式和生活方式;让世界多样性成为人类社会进步的不竭动力。

"推动构建人类卫生健康共同体"的基本问题,在于弥合"免疫鸿沟"等问题。因为发展中国家自身卫生体系不健全,只有弥合各种"鸿沟",才能实现公平、平等的全球卫生事业的国际合作,让卫生事业既平衡充分地发展,使得全球卫生事业发展成果公平惠及不同国家、不同阶层、不同人群。

(四)中国构建卫生健康共同体的实践

中国不仅提出推动构建人类卫生健康共同体的基本原则,而且积极参与推动构建人类卫生健康共同体的实践。中国医疗卫生事业发展,是推动构建人类卫生健康共同体的一部分。在此基础上,中国积极推动构建健康共同体的实践。[①]

1.积极参与医疗卫生国际合作

长期以来,中国积极参与全球卫生事务,广泛开展卫生领域的政府间和民间的多边、双边合作交流,积极参加国际社会、国际组织倡导的重大卫生行动。中国支持世界卫生组织等国际组织工作:积极参与全球卫生议题讨论,分享经验。近年来,在《国际卫生条例(2005)》框架下,与世界卫生组织及各国保持及时、密切、畅通联系,为全球疾病防控作出贡献。中国政府每年向世界卫生组织、联合国艾滋病规划署及全球抗击艾滋病、结核病和疟疾基金等国际组织提供捐款。大力支持国际社会在慢性病、人禽流感、控烟、应急等技术领域的工作。中国加强区域卫生合作:2003年以来,以中国-东盟传染病防控领域的合作为开端,加快推进区域卫生合作进程。目前,中国

---

① 《中国的医疗卫生事业》,人民出版社,2012年。

已在大湄公河次区域、中亚区域经济合作、中国—东盟、东盟与中日韩、中日韩、亚太经济合作组织和上海合作组织等7个区域性合作机制下，开展与周边国家和本区域的卫生合作和国际援助。从2005年起，中国与缅甸、越南、老挝合作，在边境地区开展疟疾、艾滋病联防联控项目，还开展了结核病、登革热防治等跨境合作项目。

2.积极参与卫生国际援助

中国先后为许多发展中国家援建医院、培训卫生人才、开展疾病防控等工作，为受援国医疗卫生事业发展发挥了巨大作用。①派遣援外医疗队；②援建医疗机构；③培训卫生人力资源；④开展国际紧急救援；⑤开展"光明行"活动；⑥提供传染病防控援助。以援外医疗队为例，中国履行国际义务，按政府双边协议向受援国派遣医务人员团队，在发展中国家开展医疗卫生服务的无偿援助项目。1963年，中国政府向阿尔及利亚派出第一支援外医疗队。截至2011年，中国政府已先后向73个国家派遣了医疗队。目前，有56支医疗队分布在阿尔及利亚、坦桑尼亚、摩洛哥、津巴布韦等53个国家，为当地特别是贫困地区人民提供免费医疗服务，并为受援国引入大批先进医疗技术。50年来，中国援外医疗队共诊疗患者约2.6亿人次。医疗队的工作获得当地民众的高度赞扬，受到受援国政府的充分肯定，迄今约有900名中国医疗队员获得受援国颁发的勋章等各种荣誉。在此期间，有50名中国援外医疗队员牺牲在异国他乡。到2014年，中国对外派遣55支援外医疗队，累计3600名医护人员，在受援国近120个医疗点开展工作，培训当地医护人员数万人，在一定程度上缓解了受援国医疗服务供需矛盾。在援外医疗工作中，医疗队员通过观摩示范、专题讲座、技术培训和学术交流等方式积极培训当地医务人员，内容涉及疟疾、艾滋病、血吸虫病等传染病防治，病人护理及糖尿病、风湿病治疗等领域，针灸、推拿、保健、中医药等中国传统医学。三年中，100多名中国医疗队员因贡献突出获得受援国颁发的勋章。

3.推动卫生合作发展

中国践行人民至上、生命至上理念,积极支持其他发展中国家公共卫生体系建设,帮助提升医疗卫生服务水平,保障人民生命健康。①助力公共卫生体系建设。为进一步加强非洲地区的公共卫生体系建设,加快推进非洲疾控中心总部建设。中国派出疾控专家,为非洲多次疫情应急指挥、流行病学分析、疾病控制提供了有力支持。在疟疾、血吸虫病等传染性疾病防控方面,实施一系列疾病防控与人群健康改善项目。②提升医疗卫生基础能力。在刚果(布)、卢旺达、津巴布韦、柬埔寨、吉尔吉斯斯坦等国建设50余个医疗卫生基础设施项目,向有关国家提供医用设备器械、药品及医用耗材,通过医疗机构对口合作,帮助20多个国家建立专业科室能力。③增强医疗卫生服务力量。2015年至2019年,中国共派出202批次3588名援外医疗队员,累计诊治1100万名患者,并对当地医务人员带教培训,开展巡回义诊、药械捐赠等,1500多人获得有关国家颁发的总统勋章等荣誉。中国还组派短期医疗专家组开展专科行动,在博茨瓦纳、厄立特里亚、摩洛哥、加纳、巴哈马、马尔代夫、安提瓜和巴布达等25个国家开展了42次白内障手术"光明行"活动,实施9752例手术;在加纳、坦桑尼亚等国实施了170台"爱心行"心脏病手术。

参考文献

一、中文著作

1.《列宁全集》(第26卷),人民出版社,2017年。

2.《毛泽东选集》(第四卷),人民出版社,1991年。

3.《毛泽东文集》(第六卷),人民出版社,1999年。

4.《邓小平文选》(第三卷),人民出版社,1993年。

5.《江泽民文选》(第三卷),人民出版社,2006年。

6.《胡锦涛文选》(第三卷),人民出版社,2016年。

7.《习近平谈治国理政》,外文出版社,2014年。

8.《习近平谈治国理政》(第二卷),外文出版社,2018年。

9.《习近平谈治国理政》(第三卷),外文出版社,2020年。

10.《习近平谈治国理政》(第四卷),外文出版社,2022年。

11. 陈先达:《历史唯物主义与当代中国》,中国人民大学出版社,2019年。

12. 陈学明:《中国道路的世界意义》,天津人民出版社,2015年。

13. 邓纯东:《人类命运共同体思想研究》,人民日报出版社,2018年。

14.江学时:《人类命运共同体研究》,世界知识出版社,2018年。

15.李爱华:《马克思主义国际关系理论研究》》,人民出版社,2006年。

16.李少军:《国际政治学概论》,上海人民出版社,2019年。

17.李慎明主编:《马克思主义国际问题基本原理》,社会科学文献出版社,2008年。

18.李铮:《多维视角下的人类命运共同体构建》,武汉大学出版社,2021年。

19.刘建飞:《世界与中国构建人类命运共同体》,中共中央党校出版社,2017年。

20.卢黎歌:《新时代推进构建人类命运共同体》,人民出版社,2019年。

21.马俊峰、马乔恩:《构建人类命运共同体的历史性研究》,人民出版社,2019年。

22.欧阳康:《人文社会科学哲学》,武汉大学出版社,2001年。

23.戚振宏编:《上合组织命运共同体建设:机遇与挑战》,世界知识出版社,2020年。

24.秦亚青:《国际关系理论:反思与重构》,北京大学出版社,2012年。

25.沈江平:《理解史视域中的历史唯物主义研究》,中国人民大学出版社,2022年。

26.孙伟:《民心相通:21世纪海上丝绸之路东南亚视角》,吉林大学出版社,2017年。

27.王帆、凌胜利:《人类命运共同体》,湖南人民出版社,2017年。

28.王公龙等:《构建人类命运共同体思想研究》,人民出版社,2019年。

29.吴征宇:《肯尼思华尔兹国际政治理论研究》,当代世界出版社,2003年。

30.阎学通:《世界权力的转移:政治领导与战略竞争》,北京大学出版社,

2015年。

31.张钊:《当代中国和平理论》,新华出版社,2015年。

32.赵军:《东非共同体与地区安全秩序》,浙江工商大学出版社,2019年。

二、中译文著作

1.[英]安东尼·吉登斯:《失控的世界》,周红云译,江西人民出版社,2001年。

2.[美]保罗·肯尼迪:《全球社会学》,文军译,社会科学文献出版社,2001年。

3.[英]芬巴尔 利夫西:《后全球化时代:世界制造与全球化的未来》,王吉美、房博博译,中信出版社,2018年。

4.[德]哈贝马斯:《后民族结构》,曹卫东译,上海人民出版社,2002年。

5.[美]雷蒙·阿隆:《和平与战争:国际关系理论》,孔彦译,中央编译出版社,2013年。

6.[德]罗伯特·库尔茨:《资本主义黑皮书》(上卷),社会科学文献出版社,2003年。

7.[德]乌·贝克、哈贝马斯等:《全球化与政治》,王学东、柴方国等译,中央编译出版社,2000年。

8.[德]乌尔里希·贝克:《世界风险社会》,吴英姿、孙淑敏译,南京大学出版社,2004年。

9.[德]乌尔里希·贝克等:《自反性现代化》,赵文书译,商务印书馆,2001年。

10.[美]伊曼纽尔·沃勒斯坦:《现代世界体系》,郭方、刘新成、张文刚译,社会科学文献出版社,2013年。

11.[瑞典]约翰·加尔通:《和评论》,陈祖洲等译,南京出版社,2006年。

三、文章类

1.范如国:《"全球风险社会"治理:复杂性范式与中国参与》,《中国社会科学》,2017年第2期。

2.江时学:《"逆全球化"概念辨析》,《国际关系研究》,2021年第6期。

3.李少军:《事实与理论:对国际关系研究的哲学反思》,《外交评论》,2009年第4期。

4.李少军:《怎样认识国际关系大理论研究》,《国际关系研究》,2018年第3期。

5.李慎明:《对时代和时代主题的辨析》,《红旗文稿》,2015年第22期。

6.刘德斌等:《国际秩序的构建:历史、现在和未来》,《外交评论》,2015年第6期。

7.秦亚青:《全球治理趋向扁平》,《国际问题研究》,2021年第5期。

8.秦亚青:《现实主义理论的发展及其批判》,《国际政治科学》,2005年第2期。

9.曲星:《人类命运共同体的价值观基础》,《求是》,2013年第4期。